Hermann Schreiber

HANNIBAL

Ueberreuter

CIP-Kurztitelaufnahme der Deutschen Bibliothek

Schreiber, Hermann:
Hannibal / Hermann Schreiber. [Kt.-Skizzen von Günther Plass]. –
Wien: Ueberreuter, 1986.
ISBN 3-8000-2265-6

Wir danken dem Paul List Verlag, München, daß wir die Karten aus seinem Verlagswerk »Gustav Faber, Auf den Spuren von Hannibal« als Unterlage für unsere Karten verwenden durften.

J 1474/2

Umschlag von Peter Steinbach
Karten von Günther Plass

Gesamtherstellung: Carl Ueberreuter Druckerei Ges. m. b. H.,
Korneuburg
Printed in Austria

INHALT

Erstes Buch

DIE FLÜSSE

DIE FLAMME

Es war eine unvergeßliche Stunde. Nur eine Fackel loderte im Tempel des Baal Saphon; ihr Lichtschein huschte über die große und ungefüge Gestalt des Kriegsgottes und gab ihm ein düsteres Leben. Im Halbdunkel ringsum standen nur Männer, und Hannibal kannte sie alle seit langem. Zum erstenmal aber waren sie seinetwegen zusammengekommen, für einen neunjährigen Jungen.

Neben Hamilkar Barkas, seinem Vater, standen nicht die anderen Söhne, sondern zwei seiner fähigsten Generale. Sie waren noch jung, aber sie hatten sich durch ihren Mut vor allen anderen ausgezeichnet, Karthalon sowohl als auch Maharbal. Im Stadtpalast der Barkiden gingen viele Menschen ein und aus, aber diese beiden Offiziere waren Hannibal und seinen Brüdern seit langem vertraut, und daß sie nun mit Hamilkar, dem Vater, nach Spanien in den Krieg ziehen würden, das würde das große, weiträumige Stadthaus leer machen; die Frauen würden herrschen, und sein griechischer Lehrer Sosylos würde noch ein wenig leiser über die Fliesen huschen, als sei seine friedliche Erscheinung in diesem Haus der Krieger ein Ärgernis.

Hamilkar Barkas also nahm Abschied, der einzige punische Feldherr, den die Römer nicht hatten schlagen können, verließ Karthago und ging über das Meer nach Spanien. Von dem Altar aus dunklem Lavastein stieg der feine Duft gebratenen Fleisches auf, der bald bitter wurde und Hannibal im Hals kratzte, denn es war kein Braten für Menschen, der hier zubereitet und rechtzeitig vom Feuer genommen wurde, sondern ein Opfer für den Kriegsgott. Sosylos hatte schaudernd erzählt, daß in früheren Zeiten, als noch die Sippe der Magoniden über Karthago geherrscht hatte, auch Menschen auf diesem und auf anderen Altären geopfert worden waren. Die Barkiden aber, die ruhmreiche Sippe Hamilkars, blickte seit langem nach Griechenland und dem griechisch gewordenen Ägypten, wo man noch von dem großen Alexander sprach und wo die alten barbarischen Sitten einem feineren Lebensstil gewichen waren.

Indes, das tote Tier auf dem heißen Stein verzehrte sich und wurde zu einem dunklen Klumpen, und als dieser nach unendlich langen Minuten schließlich zerfiel, trat der Priester hinzu, nahm das leise klirrende Geschmeide von seinem Hals und legte es über das Opfer.

»Hannibal, Sohn des Hamilkar Barkas, Feldherrn der Republik Karthago«, sagte er so leise, daß Hannibal Mühe hatte, die Worte zu verstehen. Es war wie eine Beschwörung. »Tritt vor, junger Hannibal, und lege die Hand auf dieses dem Gott gefällige und von ihm angenommene Opfer.«

Hannibal reckte die Rechte aus dem Ärmel seiner Tunika. Es war keine Kinderhand mehr, die Zügel und das Heft der Schwerter hatten sie gegerbt, rauh gemacht wie die eines jungen Mannes. Dennoch drang brüske Hitze an seine Hand, soviel, wie er gerade noch aushalten konnte, und er meinte die Glut noch zu spüren, die dieses ahnungslose Tier zu einem gottgefälligen Opfer gemacht hatte.

»Dein Vater«, fuhr der Priester fort, »verlangt von dir einen heiligen Schwur. Ich werde ihn dir vorsprechen, achte auf die Worte, denn nach mir sollst dann du sie sagen!«

Worte, große Worte, oft gehörte Worte. Hannibal hätte sie zu sprechen gewußt, auch wenn dieser Mann in dem weiten Gewand und mit der schweren, glitzernden Kette sie ihm nicht vorgesprochen hätte. Es waren Worte, mit denen er aufgewachsen war, und er sagte sie laut und fest mit seiner hellen Knabenstimme und erschrak auch nicht, als sie in der hohen Wölbung des Tempels widerhallten:

»Ich gelobe dem großen Baal und den anderen Göttern meiner Heimat, ich gelobe dem Baal Saphon meines ruhmreichen Geschlechts und der mächtigen Tanit, die über die Tage und die Nächte herrscht, daß ich mein Leben dem Kampf gegen Rom und die Römer widmen will. Ich werde nichts anderes als diesen Kampf zum Ziel und Inhalt meines Lebens machen, ich werde nie der Freund der Römer sein, und ich werde gegen sie kämpfen, sie besiegen oder untergehen, wo immer es sein wird.«

Die Sätze lasteten nicht auf ihm, sondern sie schwangen sich frei hinauf in die rauchige Glocke über der heiligen Flamme. Sie schwebten dort oben im geheimnisvollen Dunkel über dem Haupt des Kriegsgottes, das kein Auge zu durchdringen vermochte, weil es in diesem Tempel niemals hell war, so wie ja auch der Krieg unter der schwarzen Sonne des Todes vor sich geht und nicht im milden Licht eines Himmelsgestirns, das die Feldfrüchte gedeihen läßt.

»Er soll auch sagen, wo er kämpfen wird«, befahl Hamilkar. Es war mehr ein Murren als ein Satz. Es war die rauhe Sprache eines Mannes, der sich auf den Schlachtfeldern verständlich machen mußte, solange er lebte, denn es war nicht die Zeit, in der die Feldherren ruhen konnten.

Abermals erhob Hannibal seine helle Stimme und sprach, was der Priester gemurmelt hatte, als einen Schwur, der in die Tempelkuppel hinaufgellte. »Ich werde die Römer und ihre knechtischen Verbündeten angreifen und schlagen, wo immer ich sie treffe ... Zuerst werde ich sie angreifen auf den Inseln Korsika und Sardinien, die sie uns geraubt haben; dann werde ich sie angreifen und schlagen auf der Insel Sizilien, die uns seit hundert Jahren gehört, und endlich werde ich die Römer bekämpfen, wo immer ... Karthagern entgegentreten auf dem weiten Weg von Spanien über ...en und die Berge nach Italien, wo unsere Feinde zu Hause sind und wir sie vernichten werden.«

...tmete hoch und schnell, als er geendet hatte. Es war, als hätten diese ... ihn selbst fortgerissen und als sei alles, wovon er gesprochen hatte, ...esem Schwur im Tempel des Kriegsgottes beinahe auch schon wahr ...en.

...r, der Feldherr, nickte zufrieden. Seine Unterführer und Freunde ...u ihm, sie sagten nicht viel, aber sie ergriffen ihn am geschienten Arm, sie schlugen ihm die Hände auf die Schultern, so daß der Harnisch klirrte, und sie zogen ihn schließlich fort, ohne Hannibal, dem für sein Alter etwas kleinen, aber kräftigen Neunjährigen, noch einen Blick zu gönnen.

Auch Hannibal trat in die Sonne hinaus, in die Gassen, die unregelmäßig, aber breit waren und mit zahllosen kleinen, runden Steinchen gepflastert, die das Meer seit Jahrmillionen zugeschliffen hatte, Gassen, die alle, die in ihnen gingen, bei jedem Schritt an das Meer erinnerten. Zur Rechten Hannibals ging Sosylos, der Grieche, denn Hamilkar hatte sich geweigert, seinen Sohn in der Sprache der Feinde unterrichten zu lassen. Darum mußte es die andere Kultursprache dieses gleißenden Meeres sein, die Sprache der Griechen. Man hatte sie zwar auch bekämpft, vor langer Zeit, als es auf Sizilien noch griechische Städte gegeben hatte. Sosylos hatte von ihnen erzählt und von den Tyrannen, die dort geherrscht hatten. Sie alle aber waren bald überstrahlt worden vom Bild des großen Alexander, der in den Augen Hannibals nicht eigentlich ein Grieche gewesen war und vor allem kein Römer: Alexander war ein Gottkönig aus den Bergen auf dem Balkan, der sich das östliche Mittelmeer unterworfen hatte, Karthagos Mutterstadt Tyros und das ganze gewaltige Perserreich. Von ihm hatte Sosylos nie genug erzählen können, von ihm, der noch gar nicht so lange

tot war, hatte Hannibal ebensoviel zu hören gewünscht wie von den Taten der Barkiden, der großen Herren, der Anführer und der Generale aus der Familie, der er und seine Brüder angehörten.
Er hatte früh begriffen, daß die Magoniden die großen Seefahrer in ihren Reihen hatten, die Barkiden aber die großen Heerführer. Karthago brauchte beide, das wußte jeder, und dennoch rivalisierten die beiden Sippen, seit man von ihnen wußte. Der Schwur, den Hannibal eben gesprochen hatte, das war nicht nur ein Schwur gegen Rom gewesen. Er hatte auch bedeutet, daß dieser Kampf gegen die Römer eine Sache der Barkiden sein und bleiben würde, was immer die Magoniden, die Nachfahren des großen Entdeckers Hanno, auch als ihre Politik beschließen würden.
»Sosylos«, sagte Hannibal, und er haschte nach der Hand des Lehrers, »jetzt habe ich geschworen. Wie lange aber wird es noch dauern, ehe ich wirklich etwas tun kann?«
Der schlanke Grieche, der neben dem kräftigen Karthager wirkte, als entstamme er einer anderen Menschenrasse, strich sich das Haar aus der Stirn, das schon grau zu werden begann, und blickte seinen Schüler ernst an:
»Du tust schon etwas, und nicht erst seit heute«, antwortete er. »Was immer ich mit dir erarbeite, Hannibal, es bereitet dich auf die große Aufgabe vor, zu der dich dein Schwur verpflichtet. Du weißt, wie die Nomaden Krieg führen, die vom Süden her gegen unsere Landgüter vorbrechen und sie verwüsten?«
Hannibal prustete verächtlich.
»Das sind doch keine Soldaten, und darum führen sich auch nicht Krieg. Sie rauben, sie morden, das ist alles.«
»Siehst du, das wollte ich hören. Wir leben auf dem Boden Afrikas, aber wir haben eine Stadt gebaut und Schiffe, wir treiben Handel, haben Schulen, haben eine Religion ... Wir haben gegen Rom keine Chance, wenn wir unserem Haß und unserem Schmerz über die Niederlagen freien Lauf lassen. Unsere Feldherren müssen so gebildet sein wie die der Römer. Und du wirst einer unserer Feldherren sein, du wirst punische Krieger und Verbündete gegen die Römer führen. Dazu braucht es nicht nur dein Schwert und den Wurfspeer und die Reittiere – dazu braucht es alles, was wir gelesen und geübt haben: die Kunde von den großen Schlachten vergangener Jahrhunderte. Die Lehren aus den Kriegen, die rund um das Mittelmeer schon stattgefunden haben. Und was ich dir nicht beibringen

kann, was man außer Mathematik, Geographie, Geschichte und Philosophie noch braucht, das wirst du im Feldlager lernen.«
Hannibal blickte lächelnd zu seinem Lehrer auf.
»Daß ihr Griechen doch immer so viele Worte machen müßt«, sagte er, aber es klang nicht unwillig, nicht einmal ungeduldig, sondern beinahe zärtlich, als liebte er auch die Schwächen seines Lehrers und nicht nur seine Vorzüge. »Das nämlich war es, was ich wissen wollte: Wann werde ich aufhören dürfen, durch diese Stadt zu spazieren und mich anblicken zu lassen als ein Daheimgebliebener, während mein Vater und mein Schwager in Spanien Krieg führen? Wann endlich werde ich über das Meer gehen und in das Feldlager kommen, zu den Soldaten, die mein Vater gegen Rom führt?«
Sosylos zog Hannibal an sich, legte aber den Finger mahnend auf die Lippen.
»Gegen Rom?« fragte er dann mit gut gespieltem Entsetzen. »Wie sollten wir etwas gegen Rom unternehmen, den mächtigen Sieger, der uns einen Friedensvertrag auferlegt hat! Nein, mein Kleiner, die Kämpfe, die dein Vater und dein Schwager mit den punischen Truppen im Süden Spaniens führen, die haben allesamt nur einen Zweck: die spanischen Bergwerke zu erobern und sie auszubeuten, denn der Boden Karthagos ist arm, und die Flotte haben uns die Römer weggenommen. Wovon sollen wir die große Kriegsentschädigung bezahlen? Wir müssen uns in Spanien eine Lebensbasis schaffen, denn im Süden von uns liegt nur die Wüste mit Menschen, die noch ärmer sind als wir ...«

VORBEREITUNG ZUM AUFBRUCH

Hannibals Lieblingsplatz, als er heranwuchs und sich allein in der großen Stadt bewegen durfte, war der Hafen. Dieser lag im Südosten der Stadt, und man hätte auch vom Byrsa-Hügel über ihn hinblicken können, vom höchsten Punkt Karthagos, wo sich der Tempel für den Gott der Heilkunst erhob. Das Volk nannte diesen Gott Esmun, Sosylos aber und jene Karthager, die sich in den letzten Jahrzehnten griechische Bildung erworben hatten, wußten, daß dieser Gott Asklepios hieß und einer der mächtigsten von allen Göttern war, denn was hilft alle Tapferkeit, wenn unter den Truppen eine Seuche ausbricht, und was nützt einem Feldherrn seine Kriegskunst, wenn ihm die Fieber aus Sümpfen und Lagunen den Verstand nehmen.

Den Tempel im Rücken, in der Nähe dieses geheimnisvollen Gottes, hatten Sosylos und Hannibal viele Gespräche geführt, denn der Grieche verstand ein wenig von allem, von Festungen und vom Belagern ebenso wie von der Erdkunde, den Völkern und vom menschlichen Körper.

Als Vater Hamilkar dann aber befohlen hatte, Hannibal möge sich mehr als bisher den Übungen mit der Waffe widmen und mit anderen Söhnen aus vornehmen Familien nicht nur Kampfspiele unternehmen, sondern auch lange Ritte auf der Karawanenstraße in den Süden, da hatte Sosylos ein wenig bekümmert seine Pergamentrollen und Papyri eingepackt und seine Geräte zur Beobachtung des Himmels und zur Landvermessung aus dem großen Zimmer des Prinzen Hannibal in sein eigenes Lehrerkämmerchen geräumt.

»Findest du, daß mein Vater im Unrecht ist?« hatte Hannibal sich mitfühlend erkundigt, als er den vertrauten Lehrer stumm werden sah und die freundschaftliche Heiterkeit aus ihren Gesprächen zu schwinden begann.

»Nein, Hannibal, er hat recht. Du bist nun dreizehn Jahre alt, wirst bald vierzehn. Du bist nicht groß gewachsen, aber vielleicht eben darum kräftiger als viele deiner Altersgenossen. Im Krieg zählt nicht nur der Mut, an dem wird es dir nie fehlen, sondern auch die Ausdauer, die Fähigkeit, Entbehrungen zu ertragen und lange Anstrengungen zu bestehen. Ich weiß, daß es bei den Römern Feldherren gibt, die sich zwischen ihren marschierenden Soldaten in der Sänfte dahintragen lassen und deren Tisch immer reich gedeckt ist, auch wenn die Truppe hungert. Bei euren Soldaten aus Karthago und den noch ärmeren, noch härtere Entbehrungen gewohnten

Hilfstruppen aus den spanischen Bergen wäre das nicht möglich. Man würde dich verachten. Darum packe ich meine Schriftrollen weg und warte auf die Stunden, in denen du selbst das Gespräch mit mir suchst. Nicht nur weil ich glaube, du solltest noch mehr, noch viel mehr lernen, sondern vor allem, weil ich gerne mit dir beisammen bin. Ich habe keine Frau und keine Kinder, und da dein Vater in Spanien kämpft, hatten wir viel Zeit, beisammen zu sein wie Vater und Sohn ... Das verstehst du doch?«

Es war nicht schwer zu verstehen, und Hannibal suchte auch immer wieder die Gesellschaft des klugen Griechen. Aber wenn er nach den langen Ritten in der wüstenähnlichen Umgebung von Karthago in die Stadt zurückkehrte, wenn er sich nach der heißen Luft im Landesinnern nun nach der milden Würze des Abendwindes vom Meer her sehnte, dann ruhte er, den Rücken an einen der schweren Vertäuungssteine des Kriegshafens gelehnt, auf den warmen Platten des Kais und ließ den Blick durch das Gewirr der Masten schweifen.

Der Kriegshafen war im Grunde eine kleine Lagune, in deren Mitte sich eine Insel erhob. Sie hieß Kothon, und die Karthager nannten auch den Hafen selbst so, zur Unterscheidung von dem größeren, langgestreckten Handelshafen südlich von Kothon, der sich in die große Meeresbucht öffnete. Im Handelshafen wäre mehr zu sehen gewesen, daran gab es keinen Zweifel. Da kamen die Schiffe aus Tyrus und Alexandria an, und da liefen die Frachtschiffe und Schnellsegler nach Gades aus und nach Massilia. Ganz kühne Schiffer wagten, wenn das Wetter günstig zu bleiben schien, auch die Fahrt duch die Enge, über der die Säulen des Herkules in den Himmel ragten. Jenseits breitete sich das Nebelmeer aus, das der Seefahrer Hanno als erster bezwungen hatte, vor sehr, sehr langer Zeit.

Aber in diesen Stunden nach seiner harten kriegerischen Ertüchtigung suchte Hannibal im Grunde nicht die Betriebsamkeit eines Hafengeländes mit vielen fremden Menschen und Schiffern jeglicher Hautfarbe, sondern die Ruhe, in der man sich über den Sinn des Lernens und des Übens klar werden konnte oder es doch versuchen durfte. Und daß dieser Kriegshafen so still war, daß in ihm nur wenige Schiffe lagen und kaum eines auslief oder am Kai festmachte, gerade das erinnerte Hannibal deutlicher als die ganze übrige Stadt daran, daß Karthago besiegt worden war und daß die Römer ihm weggenommen hatten, was der Stolz aller Punier gewesen war: die große Flotte tüchtiger und schneller Schiffe ...

Hannibal schrak aus seinen Gedanken auf, als eine Hand ihn an der Schulter berührte. Sein Blick erfaßte die braunen Beine, die kostbaren Sandalen, die feinwollene Tunika eines Mitglieds der Aristokratie, und er rappelte sich auf.

»Ach, du bist's, Bomilkar!« sagte er dann lachend. »Du hättest besser getan, dich zu mir zu setzen, als mich aus meinen Träumen zu wecken. Ich liebe diese ruhigen Abendstunden am Hafen.«

»Und ich weiß jetzt wenigstens, wo du bist, wenn wir anderen nach dem Ritt die Therme besuchen«, antwortete Bomilkar lachend. Er war ein schlanker, großer Jüngling, er hatte hellere Haut als Hannibal und jene griechische Nase, die man ebensogut auch phönikisch nennen konnte. Diese Nasen waren in Karthago aber schon seltener geworden, seit die reichen Familien sich dunkelhäutige Sklavinnen hielten und das afrikanische Blut auch in der Hauptstadt des punischen Reiches im Vordringen war.

»Warst du schon in der Therme?« fragte Hannibal mit plötzlich erwachendem Interesse. Es stimmte: aus irgendeinem Grund war er bisher selten hingegangen, es erschien ihm unmännlich, und er fühlte sich nachher noch müder als in dem Augenblick, da er aus dem Sattel gestiegen war.

»Nein, ich suchte dich. Ich weiß nicht warum, aber ich sah, daß du besser reitest als wir alle, du verschwandest vor mir in den Staubwolken, und ich fand auf einmal, du seiest schon viel mehr zum Krieger geworden als wir anderen ...« Bomilkar schwieg, er suchte nach Worten. »Kurz, mich kam auf einmal das Verlangen an, den Tag mit dir zu beschließen!«

Hannibal sah den größeren Gefährten überrascht an. Er wußte, daß es unter den Söhnen der Aristokratie Freundschaften, ja Bünde gab. Er wußte, daß der Klan des Hanno, die Magoniden, dem Klan seines Vaters, den Barkiden, nicht sonderlich gut gesinnt war, es war eine uralte Rivalität. Aber Bomilkar gehörte zu keiner der beiden Gruppen. Seine Familie spielte schon seit einigen Generationen keine besondere Rolle; sie hatte vor Jahrhunderten einen König von Karthago gestellt, aber Könige gab es schon lange nicht mehr, und seine Nachfahren trieben Handel mit Öl und Purpur, was als nicht sehr fein galt, denn Ruhm war damit wohl nicht zu ernten.

»Wenn das so ist«, sagte Hannibal, »dann gehen wir eben in die Therme. Ich will dich von deinen Gewohnheiten nicht abbringen, und der Abend ist noch jung.«

Es war eine Sitte, die ebenfalls von den Griechen gekommen war, denn in Tyrus, der Mutterstadt Karthagos, hielt man nicht sonderlich viel von dem Wassergeplansche außerhalb der eigenen vier Wände. Aber seit man so viel von den Hellenen in Alexandria hörte, von diesen Klugschwätzern, die überall, wo ein paar Männer beisammenstanden, mit großen Gebärden aufeinander einredeten, seitdem schienen auch die Karthager entdeckt zu haben, daß es an Örtlichkeiten der Begegnung fehle. Und da die warmen Quellen unablässig sprudelten, sprach nichts dagegen, sich den sänftigenden Wirkungen dieser Wässer hinzugeben, die den Körper von Schweiß und Sand befreiten und den ganzen Menschen so wohlig müde machten, daß man nachher tatsächlich so tief schlief, als habe Gott Morpheus seine Hand im Spiel.

Die Aristokratie hatte ihre eigene Therme, und obwohl sie weniger Raum bot als die öffentliche Warmwasser-Badeanstalt, herrschte dort zu dieser Abendstunde beinahe Gedränge. Die reichen Familien hatten eben Zeit für solche Zerstreuungen, die ärmeren Schichten arbeiteten noch. Hannibal erkannte seinen jüngeren Bruder Mago in einer Gruppe von Schülern, zahlreich vertreten waren die älteren Jahrgänge, darunter einige Mitglieder des Rats der Dreißig, die, auf ihren Ruhebetten liegend, leise miteinander sprachen und sogleich verstummten, wenn jemand in ihre Nähe kam. Auch Hannibals Altersgenossen waren da und begrüßten ihn mit freundlichen Grimassen.

Als sie ihre Gewänder abgelegt hatten und ins Wasser stiegen, trat ein junger Berber auf sie zu, der bis auf ein Lendentuch nackt war: ein Badediener. Er reichte Bomilkar eine Bürste mit bronzenem Rücken, Hannibal jedoch eine silberne.

»Sieh da!« spottete Bomilkar, während er sich abzureiben begann, »man kennt dich. Du scheinst also zu anderen Zeiten zu baden als wir?«

Hannibal hatte verlegen das Strigilis aus Silber genommen, behielt es unschlüssig in der Hand und ging tiefer ins Wasser. Kannte man ihn wirklich? Konnte es sein, daß die Verehrung, die das Volk seinem Vater seit Jahren entgegenbrachte, sich auch auf die Söhne erstreckte, von denen es gar nicht so wenige gab? Hannibal ahnte, daß seine Brüder nicht alle von der Frau stammten, die im Barkidenpalast die Befehle gab; ja er war, wenn er sich ernsthaft prüfte, auch nicht ganz sicher, daß sie seine Mutter sei. Es gab so manche schöne junge Frau in den vielen Gemächern, andere wieder hatten Hamilkar begleitet, wenn er auf Sizilien Krieg führte oder in Spanien. Sein Geist erfüllte alle Zimmer, alle Säle, und die jungen Männer, die seine Söhne waren, sie genossen als die jungen Barkiden, die jungen Löwen eines alten Stammes, die besondere Beachtung, auch wenn sie einander nicht sonderlich ähnelten.

»Du bist in der Therme so schweigsam wie draußen auf der Hafenmauer«, sagte Bomilkar an seinem Ohr. »Man sollte meinen, dein griechischer Lehrer habe einen großen Denker aus dir gemacht. Aber für einen Denker reitest du viel zu gut und bist zu schnell mit der Lanze!«

Hannibal lächelte.

»Laß nur«, sagte er, »daß ich wenig spreche, soll dich nicht grämen. Es hat mit dir nichts zu tun. Ich finde nur manches überflüssig. Mein Bruder Mago zum Beispiel, soviel habe ich aufgeschnappt, er spricht mit seinen Kumpanen über die neuen ägyptischen Haartrachten, wie man sie bei den Kurtisanen am Hafen sehen kann, wahre Türme aus Haarknoten, Schmuck und Salben ... Derlei macht mich seekrank. Und unsere Freunde, die sich so angestrengt über ihre Pferde unterhalten, die kommen mir nicht viel klüger vor.«

Bomilkar ließ sich ins Wasser fallen, warf die Bronzebürste mit kräftigem Schwung über den Beckenrand und sah ihr nach, wie sie einem würdigen Ratsherrn zwischen die Beine schlitterte.

»Ich kenne einen griechischen Arzt«, sagte er, »der ist davon überzeugt, daß man Geschwüre im Magen bekommt, wenn man soviel grübelt. Auf dir lastet etwas. Dich bedrängt etwas, darum kannst du nicht so unbefangen fröhlich sein wie wir, und darum erscheint dir alles, was wir tun und bereden, so nichtswürdig und überflüssig. Das ist ungesund!«

Hannibal lächelte gutmütig. Der große Junge aus dem heruntergekommenen Königsgeschlecht war der erste von allen Jünglingen, der sich mit ihm beschäftigte. Vielleicht war es gut, einen Freund zu haben, vielleicht wußte er Geschichten aus anderen Hafenstädten?

»Wir könnten nach dem Bad noch beisammenbleiben«, schlug Hannibal vor, »vielleicht kann ich dir dann zeigen, daß mich nichts bedrückt. Ich bin gerne mit mir allein, aber es freut mich, daß du mich angesprochen hast. Ich kenne deine Welt nicht. Die Barkiden treiben keinen Handel wie die Magoniden und wie deine Familie. Ich werde dir die Ehre erweisen, dein Haus zu betreten.«

Bomilkar wußte vor Überraschung im ersten Augenblick nicht, was er antworten sollte.

»Es wird . . .« stammelte er dann, »es wird meine Eltern sehr glücklich machen ... Gestatte, daß ich vorauseile und dich ankündige, du kennst ja wohl das Haus, es liegt an dem breiten Weg zur Zitadelle . . .!«

Der Weg zur Zitadelle war um diese Stunde menschenleer. Da er ziemlich steil anstieg, hatte man flache Stufen aufgemauert, so daß sich Karren hier nur schwer bewegen konnten. Nur die Wasserträger am Morgen zogen ihre kleinen Gefährte mühsam von Stufe zu Stufe hinauf, um diese abendliche Stunde aber war die Gasse ausgestorben. Die Menschen genossen die vom Meer einfallende Kühle auf dem großen Platz und am Hafen.

Hannibal spürte ärgerlich die erschlaffende Wärme der Therme in seinen Gliedern. Er hatte sich zwar dagegen verwahrt, daß man ihn nach dem Bad mit duftenden Ölen salbte, er hatte auch die zwei Berbermädchen weggeschickt, die sich von dem vornehmen jungen Mann vermutlich ein großes Trinkgeld erhofft hatten. Aber die starke Steigung, die unregelmäßigen Stufen und das weite Wollgewand, das er ungegürtet trug, zeigten ihm, daß er noch ernsthaft an sich werde arbeiten müssen, ehe er die Mühen eines Feldzuges auf sich nehmen könne. Er hob die Tunika über den Knien an und schritt kräftig aus, als er im letzten Abendlicht einen Schatten an den weißen Hauswänden gewahrte, der nicht sein eigener sein konnte.

Geistesgegenwärtig warf er sich beiseite und duckte sich an eine Wand, um einem Speer kein Ziel zu bieten. Es geschah blitzschnell und doch nicht schnell genug: an seiner linken Schulter hatte ein Dolch die Tunika aufgeschlitzt und eine lange, blutende Schramme in den Oberarm gerissen.

Hannibal war bis auf sein Dolchmesser unbewaffnet, aber er brauchte es nicht mehr zu ziehen: vom Schwung des Angriffs mitgerissen, taumelte ein Mann an ihm vorbei und wandte sich dann rasch zur Flucht. Sein Gesicht war im Schatten nicht zu erkennen, einzig der Nasenring blitzte, und die dürre Gestalt deutete eher auf einen Diener aus einem der Wüstenstämme hin als auf einen Karthager.

Zum Haus Bomilkars waren es nur noch wenige Schritte. Es war älter als die Nachbarbauten und stand ein wenig in den Weg hinein, ein großer, ungeschlachter Bau aus jener fernen Zeit, da ein Bomilkar versucht hatte, sich zum Tyrannen von Karthago zu machen, so wie die Griechenstädte in Unteritalien und Sizilien ihre Tyrannen hatten. Ein großes Haus, ein namhaftes Geschlecht, aber doch wohl eine schwer einzuschätzende Familie. Niemand außer dem jungen Bomilkar hatte gewußt, daß Hannibal an diesem Abend diesen Weg nehmen würde. Sollte er nun, leicht verwundet, wie er schon war, eintreten und sich einer Sippe ausliefern, die ihm vielleicht nach dem Leben trachtete?

Noch während Hannibal überlegte, öffnete sich schon das Tor im Erdgeschoß des Hauses, und Bomilkar rief:

»Hier, Hannibal, hier sind wir!«

Nun war kein Zurück mehr möglich. Hannibal trat ein und folgte dem Freund die wenigen Stufen hinauf in einen großen Raum, den viele Öllämpchen gut erhellten. Ein kräftiger Mann, dessen Bart jedoch schon völlig weiß war, hieß den Gast aus dem Haus der Barkiden willkommen, das war wohl Bomilkars Vater. Neben ihm stand ein junges Mädchen, das seine Aufregung nur mühsam verbarg und sehr viel Schmuck trug. Sie hatte sich offensichtlich sehr beeilt, denn ihre junge Brust hob bei jedem Atemzug das feine Hauskleid aus dem Gespinst von der Insel Kos.

Auch sonst schien sie eher eine Phönikerin zu sein als ein punisches Mädchen aus Karthago, denn ihre grünen Augen waren mandelförmig und standen ein wenig schräg, was Hannibal bei ihrem Bruder nicht so sehr aufgefallen war.

»Das ist Sabartha, meine Schwester«, sagte Bomilkar vorstellend, während sein Vater sich schon zu Tisch setzte, »sie steht dem Haus vor, seit meine Mutter an einem Schlangenbiß starb.«

»Eure Mutter muß sehr schön gewesen sein«, sagte Hannibal und verneigte sich vor dem Mädchen, das über das Kompliment errötete. Dann aber rief sie:

»Du blutest, Hannibal! Bist du gestürzt?«

Das klang so echt und so ehrlich betroffen, daß Hannibal dem Haus Bomilkars im stillen Abbitte leistete.

»Es ist nichts ...« sagte er, »ein Dolch hat mich geritzt ... fünfzig Schritte von hier.«

Nun sprang der Hausherr doch wieder auf. Hannibal gewahrte einen bestürzten Blick, den er mit dem Sohn tauschte, dann folgte er Sabartha, die den verletzten Gast ins Bad führte, um ihn zu verbinden.

Geschickt schlug sie seinen weiten Ärmel über die Schulter zurück.

»Eine Schramme nur«, sagte sie, und ihre Erleichterung war unverkenn-

bar, »aber sie ist lang und hat stark geblutet. Ich werde sie mit Wein auswaschen!«
Hannibal hatte sich oft verletzt, als Kind beim Spielen, als Jüngling bei den körperlichen Übungen und bei den Kampfspielen mit den Gefährten. Stets war Sosylos sein Arzt gewesen, und so war es eine neue Erfahrung für Hannibal, daß ein junges und schönes Mädchen nicht minder geschickt als der vielgewandte Grieche mit Wein, Öl, feinem Leinen und Salben umzugehen verstand. Hannibal war nicht größer als sie, aber um genau zu sehen, um den Oberarm gut verbinden zu können, neigte sie den Kopf, und Hannibal sog den feinen Duft ein, der aus ihrem Haar aufstieg. Er sah ihren Nacken vor sich, dessen Haut fein und weiß war wie geschorenes Kaninchenfell. Es war seltsam, so nahe hatte er noch nie ein Mädchen gesehen, und es war nicht nur überraschend, sondern auch angenehm: den Schmerz jedenfalls, den die kurze Behandlung verursachte, den fühlte er überhaupt nicht. Er bedauerte fast, daß der ungeschickte Angreifer nicht auch noch den zweiten Arm geritzt hatte.
Als die beiden in den Wohnraum zurückkehrten, stand schon der dampfende Fladen Puls Punica auf dem Tisch. Eine nubische Sklavin schenkte dazu weißen Wein von den griechischen Inseln ein, und nach dem Götteropfer, beim ersten Schluck, erkannte Hannibal, daß er weniger geharzt war als die karthagischen Weine.
»Ich bin froh, Hannibal«, sagte Bomilkars Vater, als er den Bronzebecher niederstellte, »daß dich kein ärgeres Mißgeschick betroffen hat. Sind wir auch nicht die einzigen Anwohner der langen Gasse, so bilden wir mit dem Gesinde und der ausgedehnten Sippe doch ihren Mittelpunkt und fühlen uns verantwortlich, ein wenig verantwortlich zumindest für das, was auf den Stufen geschieht.«
Hannibal antwortete nicht sogleich. Der köstliche Geschmack des Weizenkuchens beschäftigte ihn, denn sooft es dieses Gericht auch im Hause Hamilkars gab, die Mischung der Puls Punica, die Zubereitung war von Sippe zu Sippe verschieden. Bei Bomilkar hatte man vielleicht nicht mehr allzuviel in der Politik mitzureden, der heiße Kuchen aus Weizengrütze, Käse, Honig und Eiern aber mundete ausgezeichnet.
»Ich bitte um Verzeihung, daß ich mit meiner Antwort auf den Trinkspruch so säumte«, sagte Hannibal schließlich, »aber man erweist einem Haus auch die Ehre, wenn man die Speisen genießt. Und dieses Rezept ist geradezu kunstvoll zu nennen. Es birgt zweifellos viel mehr Geheimnisse

als dieser alltägliche Überfall. Der Angreifer kannte mich vermutlich gar nicht, es war ja auch dunkel, und ich komme in dieses Viertel sehr selten. Er wollte meine Börse, das war alles!«
Bomilkar atmete sichtlich auf.
»Mir ist klar«, sagte er nach einem unschlüssigen Anlauf, »daß du als Krieger aus einer berühmten Sippe zuerst an ein Attentat denken mußtest ... Und ich wußte schließlich, daß du kommen würdest ...«
Hannibal ließ ihn gar nicht zu Ende sprechen.
»Lassen wir doch diesen Zwischenfall. Er hätte sich überall ereignen können, und wäre er mir auf dem Weg zu dem Magoniden Hanno widerfahren, dann hätte ich wohl kaum an einen Zufall geglaubt. Hier aber fühle ich mich unter Freunden, und darum sollten wir uns den Genuß dieses Mahles nicht trüben lassen!«
Er hob den Becher Sabartha entgegen, die seinen Blick glänzenden Auges erwiderte.
»Ist diese köstliche Puls Punica dein Werk?« fragte Hannibal.
»Mein Werk ja, meine Erfindung aber nicht«, antwortete das Mädchen bescheiden, »es ist ein Rezept meiner Mutter, sie pflegte unseren Kräutergarten vor der Stadt stets selbst, eben der Küche wegen, und dabei ist es auch geschehen, daß eine Viper sie ins Handgelenk biß.«
»Lassen wir doch endlich alles Traurige«, bat Bomilkar. »Ich bin glücklich, daß Hannibal zu uns gekommen ist. Ich schätze ihn schon lange, und ich möchte, daß wir ihm sagen, wie sehr wir alle die Taten seines berühmten Vaters bewundern, auf Sizilien, wo er den Römern so lange standhielt, im Söldnerkrieg, wo er unsere Ordnung und unsere Vermögen rettete, und nun in Spanien, wo er der Stadt Karthago eine neue Lebensbasis schafft nach den schweren Schicksalen der vergangenen Jahrzehnte!«
Man aß, man trank. Die Nubierin huschte lautlos vom einen zum anderen und sorgte dafür, daß die Becher stets gefüllt waren, und als Hannibal endlich bat, sich verabschieden zu dürfen, als er sich erhob und die Tunika über den Verband glitt, da erinnerte ihn nur noch ein ganz leichter Schmerz an das, was geschehen war.
»Ich gehe mit dir und nehme einen unserer Diener mit, der uns leuchten soll«, sagte Bomilkar. »Ich lasse uns nicht nachsagen, daß es gefährlich sei, im Haus Bomilkars einzukehren!«
Als Hannibal sich erhob, merkte er, daß er dem Wein aus Kreta doch wohl zu eifrig zugesprochen hatte. Schuld daran war die schwere Puls Pu-

nica gewese, die köstliche, aber durstig machende Mischung aus Weizen und Käse, die nach reichlichem Getränk verlangte. Vielleicht aber waren es auch die Augen Sabarthas gewesen, die ihn ermuntert hatten zu essen und zu trinken, mit Blicken, die zu sagen schienen: Du bist an diesem Tisch willkommen, Hannibal.

Beim Aufbruch trat Sabartha noch einmal ganz nahe an ihn heran. Sie gab vor, sich davon überzeugen zu wollen, daß der Verband auch gut sitze und nicht unterwegs locker werde. Vom Wein erhitzt, wagte auch das Mädchen ihre Sympathien zu zeigen, deutlicher, als es die strenge karthagische Sitte gestattete. Sie strich Hannibal wie achtlos über den Nacken, prüfte mit zarten Fingern den Verband und glitt mit ihrer kühlen Hand weiter, den Arm des Barkiden entlang, als könnte sie sich nicht so schnell von ihm lösen.

»Leider gibt es in einem so großen Haus wie dem des Hamilkar Barkas ganz gewiß dienstbare Mägde genug, die dich nun pflegen werden, an meiner Stelle«, sagte Sabartha und wandte sich ab, um die Röte zu verbergen, die ihr wegen ihrer eigenen Kühnheit in die Wangen gestiegen war.

»Mir diesen Verband anzulegen«, antwortete Hannibal und faßte das Mädchen fest ins Auge, »das war nicht die Arbeit einer Magd. Ich habe gefühlt, daß du um mich besorgt warst. Außerdem hast du die Wunde so gut behandelt, daß ich ganz sicherlich schon morgen keines Verbandes mehr bedarf!«

Bomilkars Vater hatte dem kurzen Gespräch beim Abschied der beiden jungen Leute aufmerksam gelauscht und trat nun mit Hannibal vor das Haus.

»Schade, daß du dem Straßenräuber den Nasenring nicht abgerissen hast«, sagte er, indem er die nun völlig im Dunkel liegende Straße hinauf und hinunter blickte, »es ist das einzig Gute an diesem scheußlichen Schmuck, daß man die Diebe und Gauner an ihren zerfetzten Nasen erkennt.«

»Weswegen man sich wundern muß, daß sie die Nasenringe überhaupt tragen«, antwortete Hannibal. »Ich habe mir sagen lassen, daß der Nasenring auch in den vornehmen Familien üblich war, ehe die griechisch-ägyptischen Sitten bei uns Einzug hielten. Nun, sei's drum, mir wird so bald keiner einen Ring durch die Nase ziehen wie einem Tanzbären. Habt Dank, ihr beiden, es ist doch noch ein schöner Abend geworden!«

Bomilkar hatte ein kurzes Schwert über die Tunika gegürtet und beobachtete, während sie zum Hauptplatz hinunterstiegen, die Eingänge der Häuser. Hinter den meisten Fenstern brannte noch Licht. Der Geruch von gebratenem Lamm stieg von den Kohlebecken auf und drang auf die Gasse hinaus.

»Du hättest vielleicht lieber Fleisch gegessen, Hannibal?« erkundigte sich Bomilkar besorgt. »Aber wir waren ja auf deinen Besuch nicht vorbereitet. Und seit Vaters Geschäfte nicht mehr so gut gehen wie in den Zeiten vor der Niederlage, als wir noch viele Schiffe hatten, seither gibt es bei uns Braten nur noch an besonderen Tagen.«

Das Bekenntnis bescheidener Verhältnisse war Hannibal peinlich. Im Haus seines Vaters wurde von Geld nicht gesprochen, da ging es um Feldzüge, Soldaten, Transporte, Posten und Personalfragen, und wenn man auch einfach lebte, wie es sich für Männer ziemte, die mehr im Feldlager weilten als zu Hause, so wußte Hannibal doch, daß die großen Truhen aus duftendem Zedernholz angefüllt waren mit Reichtümern aus vielen Ländern.

»Du solltest versuchen, eine Frau zu finden, die ein schönes Landgut besitzt«, sagte Hannibal darum schnell. »Ich kenne Familien, die haben sich ganz von der See abgewandt und sich einen Reichtum ganz anderer Art erworben, indem sie ihre Besitzungen vor den Mauern und gegen Utica zu von Sklaven bebauen lassen und die Feldfrüchte, die Oliven, das Obst und Zuchttiere gewinnbringend verkaufen.«

»Ich hatte an ein ganz anderes Leben gedacht«, antwortete Bomilkar leise. »Mag Sabartha heiraten, sie ist schön, und die reichen Händler aus dem Ostmittelmeer, die Armenier und die Juden und die Ägypter, die legen großen Wert auf schöne Frauen. Ich ... ich möchte nach Spanien gehen und eines Tages gegen Rom kämpfen!«

Hannibal war so überrascht, daß er ein Lachen nur mühsam unterdrücken konnte.

»Du, ein Kaufmann?« fragte er. »Du reitest mit uns, gewiß, aber ich habe bei allen Übungen den Eindruck gehabt, dir gehe es nur darum, Bewegung zu machen. Kannst du dir vorstellen, wie es in einem Feldlager zugeht?«

»Ich hatte gehofft, schon seit Tagen, mit dir darüber sprechen zu können«, bekannte Bomilkar. »Es bedrückt mich, daß ich den Namen eines Tyrannen trage, eines Mannes, den Karthago ächtete und nach seinem Staatsstreich hinrichten ließ...«

»Aber das ist doch, wenn ich mich nicht irre, achtzig Jahre her!« rief Hannibal so laut, daß es in den stillen Gassen widerhallte.
»Dennoch. Ich trage nun einmal seinen Namen, weil er in meinem Geschlecht üblich ist, und ich möchte ihm wenn schon nicht Ruhm, wenn schon nicht neuen Glanz, so doch die Sauberkeit zurückgeben.«
»Dazu würde es doch genügen, deine Familie wieder reich zu machen, ein paar Schiffe auf Kiel zu legen, eine neue Handelsverbindung anzuknüpfen, vielleicht außerhalb der Säulen des Herkules, in Afrika oder auf den Glückseligen Inseln weit draußen im Nebelmeer!«
Aber Bomilkar schüttelte nur den Kopf.
»So sind die Zeiten nicht mehr. Gewiß, wir waren ein Händlervolk,wir haben das Händlerblut der Phöniker in uns, die einen mehr, die anderen weniger. Aber die Magoniden und die Barkiden, die großen Geschlechter, die sich ihre Frauen hier aus dem Land geholt haben, die Männer, in denen die Wildheit der Berber und die Kraft der dunkelhäutigen Afrikaner sich mit dem punischen Verstand vereint hat, diese Männer geben heute den Ton an. Darum bitte ich dich, Hannibal: Wenn dein Vater dich nach Spanien ruft, wenn du ins Feldlager vor der Stadt Helike aufbrichst, nimm mich mit dir! Ich finde schon einen Soldaten, der mich im Waffengebrauch unterweist, und dir wird es guttun, jemanden an deiner Seite zu haben, der dir ein ehrlicher Freund sein möchte.«
»Wenn es so ist, Bomilkar...« antwortete Hannibal nachdenklich und umarmte den Freund zum Abschied, denn man war vor Hamilkars Palast angelangt, und ein Diener lief schon herzu, um mit einer Fackel zu leuchten, »wenn es so ist, dann bitte deinen Vater um Urlaub und rüste dich, denn ich will nicht mehr lange das untätige Leben der vornehmen Jugend führen. Ich muß lernen, was ein Feldzug ist, ich will bei meinem Vater und bei meinem tüchtigen Schwager Hasdrubal sein, sonst kommt mir noch einer meiner jüngeren Brüder zuvor. Denn auch sie brennen darauf, sich als echte Söhne des großen Hamilkar zu bewähren.«

DIE MAUERN VON HELIKE

Nur wenige Wochen nach diesen Gesprächen traf im Palast des Hamilkar Barkas eine Wagenladung mit Beutegut aus den Städten der Oretaner ein. Es war nicht das erstemal, daß der Feldherr Beute heimsandte, aber es war doch jedesmal ein Ereignis, wenn die Stoffballen, die Truhen mit Kunstgegenständen und Waffen von den Sklaven aus dem Schiff auf den Kai getragen wurden und dann, unter den Augen vertrauenswürdiger Offiziere, in den Palast der Barkiden. Die ersten Transporte dieser Art waren ins Haus gekommen, als Hannibal noch ein Knabe war, in den Tagen nach dem Sieg seines Vaters über die rebellischen Söldner. Das war ein mörderischer Krieg gewesen, denn die beschäftigungslosen Söldner aus dem Krieg gegen Rom waren fünfmal so viele gewesen wie Hamilkars reguläre Soldaten, und die Römer hatten die Söldner, insgeheim und obwohl Frieden herrschte, mit guten Waffen ausgestattet. Hamilkar aber hatte dennoch gesiegt, hatte die wilden Haufen der Rebellen auseinandergetrieben oder gefangengenommen und alles erbeutet, was sie zuvor in den Städten Nordafrikas geraubt hatten. Wenn Hannibal nun zurückdachte, so sah er ein, daß damals der Grundstock zum Reichtum der Barkiden gelegt worden war, denn die Söldner waren kein Volk, sie waren eine Schar von Plünderern und Mordbrennern, und niemand konnte dem Feldherrn verwehren, ihnen abzunehmen, was sie geraubt hatten, und sich aus der Beute die schönsten Stücke auszusuchen, denn die ursprünglichen Besitzer waren doch zweifellos in ihren Häusern erschlagen worden und gar nicht mehr zu ermitteln.
Der Transport aus Spanien war bei weitem nicht so reich, aber interessanter. An ihm, an diesen Gegenständen aus den Bergstädten der Oretaner, spürte Hannibal etwas, das ihn erregte: die Gegenwart seines Vaters und den Hauch des Krieges. Da waren Spindeln aus Bronze, wie es sie in Karthago schon lange nicht mehr gab, Spindeln, mit denen die Mägde im Untergeschoß des Barkidenpalastes kaum umzugehen verstehen würden. Dann sah Hannibal kunstvoll geschnitzte Kästchen aus Eichenholz mit Gewandnadeln und Fibeln, mit Steinen verziert, die wohl keine Edelsteine ware, aber doch bunt blinkten, Steine aus den Bergen jenes Hispanien, das die karthagischen Truppen gerade zu erobern im Begriffe waren. Am schönsten aber waren die Waffen. Aus ihnen nahm Hannibal wortlos, ohne jemanden zu fragen, die Stücke, die ihn interessierten, einfach an

sich, und niemand verwehrte es ihm. Es waren vier Stücke sehr unterschiedlicher Art, mit denen sich Hannibal in seinem Gemach im Oberstock einschloß. Sein Herz klopfte, als er diese fremden und fremdartigen Dinge aufnahm, betrachtete, beroch und ihren Gebrauch zu ergründen versuchte. Sie führten ihn weit weg aus dem Frieden der Hauptstadt Karthago, und wenn Hannibal sich sagte, daß vielleicht sein Vater diese Waffen in der Hand gehabt und für ihn eingepackt hatte, dann wehte ein Nebel ihn an, der kühl war und doch verwirrend und ihm den klaren Verstand nahm. Dann sah er sich an der Seite Hamilkars im Kampfgetümmel und erlebte in Gedanken mit, wie es zu dieser Beute gekommen war, wem die Karthager die Waffen abgenommen hatten.

Da war ein kurzer Speer, nicht länger als Hannibals ausgestreckter Arm, und überraschend schwer durch einen etwas verdickten Schaft im Vorderteil. An seinem Ende aber war er durchbohrt, und durch die Öse lief eine dünne, starke Schnur, die mit schwarzem Talg eingefettet war. Ein Wurfspeer also, den der Werfer wieder zu sich zurückholen konnte. Dergleichen hatte Hannibal noch nie gesehen.

Noch geheimnisvoller war eine Steinschleuder aus kurzen Holzstäben und einer Höhlung aus glattem, braunem Rindsleder, in die der Stein gelegt wurde. Sie ließ sich ganz klein machen und im Gürtel tragen und mußte doch eine furchtbare Waffe sein in der Hand des geübten Schleuderers.

Das dritte Stück war ein schmales, ziemlich langes Schwert und erstaunlich leicht. Einen wuchtigen Hieb konnte man mit ihm wohl schwerlich führen, aber sicherlich rasch zustechen. So etwas hatten die Oretaner gewiß nicht selbst angefertigt, denn auf der Klinge sah Hannibal griechische Schriftzeichen, sie war also wohl ägyptische Arbeit vom Nil. Ein schönes Stück Metall, aber nichts für Männer, vielleicht eine Waffe für eine Prinzessin aus dem Orient, damit sie sich gegen eine Schlange verteidigen könne oder gegen einen vorwitzigen Affen in ihrem Palastgarten.

Schließlich gab es noch einen Dolch, die Klinge dreikantig und an allen Kanten geschliffen, ein gefährliches, kleines Spielzeug, in dessen Handgriff rote und grüne Kupferschlacken eingearbeitet waren, so daß er in der Hand lag, als sei er eingewachsen. Gegen solch ein Volk Krieg zu führen war bestimmt keine einfache Sache, sagte sich Hannibal, und auf einmal kam ihn eine vage Furcht an: nicht etwa seinetwegen, denn er wartete begierig darauf, sich zu bewähren, sondern wegen seines Vaters. Der kämpfte nun zwar schon seit Jahren in Spanien und kannte sicherlich die Tücken dieser tapferen Bergvölker, die sich gegen die Karthager ebenso verteidigten wie gegen die Römer; aber Menschen, die solche Waffen führten, die in aller Armut soviel Aufmerksamkeit an ihre Waffen verwandten, die waren wohl nur sehr schwer zu unterwerfen.

»Aber wir haben keine Wahl«, hatte sein Vater ihm einmal erklärt, »unterwerfen wir sie nicht, so werden sie von den Römern unterworfen, und überlassen wir dieses Land den Römern, dann sitzen sie an der Meerenge unter den Säulen des Herkules und beherrschen den Weg vom Nebelmeer ins Mittelmeer, von den Zinninseln nach Phönikien, die Seehandelsstraße, von denen unsere Stadt lebt.«

Hannibal hatte das sogleich begriffen, und das Volk von Karthago wohl auch, nicht aber die Magoniden, die alten Gegner der Barkiden, für die Hamilkar in Spanien nutzlose Kriege führte, um sich persönlich zu bereichern.

Hannibal hatte noch den Dreikantdolch in der Hand, als jemand draußen an seiner Tür klopfte. Es was Sosylos, der eintrat, und Hannibal mußte lächeln über das verdutzte Gesicht, das sein Lehrer machte beim Anblick der auf dem Bett ausgebreiteten Waffen, denen man immerhin ansah, daß sie gebraucht worden waren, Waffen, an denen vielleicht das Blut eines Karthagers klebte.

»Mit dem Transport ist ein Offizier gekommen, Hannibal«, berichtete Sosylos, und seine Stimme klang seltsam belegt, »er hat eine Botschaft an dich und mich: Wir sollen uns aufmachen und mit dem Schiff, das die Beute brachte, mit dem Offizier, der die Wege kennt, nach Spanien reisen. Ein kleines Kontingent von frischen Truppen kommt mit uns. Dein Vater will dich fortan an seiner Seite haben, Hannibal!«

Es war der Augenblick, auf den Hannibal seit Jahren gewartet hatte, aber nun, da aus dieser Erwartung Wirklichkeit wurde, war er wie vom Donner gerührt. Die Szene, die er immer wieder geträumt hatte, im Schlaf und im Wachen, ging ganz schlicht vor sich, beinahe lautlos, hatte Sosylos sich doch eine leise, behutsam-eindringliche Sprechweise angewöhnt.

»Ich vermag es kaum zu glauben, Sosylos«, stammelte Hannibal. »Jetzt also soll ich kommen, endgültig, für immer im Feldlager leben, das Zelt meines Vaters teilen?«

»Im Feldlager leben bestimmt«, antwortete der Grieche nachdenklich, »im übrigen sind mir die Pläne deines berühmten Vaters natürlich nicht näher bekannt. Es scheint nur, daß eine interessante Operation bevorsteht, der Angriff auf eine Stadt in den Bergen, die von den Oretanern zweifellos hartnäckig verteidigt werden wird, weil sich ihr König dorthin zurückgezogen hat. Vermutlich wünscht dein Vater, daß du die Techniken der Belagerung lernend miterlebst.«

»Ich weiß von dieser Stadt!« sagte Hannibal eifrig, während er sich umkleidete. »Bomilkar nennt sie Helike.«

»Auch der Offzier nannte sie Helike, was mir offengestanden wenig sagt. Sie soll jenseits eines Passes am Nordabhang jenes großen Gebirges liegen, das den Süden Spaniens von seiner Mitte trennt; die Soldaten nennen es den ›langen Rücken‹.«

Hannibal lachte.

»Weißt du, was mein langer Rücken ist, Sosylos? Der Hintern. Ich hoffe nicht, daß ich dieses große Land Spanien und diesen ruhmreichen Erdteil Europa ausgerechnet am Rückenende kennenlernen muß, aber es wird mir nichts ausmachen, wenn es doch so wäre!«

»Das ganze Spanien liegt am Rand Europas«, erinnerte ihn Sosylos, »und wir haben von diesem großen, kargen Land nur ein paar Wegekarten. Du mußt dich darauf vorbereiten, daß es an manchen Tagen wenig zu essen geben wird, ja mitunter nicht einmal Wasser. Ich lasse dich jetzt allein, du mußt überlegt packen, und auch ich habe noch einiges zu tun.«

»Ich habe noch eine Bitte!« rief Hannibal ihm nach. »Sende einen Boten in die Gasse zur Zitadelle, ins Haus Bomilkars, ich habe ihm versprochen, ihn mitzunehmen, wenn mein Vater mich ins Feldlager ruft. Er ist im Reiten und in Scheingefechten gut geübt und scheint mich zu mögen.«

Es wurde ein großer Aufbruch, und das, obwohl Hannibal keine Söldner angefordert hatte, sondern nur Freiwillige. Die Söldner nämlich waren im armen Spanien billiger zu haben, ja selbst aus den eben unterworfenen Dörfern, deren Männer sich noch herzhaft gegen die Punier gewehrt hatten, strömten gute Leute zu den Waffen, die lieber den Eroberungszug nach Norden fortsetzten, als ihre zerstörten Häuser wiederaufzubauen. In Kriegszeiten war man als Soldat besser aufgehoben und hatte mehr zu essen als in den unbewehrten Kleinsiedlungen der Mancha und der Sierra Morena.

Nun herrschte auf einmal auch in Kothon, in dem sonst ziemlich stillen Kriegshafen, lebhafter Betrieb. Sahen die jungen Krieger es auch nicht gern, so kamen doch die Mütter mit an den Kai und verabschiedeten ihre Söhne. Die Karthager hatten viel Familiensinn, sie lebten für Wohlstand und Hausstand, und wenn nun der Sohn, oft schon der zweite oder dritte, für Jahre nach Spanien zog, dann war dies zwar kein trauriger Anlaß, aber doch ein sehr ernstes Ereignis, zu dem sich nicht selten eine ganze Sippe am Hafenbecken versammelte.

Die Priester des Baal Saphon waren erschienen und brachten im Freien Räucheropfer dar, und es sah ein wenig seltsam aus, wenn diese würdigen Männer glattrasiert gingen, während die Jünglinge in Waffen ihre sprießenden oder flaumig wallenden Bärte stolz mit der Hand kraulten.

Neben Bomilkar stand nicht nur sein Vater, sondern auch die schöne Sabartha. Der Morgenwind zerrte an den noch gerefften Segeln der Schiffe und zauste die Gewänder der Menge auf den Kais. Hannibal und Sosylos kamen, von zwei Dienern aus dem Palast begleitet, verhältnismäßig spät. Der Offizier, der die Beute begleitet hatte, war als Gast im Hause Hamilkars abgestiegen und hatte es nicht sonderlich eilig, wieder ins Feldlager zu kommen.

»Ihr werdet das verstehen«, hatte er sich verteidigt, als er als letzter zur Morgenmahlzeit erschien, »wenn ihr erst einmal ein paar Monate im Oretanerland zugebracht habt. Es ist besser als bei unseren Wüstennomaden, denn die Luft in den Bergen ist kühl, und es gibt keine Krankheiten, aber im Vergleich mit Karthago ist es ein anderer Erdteil oder ein anderes Jahrtausend . . .«

Nach diesen für Hannibal etwas rätselhaften Worten hatte der Offizier in Ruhe gefrühstückt, ohne ihn würde die punische Galeere ja doch nicht in See stechen, und trottete nun hinter dem ungeduldigen Hannibal und seinem Lehrer dem Hafen zu.

»Nehmt mein Gepäck schon an Bord«, sagte Hannibal, als er die Gruppe gewahrte, die sich um seinen Freund Bomilkar gebildet hatte, »ich muß eine mir bekannte Familie begrüßen.«

Bomilkar strahlte, als er den Freund auf sich zukommen sah.

»Ihr habt doch Platz für mich an Bord?« erkundigte er sich aufgeregt. »Sieh her, ich habe auch gar nicht viel Gepäck!«

»Es ist eine große Galeere«, beruhigte ihn Hannibal, »keiner von den kleinen Küstenseglern. Du wirst in meiner Kammer ein Lager haben, und Sosylos teilt die Kammer des Offiziers. Aber nun mußt du dich verabschieden!«

»Achte mir auf meinen Sohn, Hannibal!« bat Bomilkars Vater, »ich habe nur den einen. Es ist richtig, daß er Soldat wird, ich achte seinen Entschluß und seinen Kampf für die Ehrenrettung unserer Familie, aber sein Tod wäre ein zu hoher Preis dafür!«

Hannibal versprach zu tun, was er tun konnte:

»Es wird vielleicht nicht viel sein, denn man kann in den Krieg nicht in der Gewißheit ziehen, daß man wiederkehren werde. Aber ich werde ihn nicht verlassen, und er wird mir die Treue halten. So viel können wir euch versprechen.«

Während Bomilkar sich noch kurz mit seinem Vater besprach, trat Sabartha auf Hannibal zu. Sie hatte noch Tränen in den Augen, weil sie eben ihren Bruder umarmt hatte, aber sie lächelte ein wenig, als sie nun, ungeniert und vor allen Leuten, Hannibal die Arme um den Hals legte. Ihre weiten Ärmel waren zurückgeglitten, und Hannibal fühlte kühl und weich die Arme des Mädchens an seinem Hals, in seinem Nacken.

»Spanien wird dich zum Mann machen, Hannibal«, flüsterte Sabartha, »und dieser Mann wird sich aus der Beute ein schönes Mädchen aussuchen, irgendeine Oretanerin oder Turdetanerin ... Das Fremdartige wird dich reizen, und du wirst die Heimat vergessen, so wie du die friedliche Stadt Karthago hinter dir gelassen hast.«

»Warum sagst du mir das alles?« fragte Hannibal. »Kannst du mich nicht mit freundlichen Segenswünschen entlassen?«

»Das tue ich doch«, schmollte Sabartha. »Du bist ein Kämpfer, Hannibal, das fühlt eine Frau deutlicher als selbst dein Lehrer. An dir haben Frauen keine Rechte. Dennoch sollst du wissen, daß ich an dich denken werde, viel und oft. Und wenn ich dir wünsche, daß dich die Pfeile und die Speere unserer Feinde nicht treffen, so geschieht dies nicht nur meinetwegen, sondern weil Karthago dich braucht. Ist das nun ein schöner Abschiedsspruch?«

»Das war mehr als ein Spruch«, antwortete Hannibal lächelnd und drückte das Mädchen an sich, »das war schon eine kleine Rede. Es ist schön, dich zu fühlen, Sabartha, und ich werde an diesen Augenblick denken, wo immer ich bin. Aber warten sollst du nicht auf mich. Du hast es selbst gesagt: ich muß alles hinter mir lassen. Ich bin ein Barkide!«

Er fühlte ihre Lippen erst flüchtig, dann entschlossen auf den seinen. Sie hatten einen leichten Salzgeschmack vom Meer, und der Seewind umspielte sie beide mit sanfter Mahnung. Zur Unterstützung der Ruderer

waren die Segel aufgezogen worden, die letzten Freiwilligen gingen an Bord, und Hannibal löste sich aus der Umarmung Sabarthas.
Die Planke, auf der Bomilkar und Hannibal an Bord gingen, schwankte. Sosylos stand schon an Deck und nahm nachdenklich Abschied von dieser Stadt, in der er so lange gelebt hatte. Unter lautem Geschrei vom Schiff wie vom Kai wurden die Taue gelöst, der Laufsteg eingezogen. Im Schutz der Kriegsgaleere nahmen auch die bauchigen Transportschiffe Kurs auf die schmale Durchfahrt zum Handelshafen, durch diesen hindurch, hinaus in die offene Meeresbucht. Auf dem Vordeck erklang der Paukenschlag des Portisculus noch langsam und gedämpft für die vorsichtige Fahrt durch das enge Hafenbecken, aber Hannibal wußte von gelegentlichen Schiffsfahrten nach Hippo und nach Utica, daß diese Signale, die im Grunde grausame Befehle waren, sich auf hoher See steigern und den Ruderern alles abverlangen würden, was diese zu geben vermochten.
»Sie retten Leben, diese Ruderschiffe«, sagte Sosylos, der wie schon so oft Hannibals Gedanken erraten hatte. »In den alten Zeiten meiner Heimat, in den Kriegen der Griechenstädte gegeneinander, da wurden die Gefangenen, die keinen Nutzen brachten, oft genug getötet. Heute kettet man sie an die Ruderbänke, was freilich nicht viel besser ist ...«

Stahlblau dehnte sich die Wasserfläche vor den vier Schiffen. Der Wind kam aus Südwesten, und die ungefügen Segel wußten mit ihm nicht allzuviel anzufangen, so daß die Ruderer harte Arbeit leisten mußten.
»Fahren wir nicht zu der Weißen Stadt?« erkundigte sich Hannibal bei Sosylos, der dem Navigator bei den Berechnungen des Kurses zur Seite gestanden war und auch sonst um manchen Rat gefragt wurde.
»Du meinst Gades? Nein, dein Vater hatte sie zwar zu seinem wichtigsten Nachschubhafen gemacht, vor acht Jahren, beim Beginn der Eroberung, und von Gades aus marschierte der karthagische Heerwurm das lange Tal des Baetis aufwärts. Jetzt aber führt Hamilkar Krieg in der Mitte der großen Halbinsel, jenseits des gewaltigen Gebirges. Dorthin sind die Wege kürzer, wenn wir das Weiße Vorgebirge anlaufen, wo er einen neuen Versorgungshafen errichtet hat. Unser Kurs dorthin heißt Westnordwest, nicht West.«
Hannibal schwieg ein wenig enttäuscht. Sosylos und die Mitschüler hatten oft von der großen weißen Stadt der Phöniker gesprochen, die schon außerhalb der Meerenge lag, draußen am ungeheuren, am endlosen Welt-

meer: eine uralte Stadt war es, mit der schon die Tartessier ihren Handel trieben, eine Stadt der Geheimnisse, die stolz war und unabhängig und die selbst den großen Hamilkar nur widerwillig und nur auf Zeit in ihren Mauern geduldet hatte. Hannibal hatte auch die Silbermünzen gesehen, die man in dieser reichen Stadt geprägt hatte, das schönste Geld, das er je in der Hand gehalten, während die Münzen in Karthago dagegen unklar wirkten, als seien sie auf schadhaften Prägestöcken gefertigt worden. Nun gut, Gades sollte es also nicht sein, aber eine neue Stadt, die Akra Leuké hieß, eine Kathagerstadt mit einem Griechennamen, wie die Barkiden sie liebten, das Fenster zu einer neuen Welt.

Nach einigen Stunden hatte sich die kleine Flotte ein wenig auseinandergezogen. Eines der Handelsschiffe segelte besonders schlecht und hatte offensichtlich auch keine guten Ruderer an Bord. Es blieb zurück, und die Kriegsgaleere brannte mahnend Feuerballen ab, die man in die Luft steigen ließ. Zwar befuhren die Römer diese Gewässer nicht, aber es gab immer wieder kühne Griechenschiffe, die zu den Handelsstützpunkten im nordöstlichen Spanien unterwegs waren, und seit Sardinien römisch war, seit es dort einen Aufstand gegen die neuen Herren gegeben hatte, war auch die Anwesenheit von römischen Kriegsschiffen nicht auszuschließen.

»Zu dumm!« zürnte Hannibal, der ungeduldig war, dem die Fahrt schon zu lange währte und der darauf brannte, den Fuß auf spanischen Boden zu setzen. »Dieser lahme Kahn hält uns alle auf. Kann man ihn nicht sich selbst überlassen?«

Sosylos zog die Brauen hoch.

»Das war kein sehr kluger Ausspruch für den Sohn eines großen Feldherrn«, sagte er. »Die Ladung ist für deinen Vater sehr wichtig, denn es stehen schwere Kämpfe bevor. Die Oretaner sind nicht so leicht zu besiegen wie die Turdetaner, die ein Kulturvolk sind, die uns kannten und die keinen ernsthaften Widerstand leisteten. Es wird hart auf hart gehen, und da sind Waffen und Geräte unentbehrlich. Es wäre nicht zu verantworten, daß sie einem griechischen Korsaren oder gar den Römern in die Hände fallen!«

»Aber wir haben doch den Frieden mit den Römern!« beharrte Hannibal.

»Auf See herrscht niemals wirklicher Friede. Der Unterlegene verschwindet ungesehen in den Wogen. Niemand kann nachweisen, ob er einem räuberischen Überfall erlag oder in einem Sturm zugrunde ging oder die Beute eines Seeungeheuers wurde. Da hilft nur größte Vorsicht!«

Bei der Erwähnung des Seeungeheuers hatte Hannibal seinen geliebten Lehrer nur fröhlich angelacht. Er kannte dieses Märchen. Er wußte, daß die karthagischen Seebären mit solchen Lügengeschichten die anderen Seeleute im Hafen erschreckten, die abergläubischen Ägypter ebenso wie die frechen Griechen. Denn die Meerenge passieren, das Weltmeer im Westen befahren, das durften nur phönikische und punische Schiffe, und darum konnte niemand anderer wissen, wie es dort zuging, wo das Meer an den Himmel stieß und die Wassermassen am Rand der Unendlichkeit von einer gewaltigen Scheibe ins All hinabflossen.
»Ich glaube nicht an Ungeheuer«, sagte Hannibal, »für mich sind die Römer der große Drache, den einst Theseus erlegte ... oder war es ein Riese? Mit gilt es gleich. Es sind Kindergeschichten, ich aber trage die Waffen eines Mannes!«
Er schwieg und lauschte, denn aus dem Mastkorb waren Rufe laut geworden, und an Bord wurde es unruhig.
»Es scheint, daß man etwas gesichtet hat ... Segel im Osten ... Wie gut, daß unsere Flotte besammen geblieben ist!« sagte Sosylos.
Eine Viertelstunde später waren die Segel auch vom Deck der Galeere aus zu erkennen, und nun bemächtigte sich Hannibals eine Erregung ganz neuer Art. Er überlegte, ob er aufentern solle, um mehr zu sehen, entschloß sich dann aber, in der Nähe seines Lehrers zu bleiben, der mit den Waffen sicherlich nicht so geübt war wie er und Bomilkar.
»Es sind Römer«, sagte der Offizier, der herangetreten war, »sie wollten wohl Sardinien im Süden umfahren und sind zu weit nach Westen abgetrieben worden. Zu fürchten haben wir nichts von ihnen, aber sie haben eine Ladung, die Hamilkar gut gebrauchen könnte: Nachschub für die römischen Besatzungslegionen auf dieser wilden Insel. All das, was unseren Truppen im Kampf gegen die Oretaner fehlt.«
»Und warum greifen wir nicht an?« rief Hannibal, bebend vor Erregung.
Der Offizier lächelte beifällig.
»In dir erkenne ich den Sohn eines großen Vaters ... Aber eben einen sehr jungen Sohn. Wir haben Frieden mit Rom. Hamilkar hat den Römern versichert, er suche in Spanien nur Erze, um die hohen Tributleistungen an Rom bezahlen zu können. Nehmen wir die beiden römischen Transportschiffe weg, dann schicken uns die Römer eine von ihren hochtrabenden und vielredenden Gesandtschaften. Darin sind sie nämlich groß. Die schreiten in Karthago auf und ab, lassen ihre Togen flattern,

und alles, was sie sagen, wird sein wie Wasser auf der Mühle Hannos, der gegen Hamilkar ist, gegen alle Barkiden und gegen den Barkidenkrieg in Spanien.«

Hannibal gefiel das Wort vom Barkidenkrieg nicht. Er sah seinen Vater nicht als machthungrigen Eroberer, sondern als karthagischen Feldherrn. Und doch – wenn er sein eigenes Geld hatte prägen lassen, wenn er Städte gründete, wenn er Bündnisse mit den Turdetaner schloß und Gesandte aus Rom empfing, dann tat er zweifellos so allerlei, was vor ihm noch nicht die Aufgabe eines Feldherrn gewesen war, was noch nie zu den Rechten eines Feldherrn gehört hatte. Aber er war eben Hamilkar Barkas, er war der Mann, den das Volk liebte und den seine Soldaten vergötterten. Wann endlich würde diese dahinkriechende Galeere das Weiße Vorgebirge erreichen und die Stadt Akra Leuké? Wann endlich würde er sein Pferd satteln und durch erobertes Land zu seinem Vater reiten dürfen?

Es bedurfte keiner Kursänderung, um den Weg zum Weißen Vorgebirge ohne Verzögerung fortsetzen zu können. Die fremden Schiffe, woher immer sie kamen, hatten offenbar erkannt, daß sie in der Minderzahl waren. Sie drehten ab.

»Wenn mich nicht alles täuscht«, sagte der Offizier, der aus dem Mastkorb heruntergeklettert war und sich wieder zu Sosylos gesellt hatte, »dann waren das keine Römer, sondern Landsleute von dir. Die Griechen haben florierende Niederlassungen an der Nordostküste von Spanien, die eine heißt Emporion, die andere Zakynthos. Beide stehen unter dem militärischen Schutz der Römer. Nun, im Ernstfall würde ihnen das nicht viel nützen, denn Rom ist weit, Hamilkar aber ist nahe!«

So nahe aber war Hamilkar denn doch nicht, zumindest nicht den Männern, die in Akra Leuké die Schiffe verlassen hatten und sich nun auf den Marsch an die Front machten. Denn diese Front hatte Hamilkar im Lauf der Jahre langsam, aber wie es schien unaufhaltsam, nach Norden vorgeschoben, aus dem Tal des Baetis in das des Anas und von dort wiederum über den Fluß Jucar hinaus bis zum nächsten Gebirge.

Es war Herbst, was Hannibal in Karthago nicht sonderlich aufgefallen war. Man vermerkte in der engen Stadt die Zunahme der Winde mit gewisser Erleichterung, das war alles. Hier, auf der Iberischen Halbinsel, packten die Winde härter zu. Sie wehten nachts eiskalt von den Hängen

der Gebirge herunter und trugen bisweilen gewaltige Staubwolken mit, grauen, harten Staub aus einer ausgedehnten Ebene im Norden, von der die Kundschafter berichteten und die von den Einheimischen Meseta genannt wurde. Nach einem langen, trockenen Sommer war das Vorland der Berge ausgedörrt und öde. Die kleine Truppe zog durch niedergebrannte Dörfer, vorbei an Ruinen, in denen die wenigen Überlebenden sich versteckten, als sie der Karthager ansichtig wurden. Verendetes Vieh lag neben dem Weg, bis auf die Knochen von Wölfen und Füchsen abgenagt, und auch so mancher Erschlagene lag noch unbestattet im Staub.
Daß es hier noch Pflanzen gab, die lebten, grenzte für Hannibal, der das üppige Grün der Oasen gewöhnt war, an ein Wunder. Arven wuchsen auf, vereinzelt auch einige verkrüppelte Olivenbäume und immergrüne Eichen, die ihre Wurzeln in Felsspalten senkten und von einem Restchen Feuchtigkeit aus der Tiefe zu leben vermochten.
»Wenn die Oretaner so zäh sind wie ihre Bergpflanzen«, sagte Sosylos nachdenklich, »dann gnade uns der Kriegsgott. Wer hier lebt, der braucht den Tod nicht zu fürchten!«
Hannibal antwortete nicht. Er dachte an seinen Vater, der hier schon acht Jahre lang Krieg führte, anfangs gewiß am freundlichen Gestade des Mittelmeers und danach im fruchtbaren Tal des Baetis. Seit Jahren aber kämpfte er in diesem rauhen Gebirge, seit Jahren lag er hier den einheimischen Fürsten gegenüber, die man wohl kaum Könige nennen konnte und die in der Armut ihres Landes hart geworden waren.
»Weiß man, wie die Gegner meines Vaters heißen?« fragte Hannibal den Offizier, der den Nachschub nach Norden führte.
»Das Volk nennt sich Oretani, besteht aber aus vielen Stämmen, die verstreut wohnen und wenige Städte haben, dafür aber viele Bergfestungen. Ich weiß von zwei Anführern, die Namen sind für unsere Zungen schwierig, und wir haben sie uns ein wenig zurechtgemacht. Der eine heißt Istolatus, ihn hat dein Vater gefangengenommen und töten lassen, der andere ist flüchtig und hat uns blutige Rache geschworen, ihn nennen die Gefangenen Indortès und sagen, er sei vielleicht nicht so tapfer wie Istolatus, aber listig und zäh . . .«
Man hielt auf einer Paßhöhe, zwischen Felsen und einer ausgedehnten Geröllhalde. Es war eine Landschaft, in der nichts zu leben schien als ein Dutzend großer Geier, die ihre Kreise über den Karthagern zogen. Es gab kein Wasser für die Pferde, die schweißbedeckt im eisigen Wind hiel-

ten, und keine Krume Nahrung für die Menschen. Dennoch quälte Hannibal mehr als alles andere die Frage, warum dieser Istolatus hatte sterben müssen.
»Was uns hier am meisten zu schaffen macht«, erklärte der Offizier, »das ist nicht die Zahl der Gegner, sondern ihr Mut und ihr Selbstvertrauen. Hätte Hamilkar diesen Istolatus am Leben gelassen, er wäre heute schon wieder befreit, in einem mörderisch-kühnen Vorstoß, und würde wieder gegen uns kämpfen. Im Süden, am Baetis war dies nicht so. Menschen, die Besitz haben, die gut leben, reich ernten, ihr Vieh mästen, die neigen nicht zum Kampf und noch weniger zum Todesmut. Sie schlossen sich uns an, wir konnten uns mit ihnen auf griechisch verständigen, sie waren unseren phönikischen Verwandten seit alters bekannt. Hier oben, Hannibal, ist alles anders, und ich möchte meinen, daß dein Vater nicht diesen Weg nach Norden gewählt hätte, wäre ihm die Natur des Landes und der Bewohner besser bekannt gewesen ... Hoffentlich wird er seinen Entschluß, hier gegen das römische Interessengebiet vorzustoßen, niemals bereuen müssen!«

Nach dem Übergang über den Jucar wurde das Land grüner und das Wetter milder. Die Berge im Norden bildeten einen gnädigen Windschatten, und die großen Flüsse, der Jucar und der vielfach gewundene, ja geradezu mäandrisch dahinfließende Cabriel versorgten das Land mit lebensspendender Feuchtigkeit. Die Pferde wurden munterer, und man kam schneller voran, gleichsam im Wettlauf mit dem Winter, der in diesen Gegenden in manchen Jahren schon sehr früh hereinbrach – zwar nicht mit Schnee, aber mit großer Kälte und eisigen Stürmen.
Endlich stießen sie auf den Troß des Hauptheeres, der den Übergang über den Jucar beschützte, wo die Tiere stets genug Tränke fanden und wo das Flußtal selbst für eine ausgeglichene Witterung sorgte, fern von den Kälteeinbrüchen aus den Bergen. Hier waren auch die Elefanten zusammengetrieben worden, die noch vor dem Winter an die Küste gebracht werden sollten, weil sie in der spanischen Winterkälte Gefahr liefen, zugrunde zu gehen. Hannibal hatte sich in Karthago viel mit ihnen beschäftigt, er kannte ihre ausgedehnten Stallungen in der langen Verteidigungsmauer, die den Isthmus sperrte. Mindestens dreihundert Tiere waren dort untergebracht und mußten ernährt und bewegt werden.
Sosylos hatte ihm erzählt, daß Alexander der Große in der Indus-Ebene auf den Inderkönig Poros gestoßen sei, der Elefanten in die Schlacht ge-

führt habe, und da es an den Nordrändern der großen Wüste Sahara schließlich noch genug von diesen Dickhäutern gab, denen die Wüste selbst schon zu trocken geworden war, nahmen sich die Karthager dieser natürlichen Waffe an, dressierten die Elefanten und machten die an sich ziemlich klein geratenen Tiere durch Aufbauten und Säbel, die man an die Stoßzähne band, furchtbarer, als sie von Natur aus waren.
»Karawanenführer haben mir berichtet«, hatte ihm Sosylos einst erzählt, »daß im Innern von Afrika Elefanten leben, die beinahe doppelt so groß werden wie unsere Tiere hier, die einer schwachen Rasse angehören. Das glaube, wer will. Diese Elefanten hier sind jedenfalls gelehrig, sie lassen sich so gut verwenden wie die indischen, und Hamilkar kann sie im südlichen Spanien gegen die abergläubischen Bergbewohner mit Vorteil einsetzen.«
Nun aber kam der Winter, die Dickhäuter drängten sich ängstlich aneinander, und nicht wenige ihrer Bewacher schienen ebenso ungeduldig darauf zu warten, mit den kostbaren Kampftieren nach Akra Leuké abziehen zu können.
Der Fluß führte zur Zeit wenig Wasser, aber die gefangenen Oretaner wußten zu berichten, daß der Winter im Tal oft anhaltende Regenfälle bringe und daß der Jucar dann Hochwasser führe wie andere Flüsse nur bei der Schneeschmelze. Die Nachschubkolonnen brauchten nicht die Schiffsbrücke zu benutzen, die halb auf dem Trockenen lag, sondern konnten durch eine Furt ans Nordufer gelangen, und als der Offizier sich dort bei den Wachen meldete, wurde sogleich ein Bote zu Hamilkar abgefertigt.
Nun wuchs Hannibals Erregung mit jedem Schritt seines Pferdes. Hamilkar hatte zwar Kampfpausen dazu benützt, nach Karthago zurückzukehren und seine dortigen Anhänger zu besuchen, deren Unterstützung er gegen den mächtigen Klan der Magoniden brauchte. Aber seit die Karthager in der Bergen der Oretaner kämpften, konnte Hamilkar seine Truppen nicht mehr allein lassen, denn sie waren zum guten Teil Söldner, tüchtig, aber nicht so verläßlich wie die schwere Infanterie oder gar die karthagische Reiterei, in der die Söhne aus den Familien der Hauptstadt freiwillig dienten.
Sosylos und Hannibal ritten nun der Truppe ein wenig voraus, es ging ja nur noch um eine Stunde, und die Staubwolken, welche die Marschierenden aufwirbelten, hatte Hannibal lange genug geschluckt. Vor ihm lagen

dunkelgrün und an manchen Stellen beinahe blau die Berge mit Gipfeln, deren Namen er nicht kannte. Wie ein Riegel schob sich dieses Gebirge vor die Marschrichtung der Karthager, und es wäre beschwerlich genug gewesen, hätte es sich nur darum gehandelt, es mit dem ganzen Troß und dem Belagerungsgerät zu überschreiten. Aber in den Jahren, da sich die Karthager von Süden her herankämpften, hatten die Oretaner Zeit genug gehabt, ihre Bergdörfer zu befestigen, und die Hauptstadt Helike dieses Oretanerstammes lag mit ihren braunen Mauern klein, aber wehrhaft mit dem Rücken an die Felsen gestemmt, von denen die Dächer der Häuser sich selbst bei Tag kaum abhoben.

Ein kleines Staubwölkchen stieg aus den Hügeln auf und verdeckte Helike.

»Das ist mein Vater!« sagte Hannibal. Er fühlte es, es konnte niemand anderer sein, obwohl zwischen Troß und Armee natürlich genug Bewegung herrschte.

Die Staubwolke kam näher, und auch Sosylos und Hannibal hatten ihren Pferden die Sporen gegeben, um schneller voranzukommen. Die Tiere griffen aus, und nach wenigen Minuten trafen die Reitertrupps in einer kleinen Senke aufeinander. Wie ein junger Mann schwang sich Hamilkar Barkas aus dem Sattel. Er trug einen schweren Lederpanzer, der über die Schultern hinausreichte und ihn unnatürlich breit erscheinen ließ. Den dreieckigen, stark gepanzerten Helm, der ihn gegen Steinwürfe schützen sollte, nahm er ab, als er auf den Sohn zuging und die Arme breitete. Hannibal eilte dem Vater entgegen, besann sich aber im letzten Augenblick, daß er in Hamilkar ja auch seinen Feldherrn vor sich hatte, und beugte das Knie in den Staub des Weges.

Hamilkar zog ihn schnell zu sich heran, an die Brust. Der Helm fiel zu Boden, Vater und Sohn umarmten einander lange und stumm, und Hannibal roch, während er ohne zu denken an diesem Lederpanzer lag, seine neue Welt: das schwere Ochsenleder, gegerbt von Jahren in Wind, Regen und Rauch, den Mann darunter, der seit Jahren in Zelten lebte oder unter freiem Himmel schlief, und den bitteren Dunst getrockneten Blutes aus vielen Nahkämpfen.

»Du weißt, was jetzt sein wird, Sohn?« fragte Hamilkar leise, als er sich von Hannibal löste und ihn ein wenig von sich schob, um ihn besser ins Auge fassen zu können. »Die Erziehung ist zu Ende, jetzt sind wir Kampfgefährten, und du lernst nicht mehr die griechische Tragödie oder die Zahlen und Formeln des Archimedes ... Wir stehen nebeneinander gegen denselben Feind, und wir werden einander nur verlassen, wenn einer von und fällt!«

»Du bist ein Mann in seinen besten Kräften, Vater«, antwortete Hannibal beklommen, »keinem von diesen Bergbauern wird es gelingen, dich auch nur zu verwunden. Wir werden uns trennen, wenn du mir mein erstes selbständiges Kommando gibst.«

Hamilkar lächelte trübe.

»Hätte ich vor acht Jahren gewußt, was ich heute weiß, mein Sohn, du wärst noch in Karthago und kämest mir im Frühjahr zu Hilfe mit einer großen Truppenmacht, die diese Bergstellungen im Rücken umgeht ... Das war der Rat deines Schwagers Hasdrubal, der ein sehr guter Truppenführer ist und treu zu mir steht wie ein eigener Sohn. Aber nun bist du da und wirst den Winter vor Helike erleben und alles, was diesem Teufel hinter den Mauern einfällt!«

»Dem Fürsten Indortès?«

Hamilkar lachte höhnisch.

»Dem Fürsten der Unterwelt! So sollte man ihn nennen und nicht anders ... Ich grüße dich, Sosylos, und danke dir: Hannibal ist prächtig gediehen, er hat einen freien Geist und sitzt gut zu Pferd. Komm mit ins Lager vor der Festung und teile unser Leben, so lange es dir beliebt. Dann kannst du dich entscheiden, ob du bleiben oder mit den Elefanten an die milde Küste zurückreisen willst!«

Sosylos hatte sich so tief verneigt, daß er zunächst gar nichts antworten konnte, dann aber reichte er dem Jüngling die Hand, den er nun jahrelang an der Seite gehabt hatte, der sein Leben und seine Aufgabe gewesen war.

»Ich brauche nichts zu sehen und nichts zu überlegen, großer Hamilkar«, sagte Sosylos, »ich wußte vom ersten Augenblick an, daß ich im Hause der Barkiden keinen Gelehrten heranzubilden haben würde und keinen Priester, sondern einen Truppenführer, einen Feldherrn, einen Herrscher über Leben und Tod, über Karthago und fremde Länder. Der Tag mußte kommen, und nun ist er da. Ich werde das Leben meines Schülers teilen, soweit meine Kräfte dies zulassen.«

Hamilkar legte dem treuen Griechen seine schwere Hand mit dem Lederhandschuh auf die Schulter.

»Dann wirst du in seinem Zelt wohnen mit dem Offizier, den ich Hannibal als Adjutanten zugeordnet habe, er spricht wie wir alle die Landessprache schon ziemlich gut und kennt die ganze Umgebung bis hin nach Castulo, wo wir unsere Verwundeten pflegen ... Der Tag ist ruhig, wir werden abends zusammen essen, ich lasse euch holen!«

Das war es. Der Augenblick des Wiedersehens hatte nur wenige Minuten gedauert. Hannibal hatte seinen Vater nicht so hart, nicht so kurz angebunden in Erinnerung, aber es war natürlich zweierlei, ob man zu Hause in Karthago im Barkidenpalast an der Tafel saß oder eine Oretanerstadt belagerte, die von einem Fürsten wie Indortès verteidigt wurde.

Das Zelt, das man Hannibal und Sosylos zeigte, war hinter einer Steinbarriere errichtet, die wohl mehr gegen den Wind der Höhen schützen sollte als gegen Wurfgeschosse aus der Festung. Es war klein und so niedrig, daß zwar Hannibal in ihm aufrecht stehen konnte, nicht aber der schlankere und größer gewachsene Offizier, den Hamilkar ihm zugeteilt hatte, ein Karthager aus den östlichen Landesteilen, im Grenzkampf erfahren und nicht mehr ganz jung.

»Ich heiße Velianon, Prinz«, stellte er sich vor. »Hamilkar hat mir gesagt, daß ich ans Kreuz geschlagen werde, wenn du einen anderen Tod sterben solltest als den in der Schlacht.«

»Einen anderen Tod?« fragte Hannibal, der mehr den Mann angesehen als auf seine Worte geachtet hatte und darum nicht gleich begriff.

»Nun, den Tod von Mörderhand zum Beispiel. Wir sind in besetztem Feindesland. Kleine Garnisonen von uns wurden nächtlicherweile überfallen, einmal sogar von Oretanern, die sich in karthagische Rüstungen gekleidet hatten, auch von Feinden in Frauenkleidern. Man kämpft hier mit allen Mitteln, vor allem, seit dein Vater den König Istolatus hinrichten ließ, der allgemeine Verehrung genossen haben soll.«

»Nun«, antwortete Hannibal wegwerfend, »hier im Feldlager, unter unseren Soldaten, bin ich doch wohl vor einem heimtückischen Angriff sicher?«

Velianon senkte den Blick. Offensichtlich war er nicht der Mann vieler Worte, und diese erste Belehrung eines hochgestellten Jünglings war darum kaum nach seinem Geschmack.

»Uns sind viele Soldtruppen zugeströmt. Turdetaner, Oretaner, Iberer von der Küste, Reiter aus Numidien. Hier oben gibt es nur dann etwas zu essen, wenn man kämpft. Außerhalb unserer Lager herrscht bittere Not. Das hat so manchen zu uns geführt, der uns nicht wohlwill. Aber denke

nicht an diese Dinge. Ich weiß, daß so mancher Dolch traf, als Karthago noch Könige hatte, ich werde die Augen offen halten. Von all dem habe ich nur gesprochen, weil du meine Nähe ertragen mußt, weil ich dir erklären wollte, daß du fortan einen Schatten haben wirst.«
»Zwei Schatten!« berichtigte Sosylos. »Du bist gewiß der bessere Krieger von uns beiden, Velianon, aber ich habe wie alle schwachen Menschen einen sechsten Sinn für die Gefahr.«
Hannibal lächelte. Er liebte es, seinem Lehrer etwas nachzusehen, und was er ihm am häufigsten nachsehen mußte, das war der Hang des Griechen, an ein Zwischenreich zu glauben, in dem die Abgeschiedenen sich ebenso bewegten wie Dämonen und hilfreiche Geister. Für Hannibal hingegen gab es den großen Baal Saphon, den Kriegsgott, und er war sicher, daß dieser furchtbare Gott seine Schritte und seine Gedanken lenkte. Und nur in den wenigen Stunden, die Hannibal mit der schönen Sabartha aus dem Hause Bomilkars zusammen gewesen war, hatte er flüchtige Gedanken an Tanit gewendet, die Göttin der Nacht und der Liebe, und sich gefragt, ob sie mit ihm etwas im Sinne habe, was sich mit den großen Aufgaben eines jungen Truppenführers werde vereinbaren lassen.
»Ruhe jetzt, Prinz Hannibal«, riet Velianon, »bei Einbruch der Dunkelheit komme ich wieder und werde dir helfen, die Rüstung anzulegen, damit ich dir die Stellungen zeigen kann.«
»Bei Einbruch der Dunkelheit?« fragte Hannibal verwundert.
»Bei Tageslicht würdest du den Inspektionsgang nicht überleben, Prinz!« schloß der Offizier trocken, verneigte sich und ging aus dem Zelt.

Es war eine Welt, in der es wohl besser war, nicht zu diskutieren. Man konnte hier recht behalten und eben darum eine Stunde später tot sein. Was zählte, war die Erfahrung. Die jungen, feurigen Krieger schienen nicht lange zu leben in diesen mörderischen Einöden vor den Mauern von Helike; die alten, erfahrenen Soldaten hingegen, die das harte Geschäft der Belagerung kannten, die brachten hier einen Monat um den anderen zu und vertrauten auf den Hunger in Helike offensichtlich mehr als auf die karthagischen Waffen.
Hannibal warf sich auf das Lager. Es war hart, daran war er seit Jahren gewöhnt, und es bestand nur aus einer dünnen Schicht von Häuten und Decken, die den felsigen Untergrund ein wenig bedeckten, so daß sich kein Felsendorn in Hannibals Rücken drückte.

Die ungefüge gelbe Webe mit den geraden grauen Streifen, so wie die Berber sie verfertigten, spannte sich als Zeltdach über Hannibal. Die Sonne des Spätnachmittags ließt das Gelb kräftiger erscheinen, beinahe vermochte man nicht an den nahen Winter zu glauben, aber ein von Stunde zu Stunde deutlicher auffrischender Wind hob das leichte Tuch und zauste an den Zeltwänden. Hannibal hatte in jahrelangem Bemühen gelernt, sogleich einzuschlafen, wenn die Gelegenheit sich bot. So verschwendete er auch jetzt keinen Gedanken an Kommendes, noch war es ja nicht seine Sache, etwas zu ändern. Auf dem harten Kissen aus Gräsern, die unter ihm knisterten, schlief er ein, und das fremde Land folgte ihm in seinen Traum. Die Berge wuchsen um ihn auf wie eine Bedrohung, hatte er doch den nahen Atlas mit seinen kargen Höhen niemals selbst betreten, sondern nur aus der Ferne betrachtet als ein fremdes und feindliches Land unendlich armer Menschen, die in Not und Gier die natürlichen Feinde des reichen Karthago waren. Die Berge seines Traumes aber hatten andere Gestalt. Sie waren nicht breite, imposante Rücken wie der Hohe Atlas, sondern einzeln aufragende Kegel, deren Häupter schneebedeckt waren. Die Sonne glänzte auf den Firnen, und das Auge schmerzte, wenn man den Blick zu lange auf dem ewigen Schnee ruhen ließ. Jenseits dieser märchenhaft schönen Bergwelt aber breitete sich grün und fruchtbar reiches Land mit Zitronenbäumen und ausgedehnten Olivenhainen; an den Hügelhängen wuchs Wein, und von der einen Stadt zur anderen führten steinerne Wege, befestigt und schnurgerade, auf denen sich Menschen, Karren und Zugtiere mit wundersamer Leichtigkeit bewegten, als würden sie an Schnüren gezogen.
Es war ein kurzer Traum, oder er schien doch so, und er war eben zu Ende, als die vertraute Stimme seines Lehrers Hannibal in die Wirklichkeit zurückholte.
»Velianon ist hier, und er hat dir Dinge mitgebracht, die dich freuen werden, Hannibal!«
Mehr brauchte es nicht. Hannibal schlug die Augen auf und war hellwach, obwohl das Zelt nun im Dunkeln lag. Die Sonne war untergegangen. Vor dem aufgeschlagenen Zelteingang breitete sich in mildem Blaulicht der Felsenhang mit der Stadt Helike, die trotzige Lämpchen auf die Mauern gepflanzt hatte, um ihren Lebenswillen zu bekunden.
Der Offizier war schwer bepackt, aber das, was er brachte, zeigte er mit sichtlichem Stolz, vielleicht hatte sogar er selbst alles vorbereitet an Waffen und Rüstungen, was Hannibal fortan tragen sollte.

»Der Helm wird dir schmucklos erscheinen, Prinz«, begann Velianon mit seinen Erklärungen«, aber es hat sich gezeigt, daß die Bogenschützen der Oretaner alles Glänzende im Vorfeld ihrer Festung zu treffen wissen, darum empfehle ich dir diese starke Lederkappe mit einem Kinnriemen und innen eingearbeiteten stählernen Bändern, sehr kunstvoll gefertigt in den jüdischen Werkstätten auf der Insel Balearia. Der Schild ist aus Leder, mit dünnen Silberplättchen besetzt, die aber noch einmal überspannt worden sind. So kämpft dein Schwager Hasdrubal: nachts dunkel und unsichtbar, bei Tag blitzend und blendend ins Auge des Gegners. Dein Vater sagt, du trägst den Schild links?«
»Gewiß ... gewiß ...« antwortete Hannibal zerstreut. Ihn hatte, als er Helm und Schild sah, als er den Helm berührte und aufnahm und das Leder roch, eine unerklärliche Erregung erfaßt, die er kaum zu bezwingen vermochte.
»Und hier das Schwert«, sagte Velianon nicht ohne Feierlichkeit, »von einem griechischen Meister aus Ägypten! Dein Vater hat es auf Sizilien erbeutet, schon vor Jahren. Niemand weiß, wer es geführt hat, aber es ist eine herrliche Arbeit, zweischneidig, gerade, ohne Scharten und mit einer jener schmalen Klingen, die man lange führen kann, ohne zu ermüden.«
»An die Scheide wirst du dich erst gewöhnen müssen, Hannibal«, sagte Sosylos, der ja die Gewohnheiten seines Schülers kannte, »sie ist über der Schulter, an einem Riemen zu tragen, wenn du die Rechte frei haben willst für die Streitaxt oder zum Erklettern einer Sturmleiter.«
Hannibal hob das Lederzeug auf, es war leicht und zäh und würde die Haut gewiß nicht wundscheuern.
»Kamelhaut?« fragte er, als er den charakteristischen Geruch wahrnahm.
Velianon nickte: »Die Scheide ist karthagische Arbeit. Die Scheide, die zum Schwert gehörte, scheint sich damals am Berg Eryx nicht gefunden zu haben, im übrigen ...«, er lächelte, »im übrigen war damals auch nicht viel Zeit zu suchen. Wir waren froh, mit heiler Haut davonzukommen.«
»Willst du damit sagen, daß Hamilkar jemals geflohen sei?«
Velianon und Sosylos tauschten einen schnellen Blick.
»Beruhige dich, Prinz«, bat der Offizier. »Jeder weiß, wie heldenhaft er den Berg auf Sizilien und seine Stellungen verteidigt hat und daß er den Friedensschluß ablehnte, der ihm ehrenrührige Bedingungen zugemutet hätte. Er ist in allen Ehren und mit allen seinen Waffen abgezogen. Aber solche Rückzüge haben eben ihre eigenen Gesetze, und mancher schon

hat dabei sein Leben verloren, weil er sich von einem schönen Beutestück nicht zu trennen vermochte!«

Hannibal war nur halb besänftigt. Die ganze Stimmung im Feldlager paßte ihm nicht. Er fühlte sich als Teilnehmer zu einem großen, ja zu einem gewaltigen Männerfest geladen, er war beinahe feierlich gestimmt; für diesen Velianon aber war der Krieg Alltag und, was immer geschehen würde, alltäglich wie ein Geschäft.

»Laßt uns gehen«, sagte Hannibal schroffer, als er eigentlich wollte.

»Ich lege dir das Lederkoller an«, erbot sich Velianon, »Sosylos kann die Brustplatte mit schwarzem Talg einreiben, dann haftet der Staub, und sie blinkt nicht im Finstern ... Das Schwert kannst du umhängen, das Beil im Gürtel hast du ja zur Hand. Außerdem sind unsere Posten für die Nacht schon aufgezogen.«

»Ihr fürchtet doch keinen Ausfall?« erkundigte sich Sosylos, während sie zu dritt das Zelt verließen

»Indortès hat in der Festung nicht viel weniger Männer als wir hier draußen. Sie haben sich aus den Dörfern hierher zurückgezogen wie in eine Fluchtburg, und er kann sich nicht lange ernähren. Früher oder später wird er einen Ausfall wagen müssen, aber Hamilkar will diesen Augenblick nicht abwarten, denn wenn der Feind angreift, hat er die Wahl der Stelle, an der er den Durchbruch versucht.«

Zum ersten Mal in seinem jungen Leben fühlte sich Hannibal von Feinden umgeben. Es war noch nicht völlig finster. Auf den Kuppen der Berge lag noch die Sonne, die Stadt Helike selbst aber war in tiefe, blaue Schatten gehüllt. Das Feldlager Hamilkars zog sich in einem flachen Halbkreis von Felswand zu Felswand um die Bergfestung herum, in deren Rücken die steinerne Wand abweisend aufragte, ein schwarzer Block, über dem die ersten Sterne blaß am Firmament standen. Hinter Steinhaufen verdeckt brannten die kleinen Feuer, an denen sich Hamilkars Soldaten ihre Grütze kochten. Fast alle trugen Bärte, sie waren schmutzig und – sie stanken.

»Wasser ist rar hier oben, Prinz«, entschuldigte sich Velianon für die Truppe. »Auch die Verpflegung ist knapp, denn die Jagd bringt wenig. Es ist ein hartes Leben für uns wie für den Feind. Dein Freund Bomilkar lernt es bei der Reitertruppe kennen, du selbst hier im Belagerungsring.«

»Und warum durfte Bomilkar nicht an meiner Seite bleiben?«

Der Offzier zauderte keine Sekunde mit der Antwort.

»Er entstammt einer der Königsfamilien von Karthago, und wir kennen

ihn nicht. Bei den Reitern dient er unter Vornehmen, und wir haben ihn im Auge ...«
»Hat das mein Vater befohlen?«
»Hamilkar wollt ihn zurückschicken, nicht nach Karthago, aber in das schöne Castulo. Das hätte die Sippe Bomilkars ihm nicht verübeln können, und er wäre doch an einem Ort, wo er nicht Unfrieden stiften oder die Truppen aufwiegeln kann, denn in Castulo liegen die Veteranen. Die sind Hamilkar am treuesten ergeben von allen.«
»Und wer hat sich dafür eingesetzt, daß Bomilkar bleiben durfte?«
»Nun, ich natürlich, wer sonst«, antwortete Velianon achselzuckend. »Ich habe die Verantwortung für dich, dazu gehört aber auch, daß ich dich bei Laune halte. Ich habe mit Bomilkar gesprochen; ich bin sicher, daß er aus purer Freundschaft zu dir mitgezogen ist. Daß er bei den Reitern steht, daß er Erkundungsvorstöße mitreitet, Transporte sichert und Verpflegung eintreibt, das schafft ihm mehr Abwechslung, als du zunächst haben wirst, Prinz.«
Hannibal gab sich zufrieden. Es war die zweite oder dritte Lektion, die ihm hier zuteil wurde. Der Krieg war kein Abenteuer, sondern eine Summe von Überlegungen und Berechnungen, und jeder Fehler konnte den Tod bringen.
Bei den nächsten Schritten, einem vorsichtigen Dahinstolpern in der Finsternis, wurden die drei angerufen, und Velianon gab leise die Parole.
»Das sind die vordersten Posten«, erklärte er Hannibal und Sosylos, »sie liegen hart außerhalb der Pfeilschußweite, sofern ein gebräuchlicher Bogen verwendet wird. Die schweren Schießmaschinen, deren Bogen vier Männer spannen müssen, erreichen mit ihren Pfeilen unser Lager und natürlich auch jedes Ziel im Vorfeld, doch scheint Indortès Schwierigkeiten mit den schweren Pfeilen zu haben. Er wartet stets auf lohnende Ziele, und die wollen wir ihm natürlich nicht bieten.«
Hinter den Zacken des Berges schob sich langsam die Scheibe des Mondes in den Himmel hinauf. Sie war nicht so groß und leuchtete nicht so grell orangenfarbig, wie Hannibal den Mond aus Karthago kannte, sondern war kleiner, aber immer noch hell, und Velianon bedeutete den beiden, sich zu Boden zu werfen.
»Wir kriechen noch ein Stück näher«, sagte er. »Es gibt dort, wo unser Belagerungsring an den Felsen stößt, einen Punkt, von dem aus man in die Stadt Helike hineinsehen kann ... zumindest in einige der Gassen.«

Es war eine mühsame Strecke. Scharfe Steine zerschnitten Hannibal die Hände, bis er sah, daß sich Velianon auf den Ellbogen fortbewegte, und die waren durch das Panzerhemd geschützt. Sosylos hinter den beiden jungen Männern atmete schwer und blieb zurück.
»Wir holen dich wieder«, versprach Velianon, »krieche aber nicht allein zurück, unsere Wachen könnten dich für einen Feind halten. Mich kennen sie.«
Als sie im Schutz der Felsen ganz nahe an die Stadt gekommen waren, vernahm Hannibal leises Wehklagen und vereinzelte Stimmen, doch kamen die Laute nicht über die Mauern, sondern aus dem Vorfeld.
»Sind das Verwundete?« erkundigte sich Hannibal. »Warum werden sie nicht geborgen?«
»Es sind Menschen aus Helike, die Indortès aus der Stadt getrieben hat: alte Männer und Frauen, kleine Kinder, kurz alles, was nicht kämpfen kann und für den Verpflegungsnachschub nutzlos ist, denn Verpflegung erhält Helike nur über die Bergwände: gelenkige Knaben und Mädchen klettern während der Nacht hier hinauf und schlagen sich durchs Gebirge, bis sie in den noch nicht eroberten Dörfern Nahrungsmittel auftreiben, mit denen sie dann zurückkehren.«
Das verstand Hannibal; es erklärte auch, daß Helike sich noch hielt, trotz monatelanger Belagerung. Aber die Ausgestoßenen?
»Es ist der ausgetrocknete Graben vor den Mauern«, erklärte Velianon, »da liegen sie und warten auf den Tod. Wir konnten sie nicht aufnehmen, weil wir kaum die eigenen Soldaten ernähren können, und weil sie Feinde sind, dürfen sie auch unsere Stellungen nicht sehen und nicht, wie wenige wir sind, wo unser Nachschub seinen Weg findet und so weiter . . .«
Hannibal schauderte. Das also war der Krieg: düsteres Schicksal nicht nur für die Kämpfer, die es immerhin selbst mitgestalten konnten, sondern vor allem für die Betroffenen, die Wehrlosen, die für die Feldherren auf beiden Seiten Nutzlosen.
»Was könnte diese Unglücklichen retten?« erkundigte er sich mit belegter Stimme.
»Das Ende der Belagerung, so oder so: Entweder wir erobern Helike, dann können sie zwar nicht zurückkehren, aber sich im flachen Land verteilen, falls ihre Füße sie noch tragen. Oder wir müssen die Belagerung abbrechen, dann gibt es wieder Nahrungsmittel in der Stadt, und man wird ihnen die Rückkehr nicht verweigern.«

In den drei oder vier Gassen, die man einsehen konnte, herrschte keine Bewegung. Die Steine auf den Dächern glänzten matt vom Nachttau; sie beschwerten die Schindeln gegen die Kraft der Fallwinde. Kein Hund bellte, kein Hahn krähte schlaftrunken, und auch die Stallungen, die sich unter der Stadtmauer duckten, waren offensichtlich leer.

»Die haben gegessen, was sich noch regte«, sagte Velianon leise, »sie machen Jagd auf Ratten und Geier. Wir machen hin und wieder Gefangene und zwingen sie zu Aussagen. Der Ausfall muß unmittelbar bevorstehen, denn Indortès kann nicht warten, bis seine Krieger vom Hunger so entkräftet sind, daß sie nicht mehr kämpfen können.«

»Aber du hast mir doch erklärt, daß Hamilkar diesem Ausfall zuvorkommen will, ja zuvorkommen muß?«

Velianon nickte nachdenklich.

»Das ist richtig ... Aber er wollte auf dich warten, du solltest den Sturm miterleben, und ich kann dir verraten: es wird morgen sein, wenn die Nacht hereinbricht. Sage aber nicht, daß du's schon weißt, er hat sich diese Mitteilung für das Abendessen aufgespart, und das haben wir uns auch verdient. Bist du erschöpft?«

»Nicht im geringsten. Was mich betrifft, so könnten wir sofort angreifen!« anwortete Hannibal beinahe zu laut.

»Wir brauchen den morgigen Tag für die letzten Vorbereitungen. Ein guter Einzelkämpfer wird dich unterweisen. Es gibt Waffen bei den Oretanern, auf die du nicht vorbereitet bist. Ich selbst habe keine Zeit, ich muß die Leitern verteilen und die Sturmkolonnen aufstellen ... Also, du weißt nichts, du hast nur die Stellungen gesehen. Und jetzt schnell zurück ins Zelt, wir säubern uns und treffen uns im Zelt des Feldherrn!«

Der Tisch bei Hamilkar war reich gedeckt, aber Hannibal erfuhr auch bald, warum. Der Großangriff am nächsten Tag mußte ohnedies die Entscheidung bringen, denn Hamilkar hielt es für ausgeschlossen, die Belagerung in den Winter hinein fortzusetzen. Wozu also mit den Vorräten geizen?

»Auch die Truppe hat mehr Verpflegung erhalten als sonst, der Rest an Wein ist ausgegeben worden, die Soldaten sollen ruhen vor dem Sturm. Für dich, Hannibal, wird es freilich ein harter Tag, du mußt lernen, die Schleuderer abzuwehren. Auf den Messerkampf darfst du dich überhaupt nicht einlassen, da sind sie uns überlegen«, belehrte der Feldherr seinen Sohn.

»Und was wird aus Sosylos?« fragte Hannibal.
»Ihn schicke ich als Begleiter mit den ersten Gefangenen über den Jucar zurück. Ich hätte ihn ohnedies lieber in Karthago gewußt, aber mir ist die alte griechische Sitte bekannt, daß der Lehrer und sein junger Freund gemeinsam in den Kampf ziehen ... Dein Sosylos ist ein Mann, ein guter Mann, aber kein Mann von heute, Hannibal. Nimm Abschied von ihm, dein Leben nimmt jetzt eine andere Bahn!«

TOD IN DEN WELLEN

Als Hannibal das Feldherrnzelt verließ, schlug ihm ungewohnt milde Luft entgegen. Hätte er nicht gewußt, daß man sich an der Schwelle des Winters befinde, er hätte angenommen, es werde Frühling in den spanischen Bergen. Weich und feucht drang die warme Luft aus dem Süden gegen die steilen Hänge von Helike vor, und als Hannibal den Kelimvorhang über dem Eingang seines Zeltes aufhob, trafen ihn schwer und voll die ersten Regentropfen.

In seinen Schlaf mengte sich das eintönige Rauschen schwerer Regenfälle, und wenn ihn auch das Zelt gegen die Fluten von oben schützte, so griff er, als er am Morgen aufwachte und sich zum Aufstehen auf die Erde stützte, zu seiner Überraschung in morastigen Boden. Die große Nässe hatte ihren Weg unter den Zeltbahnen ins Innere gefunden, und so, wie es Hannibal in dieser Nacht ergangen war, so hatte es das ganze Lager erlebt. Schlaftrunken und fluchend taumelten die Soldaten in der grauen Dämmerung umher, versuchten ihre Sachen zu reinigen und zogen endlich resignierend ihr nasses, steifes Zeug an, in dem sie an diesem milden Morgen wenigstens nicht froren.

Velianon stapfte durch den Schlamm heran und zeigte sich befriedigt darüber, daß Hannibal schon wach war. Im übrigen aber war seine Laune nicht die beste.

»Um einen Tag zu spät!« sagte er, und in seiner Stimme schwang Sorge. »Jeder Schritt in diesem Morast kostet die doppelte Kraft. Die Sturmleitern werden uns wegrutschen, und die Brandfackeln, die wir in die Stadt katapultieren wollten, werden auf den Dächern der Häuser nicht zünden.«

»Und wenn wir den Angriff verschieben?« fragte Hannibal, aber Velianon lachte nur bitter.

»Erstens kann man in diesem Lager nicht mehr leben. In zwei, drei Tagen hätten wir schwere Ausfälle durch Krankheiten. Zweitens ist der Fluß Jucar in unserem Rücken durch die katastrophalen Regenfälle angeschwollen, so daß uns der Nachschub nicht mehr erreicht. Und drittens wird Indortès, der Fuchs, unsere mißliche Lage natürlich ausnützen. Seine Leute sitzen im Trockenen, sind ausgeruht und würden morgen oder übermorgen unsere übernächtigen und fiebernden Truppen angreifen. Nein, jetzt oder nie, gehe es aus, wie es wolle!«

»Das klingt nach meinem Vater!« stellte Hannibal fest.
Velianon nickte. »Genau so hat er's auch gesagt, und ich kann dir versichern, Prinz, er ist in grimmigster Laune. Ich bin froh, an deine Seite beordert zu sein. Mit Hamilkar ist heute nicht gut Kirschen essen. Er hatte böse Träume, das schwere Essen schuf ihm alphafte Visionen. Wenn nun noch das Opfer mißlingt, wird es ein düsterer Tag für uns alle!«

Da niemand das Verlangen hatte, im Schlamm auf der faulen Haut zu liegen, stand die Belagerungstruppe, noch ehe die Sonne aufgegangen war, kampfbereit hinter den Unterführern. Im Angesicht des Feindes, aber außerhalb der Reichweite seiner Pfeilschützen, schritten die Priester zum Opfer für Baal Saphon, um den Kriegsgott dem Vorhaben des Tages günstig zu stimmen.
Die zwei kahlköpfigen und bartlosen Männer bewegten sich in ihren schweren Gewändern, unter den Ketten aus Bronze und Silber und mit dem klirrenden Zauberschmuck nach Motiven der Sternbilder so unbefangen, als seien sie zu Hause im warmen und sicheren Karthago. Und tatsächlich kam kein Pfeil geflogen, zog kein Steinbrocken, von einem der Katapulte schwirrend, seinen Bahn in den Morgenhimmel. Es war, als wünsche auch Indortès hinter den Mauern seiner Stadt Helike den Augenblick der Abrechnung herbei.
Da die Jagd in der kahlen Gebirgslandschaft nur Kleintiere bescherte, mußte sich der Kriegsgott, dem erst die Barkiden die Menschenopfer verweigert hatten, mit einem Hasen, zwei Murmeltieren und einer Angoraziege begnügen, die sich verstiegen hatte und nur darum den punischen Jägern in die Hände gefallen war.
»Welch barbarischer Unfug!« flüsterte Sosylos vor sich hin. »Wie wohl hätte uns vor diesem schweren Tag ein saftiger Braten getan, und hier verkohlt nun alles nutzlos!«
»Schäme dich, Freund Sosylos«, antwortete Hannibal ebenso leise, »du weißt, daß ich deine zweiflerischen Gedanken nie mochte. Bedenke, daß wir in wenigen Stunden tot sein können. Willst du dann ruhelos in den Sphären kreisen, wie es dir der große Pythagoras verheißen hat, oder in der Nähe der Deinen bleiben, geschätzt und verehrt von den dich liebenden Hinterbliebenen? Sieh hin, Gott Baal hat deine Lästerungen gehört, der Rauch drückt sich an die Erde. Nimm dein Schwert, um ihn zu versöhnen. Heute ist kein Tag für Philosophen, sondern für Krieger!«

Es gab drei oder vier Stellen im Vorfeld von Helike, wo der Felsengrund kaum von Erde bedeckt war, so daß er auch nach den Regengüssen der Nacht noch fest und gut gangbar war. Diese wenigen sicheren Strecken mußten für die Sturmwagen genutzt werden, die im Morast niemand hätte bewegen können. Da es wegen der Hungersnot keine Ochsengespanne mehr gab und da man die Elefanten an die wärmere Südküste hatte zurückschicken müssen, sah Hannibal zum erstenmal in seinem Leben das grausame Schauspiel, wie ganze Trauben von Menschen die schweren, turmhohen Wagen hinter sich herzogen. Es waren Gefangene aus früheren Kämpfen und wieder eingefangene Überläufer, mehr Oretaner als Turdetaner. Die Karthager, welche die Sturmwagen dirigierten, sparten nicht an Peitschenhieben und Flüchen, um die unwilligen Helfer in der Richtung zu halten.
Leicht schwankend, doch mit der Geschwindigkeit eines rüstigen Fußgängers, rollten die gepanzerten Türme auf die Mauern von Helike zu. In ihrem Schutz, aber auch zwischen ihnen ging, sorgfältig gestaffelt, das Fußvolk, in dem Turdetaner und Karthager nebeneinander kämpften. Die schwere karthagische Reiterei hingegen wurde an den Flanken in Reserve gehalten, damit sie bei unerwarteten Wendungen des Kampfgeschehens, etwa bei einem Ausfall, schnell eingreifen könne.
Über die Vorrückenden hinweg warfen die punischen Katapulte flammende Wergballen und Strohbündel in Mengen auf die Bergfestung, aber es war, wie Velianon es befürchtet hatte: die Brandfackeln segelten schwer und naß auf die durchnäßten Dächer der Stadt und verglommen dort in dichten Wolken gelblichen Rauches, den der Regen alsbald zerteilte und auflöste. Nur kleinere Bauwerke, leicht gebaute Stallungen etwa und Verschläge für das Kleinvieh, begannen nach mehreren Treffern zaghaft zu brennen, wie die da und dort aufflatternden Krähen und Geier erkennen ließen. Nach und nach hüllte sich die angegriffene Stadt in eine graugelbe Wolke beizenden Rauches, die Freund und Feind die Sicht benahm und schließlich, von einem leichten Fallwind getrieben, über die Mauern herabfloß und die Angreifer erreichte.
Das rettete Dutzenden der unfreiwilligen menschlichen Zugtiere das Leben. Die auf den Mauern lauernden Bogenschützen vermochten ihre Ziele nicht mehr genau zu erkennen und waren der Frage enthoben, ob sie, um die Stadt zu retten, auch Männer und Frauen des eigenen Volkes töten durften. Denn an die schweren, nassen Seile, die jene Ungetüme von

Sturmtürmen an die Mauern heranbugsieren sollten, waren nicht wenige Frauen gebunden.
Hamilkar stand vor seinem Zelt und beobachtete die Entwicklung des Angriffs. Die Türme waren gut vorangekommen, aber man hatte wegen der Bodenverhältnisse nur vier einsetzen können. Dazwischen hatten die Männer mit den Sturmleitern die Mauern erreicht und da und dort bereits erklommen. Auf der Mauerkrone tobten mörderische Kämpfe, und über den breitesten und stärksten der gepanzerten Türme ergossen sich die Fußsoldaten emsig wie Ameisen auf die Mauer und über deren Wehrgänge im Inneren in die Stadt hinein.
»Wenn sie das Haupttor öffnen, Hannibal, reiten wir los«, sagte der Feldherr. Die schwere Reiterei hatte sich um ihn gesammelt, der Sturmangriff schien gelungen zu sein, der erwartete Ausfall fand wohl nicht mehr statt. Indortès hatte sichtlich alle Hände voll zu tun, um die Einbrüche an der Mauer abzuriegeln und Verstärkungen an die am meisten gefährdeten Stellen des Mauerrundes zu entsenden.
Am Haupttor entstand Bewegung. Man konnte auch von weitem erkennen, daß die schweren Flügel erzitterten, ein Lukendeckel schlug nach außen auf.
»Das sind nicht die Unseren!« schrie Hamilkar. »Indortès späht ins Vorfeld, das ist der Ausfall! Hannibal, an meine Seite! Die Reiterei greift an!«
Mit gefällten Lanzen galoppierte die karthagische Reiterei, der Stolz des Landes in ihren prächtigen Rüstungen, geschlossen auf das Haupttor zu, das in diesem Augenblick aufsprang und nicht etwa Menschen freigab, sondern eine Meute von sechzig, siebzig ausgehungerten Hunden. Diese stürzten sich jappend und heulend auf die heranpreschende Reiterei, schnappten nach den Fesseln der Pferde und sprangen an den Sätteln hoch gegen die Reiter. Die gierigsten Hunde verbissen sich gar in die Nüstern der Pferde, so daß diese, von Angst und Schmerz gepeinigt, sich bäumten und ihre Reiter abwarfen.
»Dieser alte Teufel!« schrie Hamilkar außer sich vor Zorn, als er seine Reiterei im verzweifelten Kampf gegen die wütenden Bestien sah. Im Schlamm rutschend, verletzten die Pferde sich gegenseitig, und stürzte einer der Reiter aus dem Sattel, so waren die Hunde blitzschnell über ihm, so daß ihm niemand helfen konnte. Es war ein Einfall, des Indortès würdig, und niemand, nicht einmal die Gefangenen, die man gefoltert hatte, waren bereit gewesen, dieses Geheimnis preiszugeben.

Die Reiter im dritten und vierten Glied taten das einzige, was sie in dieser Lage tun konnten: sie wendeten und ritten im Galopp in ihre Ausgangsstellung zurück. Hamilkar winkte die Reserve heran, in der sich phönikische Bogenschützen befanden, eine Waffe, die man in Karthago sonst nicht sehr schätzte. Im Schlamm kniend, schossen diese nun die wütend und hungrig fressenden Hunde der Reihe nach ab.
Die Entlastung blieb jedoch geringfügig, einmal, weil es schwierig war, die Hunde zu treffen, ohne die Pferde zu gefährden, zum andern, weil die unverletzt gebliebenen Hunde sich nicht auf ihre toten Artgenossen stürzten, deren ausgehungerte Körper sie wohl wenig reizten: sie verbissen sich weiterhin in die Beine der Reiter und in die Kruppen der Pferde, und einzelne besonders kräftige Exemplare schnellten sich gar auf die Pferde hinauf, so daß die Reiter sich mit Dolchen und Streitäxten im Sattel verteidigen mußten.
Das Durcheinander wurde noch schlimmer, als aus den Katapulten von den noch nicht eroberten Bastionen die merkwürdigsten Wurfgeschoße herangeflogen kamen: große Tongefäße, die beim Aufprall auf den Boden sogleich zerbarsten und aus denen sich Schlangen ringelten, die das Entsetzen der Pferde vollkommen machten.
»Man hat es mir prophezeit«, sagte Hamilkar resignierend, »dieser alte Fuchs wird seinen Bau mit allen Mitteln verteidigen. Wer hätte jemals von solchen Waffen gehört! Griechen und selbst Römer würden sich schämen, Hunde und Ottern einzusetzen, Indortès aber würde noch Geier dressieren, um sie als Flugdrachen auf uns herabstürzen zu lassen. Der Reiterangriff ist fehlgeschlagen. Wir brechen das Unternehmen ab, Velianon ... Gib den Befehl weiter: Wir sammeln uns am Südufer des Jucar-Flusses!«
»Am Südufer, Herr?« fragte Velianon betroffen. »Nach allem, was heute Nacht vom Himmel herunterkam, führt der Jucar Hochwasser ...«
»Dennoch!« beharrte Hannibal. »Sieh doch, was sich jetzt begibt: Die Hunde sind erlegt oder haben sich gegenseitig zerfleischt. Unsere Reiterei ist zersprengt. Das wenige Fußvolk, das über die Mauern kam, weicht zurück. In Minuten nur wird Indortès das Tor abermals öffnen, dann aber, um seinen Ausfall zu machen. Ich ziehe es vor, lebend den Fluß zu überqueren, als verwundet oder tot in die Wellen geworfen zu werden, wenn wir mit dem Rücken zum Fluß eine Schlacht verloren haben!«
Hannibal sah und hörte, er begriff auch, was vor sich ging, und er verstand, was sein Vater sagte. Dennoch blieb, was sich im Vorfeld von He-

like begab, auf eine seltsame Weise unwirklich, als sei es ein böser Alptraum. Der Regen hatte ein wenig nachgelassen. In der feuchtklaren Luft war die Sicht ausgezeichnet, die Mauern der Stadt lagen wie reingewaschen vor den Angreifern, diese aber waren mit einemmal zu Verteidigern geworden, scharten sich um ihre Türme und versuchten verzweifelt, die schweren Holzgestelle, die ihnen immerhin noch einigen Schutz boten, in Richtung auf das Feldlager der Karthager zurückzuziehen. Das wäre selbst mit einer leichten Pferdekutsche schwierig genug gewesen, da der befahrbare Weg schmal war und der Morast vor den Mauern keine Möglichkeit zum Wenden bot. Mit den ungefügen Türmen und dem Vorspann von unglücklichen Gefangenen und Geiseln jedoch kam es unter Flüchen, Peitschenhieben und Schmerzensschreien zu einem Chaos, in das die Oretaner ohne Rücksicht auf ihre eigenen Leute Pfeile abschossen, Speere warfen und heißes Wasser aus Kesseln gossen.

Am größten der Sturmtürme war es einigen mutigen Knaben aus der Stadt gelungen, die Zugseile durchzuschneiden und auch einige der Fesseln, mit denen Männer und Frauen an die Seile gebunden worden waren. Zu Hannibals maßloser Verblüffung waren es die befreiten Frauen, die sich nun auf ihre karthagischen Peiniger stürzten und ihnen einen Messerkampf lieferten, während die Männer in den Schutz der Mauern flüchteten.

»Ich weiß, es ist deine erste Schlacht, Hannibal«, sagte Sosylos leise zu seinem von dem grausigen Schauspiel hingerissenen Schüler, »aber wenn du dich von diesem Anblick nicht lösen kannst, ist diese erste Schlacht auch deine letzte. Komm, wende dein Pferd, folge deinem Vater. Wenn der Feldherr den Rückzug befiehlt, brauchst du nicht auszuharren!«

Hannibal erhaschte eine große Gebärde Hamilkars, die dasselbe zu besagen schien. Der Feldherr hatte sich im Sattel aufgerichtet und beschrieb mit der Rechten, in der er eine kurze Streitaxt hielt, eine kreisende Bewegung. Das konnte kaum etwas anderes bedeuten als »Sammeln und mir nach«. Dann gab Hamilkar seinem Pferd die Sporen, vergewisserte sich, daß Hannibal ihm folgte, und ritt durch die Hauptstraße des Lagers in südlicher Richtung davon.

Hinter dem Feldherrn hatte seine persönliche Dienerschaft aus dem Zelt geholt, was man den Pferden in der gebotenen Eile aufladen konnte. Eine der schlecht befestigten Truhen stürzte in den Schlamm, und niemand kümmerte sich darum, ein Zeichen der panischen Angst, das Hannibal empörte. Trotz der mahnenden Zurufe seines Lehrers und Velianons wandte er sein Pferd, bückte sich, ohne abzusteigen, aus dem Sattel und hob die nicht sehr große Truhe vor sich aufs Pferd. Im Davonreiten öffnete er den Deckel und nahm an sich, was er in seinen Mantelsack rollen konnte: einen Dolch mit kunstvoll eingelegtem Griff, lange Schmuckketten, die Hamilkar aus irgendeinem Grund gefallen haben mochten, dazu seidene Tücher in verschiedenen Farben und kleine Behälter mit Duftstoffen, die aus purem Gold zu sein schienen. Den Rest des Inhalts warf er samt der Truhe fort, dann gab er seinem Pferd die Sporen und ritt seinem Vater nach.

»Du bist noch einmal zurückgeritten?« fragte Hamilkar.

»Deine Diener hatten etwas liegenlassen ... Ich habe es an mich genommen, es ist nicht sonderlich wichtig, scheint mir.«

»Sie sind alle wie von Sinnen vor Angst«, murrte Hamilkar, »sie haben noch nie gegen Hunde und Schlangen gekämpft, wenn sie überhaupt in den Kampf kamen. Es sind eben Diener, keine Krieger ... Sollte mir etwas zustoßen, kümmere dich um mein Eigentum, es ist ja dann das deine!«

»Ich bin doch neben dir, wir werden dasselbe Schicksal haben!« stammelte Hannibal.

»Es gibt kein gemeinsames Schicksal für Vater und Sohn. Der große Baal hat mich angeblickt aus dem Opferrauch, er erwählt sich die Toten jeder Schlacht ... Wir trennen uns jetzt, nebeneinander reitet man zu langsam auf schmalem Weg. Du mußt dich retten. Dein Schwager Hasdrubal soll die Armee führen. Hört ihr es, Velianon, Sosylos? Ich benenne Hasdrubal, Ehemann einer Barkidentochter, zu meinem Nachfolger! Und jetzt reitet, was die Pferde hergeben. Indortès hat die Tore geöffnet, der Ausfall ist hinter uns losgebrochen. Schneiden sie uns den Weg zum Fluß ab, sind wir alle verloren!«

Hannibal neigte sich auf den Hals seines Pferdes. Es atmete ruhig und regelmäßig. Da sie nun die Senke vor der Stadt Helike hinter sich hatten, wurde der Boden auch wieder fester, die Nässe der Nacht hatte ihn noch nicht durchdrungen, die dünne Grasnarbe nur war aufgeweicht, der Untergrund bot den Hufen Halt. Zur Linken wie zur Rechten herrschte regellose Flucht. Die schwere Reiterei hatte sich aus dem Kampf vor der Stadt gelöst und ritt in breiter Front, so wie das Steppental es gestattete, talauswärts nach Süden, auf den Fluß zu. Nach Hannibals Erinnerung war dieser noch etwa eine Reitstunde entfernt, eine Stunde, das würden die Tiere aushalten, aber für die Fußsoldaten war die Entfernung zu groß, sie wurden schon jetzt von der Reiterei der Oretaner überholt und eingekreist. Zurückblickend sah Hannibal die Karrees, die diese Verzweifelten bildeten, um ihr Leben so teuer wie möglich zu verkaufen. Ihr Widerstand hatte zwar keine Aussicht auf Erfolg, denn die gepreßten oretanischen Söldner fielen nun auch von Hamilkar ab und wandten sich gegen die Karthager, aber die Kämpfe im Rücken der Fliehenden vergrößerte den Vorsprung der Truppen, die sich um Hamilkar gesammelt hatten.

Als die Sonne schon hoch stand, beinahe im Mittag, zeichnete sich vor Hannibals Blicken die lange Reihe niederer Weiden ab, die den Lauf des Jucar-Flusses begleiteten. Schon wenige Minuten später sah er auch, daß die Bäume bereits im Wasser standen, daß der Fluß über seine Ufer getreten war und die Strömung in der Mitte der gelblichbraunen Flut furchterregende Schnelligkeit hatte.

Hamilkar und die Gruppe seiner Diener waren flußabwärts von Hannibal zu einer Engstelle gekommen, wo der Jucar sich zwischen flachen Felsen nicht verbreitern konnte und die zu schwimmende Strecke verhältnismäßig kurz war. Hannibal sah das und wollte am Ufer entlang zu seinem Vater reiten, aber Sosylos hielt ihn zurück.

»Bleib hier!« schrie der Grieche, »hier ist der Fluß zwar breit, aber die Strömung nicht so stark. Reiten wir ein Stück stromaufwärts, da ist er noch breiter ... Bleib auf deinem Pferd und beruhige es, es schwimmt besser als du! Und zaudere nicht – die Erde bebt schon unter den Hufen vieler Pferde, Indortès ist hinter uns!«

Der Talgrund hatte sich mit Fliehenden und Verfolgern bedeckt. Indortès selbst ritt, die schwarze Haarmähne frei im Wind, hinter Hamilkar her, er hatte sich mit dem Niederkämpfen der karthagischen Fußsoldaten vermutlich gar nicht aufgehalten. Er hatte nichts anderes im Auge als die Gefangennahme Hamilkars und das Strafgericht über den feindlichen Heerführer, der König Istolatus einen so grausamen Tod bereitet hatte.

Die wilden Gesten, mit denen Indortès seine Leute flußabwärts lenkte, retteten Hannibal, Sosylos und Velianon, und sie hätten auch Bomilkar gerettet, wäre er nicht, nach einem Abschiedswinken zu Hannibal hinüber, Hamilkar gefolgt, dem sich fast alle adeligen Karthager anschlossen.

»Sie haben keine Wahl«, sagte Sosylos, während er sein Pferd die Uferböschung hinuntergehen ließ, langsam und ohne das Tier anzutreiben, »der

Fluß oder Indortès, und dein Vater weiß, daß Indortès keine Gnade kennt!«
Breit und mächtig wälzten sich die gelben Fluten des Jucar-Flusses zwischen den Weiden dahin. Holz trieb vorbei, eine Hundehütte, auf deren Dach ein angeketteter Hund jämmerlich heulte, ein totes Jungrind und abermals Holz, Äste, ganze Bäume. Zur Linken wie zur Rechten trieben die Karthager ihre Pferde ins Wasser, manche ließen sich aus dem Sattel ins Wasser gleiten und versuchten, dem Tier am Zügel ein wenig Hilfe zu geben, indem sie neben ihm her schwammen. Das aber erschien Hannibal zu gefährlich; in seiner Angst konnte auch ein braves Reitpferd seinen Herrn mit den Hufen verletzen. Also tat er, wie sein Lehrer ihm geraten hatte, faßte den Sattelknauf und ließ das Pferd seinen Weg ins Wasser suchen. Daß der Fluß über die Ufer getreten war, erleichterte zunächst alles, das Tier hatte festen Grund und fühlte sich erst später unversehens aufgehoben und davongetragen. Irgendwo flußabwärts schwamm so nun auch der große Hamilkar, sein Vater, Karthagos größter Feldherr, Sieger auf Sizilien, Sieger über die Söldner, Sieger über die Turdetaner. Und es stand einzig und allein bei Baal Saphon, ob der wilde und ungestüm dahinbrausende Fluß Hamilkar lebend ans Ufer tragen oder als Leichnam mit sich nehmen werde.

HANNO GEGEN HANNIBAL

Es war eine traurige Nachricht, welche die Bürger Karthagos auf dem großen Versammlungsplatz zusammenrief. Im Rundhaus tagte noch der Rat der Hundert, den alle Welt so nannte, obwohl es eigentlich hundertvier verdiente Männer waren, die Rechtsprechung und Verwaltung in Karthago ausübten, aber vor den Stufen des Hauses hatten sich die Vollbürger der Stadt schon in dichten Gruppen gesammelt und besprachen das Ereignis, von dem die Trireme des Barkiden Mago Kunde gebracht hatte: Der Feldherr Hasdrubal, Schwiegersohn und Nachfolger Hamilkars in der Würde des Oberbefehlshabers in Spanien, war aus nichtigem Anlaß, wegen einer privaten Rache, von einem Kelten heimtückisch ermordet worden. Karthago hatte nicht nur einen Feldherrn verloren, sondern auch einen ausgezeichneten Politiker. Was ihm gegenüber den Barkiden an Draufgängertum fehlte, hatte dieser in die berühmte Sippe eingeheiratete schöne junge Mann schon bald durch besonderes Geschick bei Verhandlungen wettgemacht. Er war bei den unterworfenen Spaniern schließlich so beliebt, daß einer der Turdetaner-Fürsten ihm seine Tochter zur Frau gegeben hatte, mit dem Bemerken, er wisse, daß Hasdrubal bereits eine Frau aus dem Haus der Barkiden geehelicht habe, diese aber säße zu Hause in Karthago, und was in Spanien geschehe, werde sie wohl einem so berühmten Gatten nachsehen. Nach der Eheschließung erwählten die unterworfenen Stämme am Fluß Baetis den schönen Karthager zu ihrem König und schlossen einen Frieden mit Karthago, der selbst die Römer in eine gewisse Unruhe versetzte. Aber Hasdrubal stimmte die Senatoren am Tiber versöhnlich, indem er mit ihnen einen Vertrag schloß, der den Karthagern so recht nach dem Herzen geschneidert war: Hasdrubal verpflichtete sich, den Fluß Ebro, der im nördlichen Spanien von Westen nach Osten und dann ins Mittelmeer fließt, als Grenze zwischen römischen und punischen Interessen zu respektieren und ihn *nicht mit bewaffneter Macht* zu überschreiten.

Und dieser kleine Vorbehalt war es gewesen, der die Karthager so sehr für diesen Schwiegersohn des Hamilkar eingenommen hatte, denn sie waren schließlich Kaufleute, sie waren durch den Handel reich geworden und hingen ihm noch immer mehr an als allen anderen Beschäftigungen, und sie schätzten es, daß ihnen ein Feldherr Frieden mit Rom gebracht, zugleich aber eine durchlässige Grenze geschaffen hatte. Die karthagischen Händler nämlich, sie durften den Ebro überschreiten, sie durften nördlich der großen griechischen Handelsniederlassung Zakynthos weiterhin und nun erst recht Handel treiben, sie konnten Verbindung zu den Galliern aufnehmen und hatten damit ein neues, ungeheures Gebiet für den Warenaustausch gewonnen, dem sie nun, am Ebro, ungleich näher waren als die frechen Griechen, die doch alles erst aus dem östlichen Mittelmeer heranschaffen mußten.

»Der keltische Knecht, der sich auf Hasdrubal stürzte, um Rache zu nehmen«, sagte der große Hanno vor dem versammelten Volk, »hat uns alle mit seinem Dolch getroffen. Er hat uns mehr geschadet als der listenreichen Indortès, denn dieser Fürst der Oretaner hat den begabten, aber unbedachten und in seine Größe vernarrten Hamilkar in den Tod getrieben . . .«

Aus der Menge wurden Drohungen und Proteste laut, und Mago, der jüngste Sohn des toten Hamilkar, drängte wütend nach vorne und hätte sich auf Hanno gestürzt, wären nicht ein paar ältere Männer zwischen ihn und den Redner getreten.

»Ich wollte sagen«, fuhr Hanno versöhnlicher fort, »daß schon mancher bedeutende Feldherr auch zu einem Unglück für sein Volk geworden ist, denkt nur an den Griechenkönig Pyrrhus! Mit Hamilkars Schwiegersohn Hasdrubal aber haben wir einen Mann verloren, der die Tugenden unserer Stadt und unseres Volkes in besonderem Maße vereinte, Mut *und* Geschicklichkeit, Eroberungsdrang *und* Überlegsamkeit. Niemand wird Hasdrubal ersetzen können . . .«

»Du vergißt Hannibal, Hamilkars Sohn und meinen Bruder!« rief Mago laut, und der Ruf »Hannibal! Hannibal!« pflanzte sich vor allem unter den jüngeren Bürgern bis an die Grenzen des Platzes fort. Er verstummte erst, als Hanno die Hände breitete und damit andeutete, daß er weitersprechen wolle.

»Wir kennen ihn, den jungen Heißsporn Hannibal«, rief Hanno über die Menge hin. »Wir wissen, daß seine Armee ihn vergöttert, daß er es an Härte, Genügsamkeit und Ausdauer mit jedem seiner Soldaten aufnimmt. Aber wir kennen auch seinen unbändigen Haß gegen Rom, den er schon als Kind beschwören mußte. Wir wissen, daß seine Politik in Spanien weniger für Karthago arbeitet als gegen Rom. Wir wissen, daß er den Vertrag mit Rom, den der kluge Hasdrubal ausgehandelt hat, zerreißen wird. Wir wissen, daß er Zakynthos berennen und erobern wird unter dem Beifall der Unverständigen unter uns, und wir wissen, daß die Trümmer von Zakynthos uns aufs Haupt fallen werden. Man muß kein Seher sein, um zu erkennen, daß dieser ungestüme junge Barkide uns einen zweiten großen Krieg gegen die mächtigen Römer bescheren wird, noch ehe die Wunden aus dem ersten Krieg auch nur einigermaßen vernarbt sind!«

»Woher nimmst du denn dein Wissen, du alte Kassandra!« schrie Mago erbost. »Zakynthos liegt südlich des Ebro, der Römervertrag deckt es nicht und schützt es nicht, aber unsere Kaufleute erleiden täglich Schaden durch den emsigen Handel der Griechen in dieser spanischen Kolonie. Hasdrubal hat eine Stadt gegründet und sie Karthago genannt wie diese, unsere Stadt. Dieses neue Karthago in Spanien kann nicht leben, solange Zakynthos ihm die Luft abschnürt, und darum muß es fallen!«

»Woher hatte Kassandra ihr Wissen, du Grünschnabel aus dem Haus der Barkiden?« fragte Hanno sichtlich gekränkt. »Doch wohl von den Göttern. Und im Namen der Götter haben wir den Friedensvertrag mit Rom geschlossen und beschworen. Dieselben Götter werden uns für den Vertragsbruch bestrafen, und nach der Belagerung von Zakynthos durch karthagische Truppen wird nicht viel Zeit vergehen, und es werden römische Truppen unser Karthago einschließen!«

»Laßt Hannibal gewähren, und es gibt bald keine römischen Truppen mehr!« rief Mago über die Menge hinweg, und der allgemeine Jubel gab ihm recht. »Lieber einen obersten Feldherrn mit sechsundzwanzig Jahren als einen mit zweiundsechzig! Lieber einen jungen Heißsporn als einen alten Römerfreund, der schon einmal wegen erwiesener Unfähigkeit abgesetzt wurde. Was sollen wir mit Hanno? Laßt ihn sein Gnadenbrot essen und gebt Hannibal, dem Sohn des Hamilkar Barkas, euer Vertrauen!«

Der vorher schon laute Jubel war zu einem einzigen Brausen geworden. Alles schrie und rief durcheinander. Hanno der Große, ein würdiger Mann, gewiß, doch eben nicht mehr der Jüngste, wurde von seinen Freunden, den Häuptern der Friedenspartei, in das Rundhaus zurückgezogen. Im Augenblick war gegen die Begeisterung der Jungen nichts zu wollen. Hannibal war der Mann der Stunde.

»Wir müssen uns fragen«, rief Mago draußen auf dem Platz, »wer da eben zu uns gesprochen hat, ein Karthager von großem, altem Namen, oder Valerius Flaccus, der Gesandte Roms in unserer Stadt!« Drinnen aber, im Rundhaus, ließ Hanno alle Vorsicht beiseite. Er zitterte noch vor Erregung von der Abfuhr, die er in aller Öffentlichkeit erlitten hatte, und was er sagte, war nicht mehr ganz vernünftig, es war von übermächtigem Haß diktiert:

»Man sollte Hannibal an die Römer ausliefern«, sagte Hanno zu seinen Freunden, ein Wort, das ihm Steinwürfe eingetragen hätte, wäre es auf offener Agora gesprochen worden, »und wenn niemand seine Auslieferung begehrte, dann sollte man ihn an die äußersten Grenzen der bewohnten Welt bringen, dorthin, wo die Erdscheibe ihr Ende hat und er kein Unheil mehr über unsere Stadt bringen kann. Und was ich von Hannibal sage, das gilt im Grunde für alle Söhne des Hamilkar Barkas, den man nicht umsonst als einen zweiten Kriegsgott bezeichnet hat: sie sind einer wie der andere, voran Hannibal, gefolgt von Hasdrubal, der den gleichen Namen trägt wie sein ermordeter Schwager, ihm aber an Verstand weit nachsteht, und schließlich Mago, dieser krähende Grünschnabel, der sich für einen Flottenführer hält, weil er eine Trireme heil über die Meerenge gebracht hat!«

So hoch die Wogen der Erregung im heimatlichen Karthago gingen, so wenig kümmerte sich Hannibal darum. Er hatte vor Helike bittere Erfahrungen gesammelt, und darum nahm er sich vor Zakynthos, das die Römer Saguntum nannten, um so mehr Zeit. Er arbeitete nicht nur mit Sturmtürmen und Rammböcken, er ließ in mühsamer Arbeit auch transportable Hütten mit starkem Dach bauen, in deren Schutz die Soldaten bis an die Mauern vordringen konnten. Bei all dem achtete er darauf, daß stets ein Teil der Belagerungstruppen in Reserve lag und sich ausruhen konnte. Er verbrachte viel Zeit damit, die Saguntiner auszuspähen und Gefangene einzubringen, von denen man erfahren konnte, was innerhalb der Stadt vor sich ging.

Die Iberer, die man fing, sagten nichts und starben lieber auf der Folter, als ihre Stadt zu verraten. Die Griechen jedoch, die waren nicht mehr aus dem Holz des großen Zeitalters geschnitzt, die waren durch Reichtum und Geschäfte in ihrer Widerstandskraft geschwächt, und es bedurfte nur eines rauhen Wortes aus dem Munde des Feldherrn, und sie berichteten, was es zu berichten gab: daß die Stadt wegen ihrer vielen Tore zur Küste hin verwundbar sei, daß man dort in aller Eile neue Mauern aufgerichtet habe, aber eben nur aufgerichtet, aufgeschichtet und nicht vermörtelt, und daß es an Nahrungsmitteln zu fehlen beginne.

Am Tag des großen Sturmangriffs ließ Hannibal darum nicht nur die

Sturmtürme und die rollenden Dächer vor die Mauern rücken und aus ihnen die Wehrgänge mit Wurfgeschoßen bestreichen, er setzte auch fünfhundert nubische Athleten mit Brechstangen gegen die neuen Mauern an, die mörtellos aufgeschichtet waren und wenig Widerstand leisteten. Durch die Öffnungen unter dem Mauerkranz, die sich so auftaten, strömten die besten Soldaten Karthagos, genannt die »Heilige Schar«, mit ihren guten Waffen ins Herz von Saguntum-Zakynthos. Die Saguntiner zogen sich fliehend in die Zitadelle, eine inmitten der großen Stadt aufragende Hügelfestung, zurück und verschanzten sich dort, wobei sie den größten Teil der Unterstadt den Eroberern preisgaben und somit völlig vom Meer abgeschnitten waren.

Da sie in ihrer Zitadelle nicht mehr gefährlich waren, überließ Hannibal die Fortführung der Belagerung einem Unterfeldherrn. Dieser hieß Maharbal und war der Sohn eines karthagischen Feldherrn namens Himilkon. Hannibal und Maharbal kamen beide aus Geschlechtern, die der Stadt schon zahlreiche Anführer geboren hatten. Es war, als hätten beide das ungestüme Temperament von ihren afrikanischen Müttern, das Berberblut, das so manchen alten phönikisch-karthagischen Kaufmannsgeschlecht erstaunlich wilde Söhne bescherte.

Hannibal und Maharbal standen nebeneinander auf ihrem Beobachtungsposten, der angesichts der Hügellage von Zakynthos nicht allzu günstig war, aber immerhin die Bereiche der Stadt zeigte, die von den Karthagern inzwischen erobert worden waren.

»Ich weiß, daß du eigentlich ein Reiterführer bist, Maharbal«, sagte Hannibal, »aber ich übertrage dir die Verantwortung für die weitere Belagerung. Ich kann Castulo nicht ohne Hilfe lassen gegen die Aufständischen, und ich habe eine junge Frau dort, die ich lange nicht gesehen habe. Deine Aufgabe ist es, die Ausgangslage für den entscheidenden Sturm zu verbessern. Und du siehst dich zwei Gefahren gegenüber: den Ausfällen aus der Stadt, eine Gefahr, die ich aber nicht sehr hoch einschätze, denn es ist zweierlei, Leiden zu ertragen oder sich im Kampf von ihnen zu befreien. Die andere Gefahr sind die Römer. Schicke deine Späher über den Ebro bis zu den Bergen, wir müssen wissen, ob sie kommen, und wir müssen Zeit haben, uns darauf vorzubereiten.«

Maharbal hatte die lange Rede ehrerbietig, aber doch auch ein wenig ungeduldig angehört.

»Ich habe neben dir gekämpft, Hannibal«, antwortete er, »ich werde beachten, was du gesagt hast. Was ich erbitte, wäre ein Befehl an deinen Bruder Gisko, der sich von mir gewiß nichts sagen läßt. Er soll die Blokkade vor Zakynthos verstärken, es darf kein Schiff passieren, nicht das kleinste, und draußen auf See brauchen wir Kundschafter, die das Herannahen einer römischen Flotte melden können, denn den weiten Weg durch Gallien und über das Pyrenäengebirge, den machen die Römer für diesen kleinen Bundesgenossen gewiß nicht.«

»Als Politiker kenne ich dich noch gar nicht«, sagte Hannibal ein wenig spöttisch, »indessen magst du recht haben. Es ist leichter, ein paar Schiffe zu schicken und damit guten Willen zu beweisen, als eine Armee auszurüsten. Rom ist im Augenblick schwach, sie haben auf den Frieden mit uns gebaut, sie sind schlecht gerüstet. Immerhin, ich entsende einen Boten nach Nova Karthago zu Gisko, du sollst deine Schiffe vor dem Hafen haben, zur Verstärkung der Blockade und zur Aufklärung!«

Maharbal senkte den Kopf zum Zeichen des Dankes, und Hannibal zog den Älteren zu freundschaftlicher Umarmung an sich.

»Ich weiß, was ich an dir habe«, sagte er in vertrauterem Ton, gleichsam zum Abschluß des offiziellen Teils der Befehlsübergabe, »ich weiß aber auch, was mir von dir droht: daß du mein eigenes Ungestüm noch übertreffen willst. Und das, mein Guter, das ist dann wirklich gefährlich oder kann es doch werden. Überlasse also mir die Entscheidung, wie weit wir zu weit gehen wollen, wir zwei Hitzköpfe. Einverstanden?«

»Einverstanden, Feldherr!« antwortete Maharbal lächelnd und geschmeichelt. »Ich werde nicht stürmen, aber ich werde dir eine Schutthalde präsentieren, über die dann deine Soldaten in die Stadt hineinspazieren können!«

Hannibal zog aus der Belagerungsmannschaft die nicht mehr voll einsatzfähigen Soldaten heraus und jene, die schon so lange vor Zakynthos kämpften wie er selbst und sich damit eine Ruhepause verdient hatten. Mit diesen ritt er nach Südwesten. Es war ein weiter Ritt ...

Castulo, eine kleine Bergfestung der Turdetaner, lag so lieblich am Südabfall eines wasserreichen Gebirges, daß schon Hamilkar, als er den Baetis aufwärts zog, hier eine karthagische Niederlassung begründete. Die Berge waren zwar nicht hoch, aber sie hielten die rauhen Winde aus der Mitte der großen Halbinsel fern, und die vielen kleinen Wasserläufe, die hier dem Baetis zuströmten, erfüllten die Umgebung der kleinen Stadt mit ihrer Frische und ließen ein beinahe tropisches Wachstum zu, das die Offiziere und Soldaten aus Karthago und Utica an ihre Heimatstädte erinnerte.

Über den Nebenfluß, der den Baetis schnell erreichte, und diesen großen Fluß selbst hatte das kleine Castulo eine angenehme Bootsverbindung zum offenen Meer bei Gades, und wenn die Gaditaner in ihrer uralten Stadt auch gelegentlich ganz gerne auf die Karthager herabblickten, sie Bastarde nannten und sich über die dunklere Hautfarbe der Männer aus Nordafrika lustig machten, so waren sie doch natürliche Verbündete gewesen und geblieben, ob es gegen die Tartessier ging, gegen deren Erben, die Turdetaner, oder gar gegen Griechen und Römer. Man liebte Hannibal nicht in Gades, hatte doch schon sein Vater mit Akra Leuké und sein Schwager mit Nova Karthago konkurrierende Städte gegründet und Häfen ausgebaut, die dem alten Gades manche Tonne Fracht wegnahmen. Aber die Kaufleute und Stadthäupter des weißen Gades auf seiner schmalen Halbinsel wußten auch ganz genau, daß die Karthager ihre Unabhängigkeit respektiert hatten und weiterhin respektieren würden, was von den Römern, nach allem, was man von ihnen wußte, keineswegs erwartet werden durfte.

Aber Hannibal stand der Sinn gar nicht nach Gades, denn in Castulo erwartete ihn, worauf auch ein Feldherr sich freuen darf: eine Turdetaner-Prinzessin, soviel und sowenig Prinzessin, wie ihr Vater Fürst oder König genannt werden durfte angesichts einer Untertanenschar, aus der Hannibal kaum eine einzige kriegsstarke Kompanie hätte zusammenstellen können. Glücklicherweise hatte er auch gar nicht solche Absichten, und was konnte einem jungen Feldherrn, der in seinen Träumen bereits die Alpen überschritt und nach Rom marschierte, was konnte einem Hannibal schon ein Kleinfürst im Turdetanerland bedeuten? Was für ihn zählte, war Imilike selbst, ein Mädchen, das sechzehn Jahre alt gewesen war, als Hannibal sie kennengelernt hatte bei einem Auftritt, wie er reizender nicht sein konnte. Hasdrubal lebte damals noch und war Feldherr der Karthager, König der Spanier, ein großer Herr, der einen herrlichen Helm trug, voll Zierat und edlem Gestein, prächtig anzusehen, doch mehr ein Schmuckstück als tauglich für die Schlacht. Neben diesem strahlenden Mann, den man von Gades bis Zakynthos und vom grauen Weltmeer bis zu den Gestaden des blauen Mittelmeeres als einen Friedensfürsten verehrte, nahm sich Hannibal, klein, gedrungen, stets in Waffen und in verschmierten le-

dernen Rüstungen, wie der schwarze Dämon des Krieges aus. Lächelte Hasdrubal und forderte er durch einen Rippenstoß Schwager Hannibal auf, doch ein wenig freundlicher zu blicken, dann bleckte Hannibal in seinem tiefbraunen Gesicht die Zähne und sah aus wie ein gutgelauntes Raubtier, das sich auf einen besonders fetten Bissen freut.
So hatten die beiden einmal die Veteranenstadt Castulo besucht, Freunde und Mitkämpfer begrüßt und nach ihrem Befinden gefragt und waren schließlich vom Schloßherrn ins Haus gebeten worden, damit sie nicht inmitten der graubärtigen und nun ja doch schon ein wenig unansehnlich gewordenen Veteranenschar nächtigen müßten, was den siegreichen Feldherrn eigentlich nicht zugemutet werden sollte.
Während Hannibal betonte, daß die Veteranenunterkünfte von Castulo im Vergleich zu seinem Feldlager noch immer als eine durchaus angenehme Abwechslung gelten durften, nahm Hasdrubal sogleich an, und man begab sich in ein Hügelhaus, das die Bezeichnung Schloß eigentlich nur verdiente, wenn man es mit den Hütten verglich, aus denen Castulo in seiner keltiberischen Vergangenheit bestanden hatte.
Hannibal war es gleichgültig gewesen, er entsann sich genau. Worum es ihm ging, das war endlich gut zu essen und sich reinigen zu können, und diesen Wunsch äußerte er denn auch ein wenig rauh gegenüber dem Fürsten. Der begriff, als er Hannibal ansah; Hasdrubal brachte es irgendwie zuwege, immer angenehm zu riechen, und das sogar auf Distanz. Hannibal hingegen roch männlich-streng, fast säuerlich nach Leder, nach Schweiß und nach dem blanken Stahl, der immer irgendwo an ihm hing, am Gürtel oder über der Schulter.
Der Fürst oder Großbauer oder Gutsherr, wie immer man ihn nennen mochte, Herdenbesitzer wie einst Geron von Tartessos, klatschte in die Hände, worauf eine kleine Schar von Mädchen erschien, lieblich-verwirrt, lächelnd und in so viele bunte Tücher gehüllt, daß man von ihnen nicht viel mehr sah als die Gesichter und Hälse, die dunklen Augen und die Füße, die in Sandalen über den Steinboden huschten.
»Imilike«, befahl der Vater, »zeige unserem Gast die Haustherme, er will sich reinigen, und geh ihm zur Hand.«
»Welchem?« fragte unbefangen lachend eines der Mädchen, »dem Großen oder dem Kleinen?«
Hasdrubal wandte sich ab wie stets, wenn es peinlich wurde, Hannibal hingegen antwortete: »Dem Kleinen«, nahm das Mädchen an der Hand

und verschwand mit ihr in einem Gang, an dessen Ende ein Gemach lag, dessen eine Wand der Felsen bildete. Hier sprudelte reichlich eine warme Quelle. Hannibal breitete die Arme wie im Lager, wenn sein Diener ihm das Koller lösen sollte, und Imilike begriff, welcher Ehre sie teilhaftig wurde.

Als sie etwa eine halbe Stunde an Hannibal herumgerieben und ihn danach mit wohlriechenden Ölen gesalbt hatte, brachte sie ein großes weißes Tuch, mit dem er sich bekleiden sollte, bis seine Reisekleidung vom ärgsten Schmutz befreit worden sei.

Hannibal sah das unsicher lächelnde große Kind amüsiert an, hüllte seinen kräftigen Körper in das weiße Laken, trat vor den großen ägyptischen Silberspiegel an der Wand und knurrte, daß er aussehe wie ein Römer in der Toga.

»Bring mir ein Hemd, wie es eure Bauern auf dem Feld tragen, soferne du ein sauberes hast. So wie du mich bekleidest, gehe ich nicht zu den andern!«

Imilikes große Augen wurden traurig und füllten sich mit Tränen. Sie senkte den Kopf und lief so schnell los, daß ihre vielen bunten Tücher flatterten, und als sie wiederkehrte, hatte sie zwar kein Bauernhemd in der Hand, wohl aber einen griechischen Chiton ihres Vaters.

»Siehst du, meine Liebe«, sagte Hannibal befriedigt, zerrte den Chiton um seinen Brustkorb zurecht, gürtete ihn mit dem weichen Lederband, das Imilike ihm reichte, und kehrte just in dem Augenblick zu Hasdrubal zurück, als der Landesfürst die Gäste an die Tafel bat.

»Du warst verdächtig lange fort und mit dem Mädchen allein«, raunte Hasdrubal ihm bei der Tafel zu. »Du mußt dir klar sein, daß dieser Vater von einem Halbdutzend Töchtern sich nichts sehnlicher wünscht, als sie an einen der neuen Herren des Landes loszuwerden.«

»Nun, da du schon zwei Frauen hast, Hasdrubal, kann nur ich unserem Gastgeber diesen Wunsch erfüllen«, antwortete Hannibal ungerührt, stand auf, hob seinen Becher und sagte auf turdetanisch:

»Ich kenne den Brauch deines Landes nicht hinreichend, Fürst, so wie ich eure Sprache auch nur unzulänglich spreche, indes hoffe ich, daß du verstehst, worauf es mir ankommt: Ich bin jung, und ich bin ein Krieger. Ich werde meine Heimat lange nicht wiedersehen, und wenn Baal Saphon es so beschlossen hat, vielleicht überhaupt nie mehr. Du hast eine liebliche Tochter, Fürst. Sie ist zwar verhüllt wie das verschleierte Bild von Sais, aber ihr Wesen gefällt mir, ihre Augen sind schön, und ihr Mund verspricht jene wohltuende Heiterkeit, die der Krieger nötiger braucht als der Kaufmann, weil es schwerer ist, über die Toten der Schlachtfelder hinwegzukommen als über die Verluste beim Handel und in der Schiffahrt. Wenn du mir also sagst, daß deine Tochter Imilike gesund ist und mir gesunde Kinder gebären kann, dann bin ich gewillt, sie zu meiner Frau zu nehmen!«

Hasdrubal sank in seinen Ruhesessel zurück und schüttelte mißbilligend den Kopf, offensichtlich hatte er mit Hannibal ganz andere Pläne gehabt. Unter den turdetanischen Würdenträgern an der Tafel des Fürsten aber entstand freudig-erregtes Gespräch, bis sich nach einigem Hin und Her endlich der Fürst erhob und Hannibal, der sich inzwischen wieder niedergelassen hatte, mit einiger Würde antwortete.

»Glaub ihm kein Wort«, flüsterte Hasdrubal dem Schwager zu, »der ist der glücklichste Mann. Er tut nur so, als würde er uns eine Ehre erweisen. Sein Vater hat noch Kühe gehütet. Verlange, daß meine Frau diese Imilike besuchen darf, um sich zu überzeugen, daß sie wohlgestaltet und gesund ist, sonst bringst du vielleicht dein Leben mit einem Weibe zu, dem es an irgend etwas Wichtigem fehlt.«

»Sie ist heiter, unbefangen und behende«, antwortete Hannibal. »Hätt' sie einen geheimen Fehler, so wäre sie anders. Aber ich bin einverstanden. Du bist der Diplomat von uns beiden. Führe du die Verhandlung!«

Niemand ahnte damals, daß dies der letzte Vertrag sein sollte, den Hasdrubal aushandelte; aber der Dolche gab es eben viele in Spanien, und einer traf den Oberfeldherrn der Karthager tödlich. Noch ehe Hannibal Genaueres erfahren hatte, befahl er durch einen eilends entsandten Offizier, daß Imilike das große unübersichtliche Vaterhaus verlassen solle, dessen Dienerschaft aus Iberern und Kelten bestand und schwer zu überwachen war. Er ließ ein kleines Haus für sie einrichten, das mitten in der Veteranensiedlung von Castulo lag und durch den Tod eines alten Offiziers freigeworden war.

Dort traf er sie nun wieder, nach vielen Monaten der Trennung und im Bewußtsein, ihr neue Trennungen ankündigen zu müssen.

»Die Halbinsel ist eben zu groß, Lieber«, sagte sie traurig, als es nach vier Wochen zum Abschied kam, »und obwohl ich hier in Castulo vermutlich in der Mitte sitze, sind die Wege zu lang, die du bewältigen müßtest . . .«

»Sie werden bald noch länger sein, Imilike«, antwortete er ernst. »Die Rö-

mer baten mich, den Vertrag zu bestätigen, den Hasdrubal mit ihnen geschlossen hat, einen Vertrag, der den Fluß Ebro zur Grenze zwischen Rom und Karthago machen würde. Aber ich will diese Grenze nicht, ich will die unübersteigbaren Berge als Grenze, die Spanien von Gallien trennen. Am Ebro kann ich die Römer nicht aufhalten, wenn sie den Illyrerkrieg beendet haben und mit Heeresmacht kommen, um uns Spanien wegzunehmen; über die Pyrenäen kommen sie nicht so schnell hinweg. Darum werde ich, sobald Zakynthos gefallen ist, nach Norden marschieren, und das kann ein weiter und langer Weg werden.«
Imilike legte ihm die bloßen Arme zärtlich um den Hals. Seit sie Ehefrau war, trug sie griechische Tracht und machte auch in der Sprache der Griechen gute Fortschritte, dank Sosylos.
»Sorge dich nicht um mich, Hannibal«, bat die junge Frau. »Ich habe meine Eltern, und ich habe als Gesellschaft deinen klugen Lehrer. Er wird mich ein wenig bilden für dich, denn nun bist du der Herr unseres Landes und wirst vielleicht König von Karthago ... Und außerdem kann Sosylos mir von deinen Jugendjahren erzählen.«
»Du wirst Nachricht erhalten, sooft es irgend möglich ist«, versprach Hannibal in dem kleinen Vorgarten, der dem Haus ein wenig freien Raum gegenüber den anderen Veteranenhäusern schuf. »Du siehst, meine Begleitung wartet. Ich bin nicht allein, ich habe eine Armee um mich herum und bin weniger gefährdet als alle anderen. Fürchte also nichts, sei nicht unruhig, die große Tanit ist uns gewogen, das weiß ich, sie wird auch dich schützen!«

Wenige Tage später war Hannibal wieder vor Zakynthos, umarmte Maharbal und ließ sich von dem Unterfeldherrn berichten, obwohl das, was Maharbal erreicht hatte, offen vor aller Augen lag.
»Zakynthos ist reif für den letzten Sturm«, sagte Maharbal, und der Stolz über seine Leistung war ihm ebenso anzumerken wie die Freude darüber, daß er Hannibal, der ihm vertraut hatte, nicht enttäuschen mußte. »Die Stadtväter wissen es. Ein Überläufer aus der iberischen Bevölkerung von Zakynthos und ein Grieche haben sich als Unterhändler angeboten.«
»Entschuldige, wenn ich dich unterbreche«, antwortete Hannibal, »ich sehe die Schutthalden anstelle der Mauern, ich sehe eine offene Stadt, die nur noch durch den Mut ihrer Verteidiger gehalten wird. In dieser Situation, die ich dir verdanke, brauche ich nicht mehr zu verhandeln, sondern

nur mehr meine Bedingungen bekanntzugeben. Ich biete den Einwohnern der Stadt, Iberern wie Griechen, freien Abzug mit Weib und Kind, ungekränkt an Leib und Leben und mit dem besten Gewand. Ich werde ihnen den Ort einer neuen Ansiedlung zeigen lassen und ihr Leben dort nicht stören, solange sie nicht wieder Mauern aufrichten und rüsten. Alle Habe jedoch, die aufgehäuften Reichtümer, die sie dem Schaden verdanken, den sie Karthago zugefügt haben, all dies muß in Zakynthos zurückbleiben, Gold, Silber, Geschmeide, Vorräte, Stoffe und andere Waren! Denn wir haben einen langen und schweren Feldzug vor uns, der nur gelingen kann, wenn ich Geld genug habe, Gallier und andere Hilfsvölker anzuwerben.«

Maharbal und die Unterhändler taten ihr möglichstes, um den Bewohnern der Stadt klarzumachen, daß es in ihrer aussichtslosen Lage schon viel sei, das Leben und die Gemeinschaft der Familien zu retten, würde doch in allen Kriegen der Besiegte rechtlos, würden doch in eroberten Städten seit jeher die Unterworfenen in die Sklaverei verkauft, also der Mann von der Ehefrau, die Kinder von den Eltern getrennt, die Geschwisterschar auseinandergerissen. Aber noch ehe der Grieche auf dem Marktplatz von Zakynthos zu Ende geredet hatte, verließen einige der reichsten Bürger die Versammlung und kehrten nach kurzer Zeit, mit dem Besten aus ihren Häusern beladen, wieder. Unter wildem Beifall der Umstehenden schichteten sie große Haufen aus Stoffen, edlen Hölzern und Gewändern auf, zündeten alles an und warfen Geschmeide, Münzen und Wertgegenstände in die Flammen, damit Hannibal nicht in den Besitz dieser Reichtümer komme.

Schon als die ersten Rauchwolken über den Mauern sichtbar wurden, rief Hannibal nach Maharbal und gab ihm den Befehl zum Angriff.

»Diese Irren vernichten sich selbst, was ihr gutes Recht ist, aber sie vernichten auch die Stadt, um die ich acht Monate gerungen habe. Macht schnell. Aller Besitz gehört Karthago, alle Menschen gehören der stürmenden Truppe, sie haben es nicht anders gewollt.«

Als Maharbal, der schon um diesen letzten Sturm gefürchtet hatte, der Belagerungsarmee Hannibals Befehl verkündete, antwortete ihm lauter Jubel. Die Belagerung war lange und hart gewesen, was nun kam, war das, worauf alle gewartet hatten.

»Hört mich an, Männer«, rief Maharbal, »ich will kein Schlachtfest! Die Römer blicken auf uns! Der Fall von Zakynthos und alles, was sich dabei begibt, wird als Gerücht rund ums Mittelmeer gehen. Tötet jeden, der Widerstand leistet, die anderen aber sind euer Lohn, ihr dürft sie auf den Märkten von Akra Leuké und Nova Karthago verkaufen oder zu euren Familien nach Hause schicken!«

Die Brandwolken wurden dichter und dunkler. Der Geruch kostbarer Essenzen trieb auf die Sturmtruppe zu, die durch den Schutt stampfte und nach kurzer Zeit den Marktplatz erreicht hatte. Mit dem Rücken zu den Flammen kämpfend, wehrten sich die Bürger von Zakynthos, bis keiner, der ein Schwert geführt hatte, mehr am Leben war.

DER RAT DER BRÜDER

Hannibal fieberte vor Ungeduld, seine nach der Eroberung von Zakynthos ihm um so treuer ergebenen Truppen noch viel weiter zu führen, über den Ebro, über die Pyrenäen, über die Rhône und über die Alpen. Aber auch eine siegreiche Armee braucht Erholung, und schon wenige Tage nach der Einnahme der Stadt zeigte sich, daß die Hochstimmung des Sieges die tiefe Erschöpfung der Soldaten nur verdeckt und nicht etwa behoben hatte. Acht Monate lang hatten sie unter freiem Himmel in einer fremden, rauhen Landschaft ausgeharrt, in einem Klima, das ihnen im Vergleich mit der Heimat nördlich-kalt erschien. Eine feindselige Bevölkerung hatte nur widerwillig und unter Zwang das Nötigste an Lebensmitteln hergegeben, und eine Armee, die so lange an einer Stelle bleibt, die hat die Umgebung bald leergeplündert. Immer weitere Strecken mußten zurückgelegt werden, um Nahrungsmittel heranzuschaffen, und wäre die Flotte Giskos nicht gewesen, die aus dem Süden heranbrachte, was nur irgend möglich war, so hätten die Belagerer bald ebensoviel Not gelitten wie die eingeschlossenen Bürger von Zakynthos.
Nach kurzen Beratungen mit Maharbal und anderen Unterführern entschloß sich Hannibal also, die Verwundeten auf die Schiffe zu verladen, die Armee aber auf der Küstenstraße nach Süden, nach Nova Karthago marschieren zu lassen. Als Besatzung von Zakynthos blieben nur jene Truppenteile zurück, die zuletzt als Verstärkung eingetroffen waren.
Im Winterquartier zu Nova Karthago, einer Stadt, die auf dem Wasserweg zu erreichen war, sollten über das weitere Vorgehen Beratungen stattfinden, an denen alle Brüder Hannibals teilnehmen würden, dazu die verläßlichsten Freunde aus der Hauptstadt Karthago. Maharbal hingegen reiste zu Imilike nach Castulo, um sie mit sicherem Geleit nach Nova Karthago zu holen, da Hannibal sich bis zum Frühjahr dort aufhalten würde und einer so jungen Frau die Reise wohl zuzumuten war.

Das neue Karthago, wie Schwager Hasdrubal seine Stadtgründung genannt hatte, war zuvor ein unscheinbares Fischerdorf der Iberer gewesen und hatte den Namen Massia getragen. Die nahen Silbergruben jedoch hatten es Hasdrubal angetan, er wünschte das Erz gut verladen und verschiffen zu können und ließ darum vor allem den kleinen natürlichen Hafen von Massia zu einem geschützten großen Hafen mit langen Kais und tiefen Becken für größere Schiffe ausbauen. Ein zweiter Reichtum der Stadt zeigte sich erst, als man ihre Umgebung näher durchforschte: eine besondere Grasart, aus der man ausgezeichnete Taue herstellen konnte, so daß dieses Nova Karthago nun nicht nur größere und zahlreichere Schiffe aufnahm, sondern ihnen auch Taue lieferte, um die Takelung zu erneuern. Auch von diesem besonderen Gras abgesehen, war die Umgebung der Stadt fruchtbar, reich an Obstgärten und Gemüseplantagen, so daß es keine Mühe machte, eine dort lagernde Armee zu ernähren und in der Ruhestellung auf neue Kämpfe vorzubereiten.

Da die Barkiden für ihre großen Ziele eine verläßliche Mannschaft brauchten, hatte schon Hamilkar, wo immer er sich aufhielt auf seinen Feldzügen, Familien gegründet, von denen ihm zumindest die Söhne in den Barkidenpalast nach Karthago gefolgt waren. Hannibal und der nächstgeborene Hasdrubal stammten offensichtlich von derselben Mutter. Hannibal trug den Namen seines Großvaters, Hasdrubal erhielt einen Namen, der ebenfalls im Barkidenstamm häufig vorkam, und er behielt ihn auch bei, als ein Schwiegersohn dieses Namens in die Sippe der Barkiden einheiratete.

Neben diesen älteren Söhnen, die sehr viel gemeinsam hatten, gab es drei jüngere, von denen einer Gisko hieß und im Alter den beiden anderen so nahe stand, daß er vermutlich von einer anderen Frau stammte, die Hamilkar auf Sizilien an seine Seite geholt hatte. Dann kam der kraushaarige Hanno. Der Jüngste dann, Mago, trug zwar einen Namen, wie er bei den Magoniden, den Gegnern der Barkiden, besonders häufig war, doch verriet er schon früh das echte Temperament der älteren Hamilkar-Söhne, weswegen Hannibal diesen jüngsten Bruder besonders liebte.

Der Winter ist die Zeit der Gespräche, auch wenn er so mild ist wie an den Ufern des westlichen Mittelmeeres. Die Fischer des alten Massia taten ihr möglichstes, die neuen Herren der neuen Stadt mit reichem Fang zu versorgen, und der Wein von den nahen Hanggärten war leicht und bekömmlich, so daß sich's der sonst anspruchslose Hannibal einige Monate lang gutgehen ließ.

Als das Schiff aus Karthago in den neuen Hafen einlief und die Häupter der Barkidenpartei brachte, konnte der Kriegsrat beginnen; denn um Krieg ging es, auch wenn man die Meinung der Mutterstadt dazu noch nicht genau kannte. Velianon, der Offizier, der einst den jungen Hannibal in das blutige Geschäft des Krieges eingeführt hatte, war als Unterhändler

in Karthago gewesen und kehrte mit zwei Bürgern zurück, die als verläßliche Freunde gelten durften, obwohl dies nicht allzu bekannt war.
»Wir haben in Karthago erfahren«, sagte Velianon nach der Begrüßung leise zu Hannibal, »daß Späher der Magoniden und Spione der Römer in Nova Karthago weilen.«
»Das Gegenteil wäre verwunderlicher«, antwortete Hannibal ruhig. »Wenn meine Pläne angenommen werden, handeln wir so schnell, daß der Verrat uns nicht schaden kann. Im übrigen habe ich nicht vor, im großen Kreis zu verhandeln, und meiner Brüder bin ich sicher. Laßt uns beginnen!«
Um dem Gespräch einen unverdächtigen Charakter zu geben, hatte Imilike, die Velianon noch gar nicht kannte, eine Abendmahlzeit gerichtet, und nur die Wachen in den Gärten rund um das Haus ließen erkennen, daß es sich um eine Versammlung von einiger Bedeutung handeln müsse.
»Laßt uns zuerst aus Karthago berichten«, sagte Velianon, »dort sind nämlich wieder einmal Gesandte aus Rom eingetroffen. Sie stimmten ein wohlklingendes Lamento über den Fall von Zakynthos an und ließen uns wissen, mit welchem Abscheu die Welt nun auf uns blicke.«
Hannibal winkte ab.
»Wenn ich mich noch so sehr anstrenge, guter Velianon, ich könnte nicht soviel Abscheu erregen wie die Römer, die zunächst die Etrusker vernichtet haben, dann Schritt für Schritt freie Stämme der italischen Halbinsel versklavten und heute, als müßte es so sein, die Küsten des Adriatischen Meeres und des Mittelmeeres als ihr Eigentum beanspruchen. Der römische Abscheu wird mich in dem Augenblick interessieren, da sie sich wieder als kleines Bauernvolk auf die Umgebung der Tiberstadt beschränken, nicht einen Tag früher!«
»Sie verlangten deine Auslieferung, großer Hannibal«, berichtete einer der Bürger aus Karthago, »aber wir haben dies natürlich abgelehnt, und die Gesandten reisten erbost wieder ab!«

Imilike fehlte es nicht an Gesinde, hatte doch der Oberfeldherr stets die erste Wahl aus allen Gefangenen. An Männern hatte er nur Soldaten um sich, Sklaven fremder Völker kamen nicht in sein Haus, zu viele Barkiden waren in den letzten fünfzig Jahren einem Meuchelmord zum Opfer gefallen. Die Mägde überwachte Imilike mit scharfen Augen, sie stammten zum größten Teil aus Zakynthos und hatten dort das Leben in einem städtischen Haushalt kennengelernt. Imilike beherrschte das Griechische hinreichend, um ihnen klarzumachen, daß es eine Ehre sei, den Oberfeldherrn und seine Frau zu bedienen, sein Haus zu pflegen. Sie hatten Glück gehabt und sollten es zu schätzen wissen, denn einfache Soldaten hätten sie gewiß beim Würfelspiel weiterverhökert oder an einen Sklavenhändler verkauft, was einen Leidensweg ohne Ende bedeutete und sehr oft den Abschied auf immer von der Heimat.

Hannibal und seine Gäste hatten sich also nicht zu beklagen. Imilike ließ Erfrischungen auftragen und, als die Besprechung sich in die Länge zog, auch einen leichten Imbiß. Von dem, was gesprochen wurde, verstand sie beinahe nichts, denn mit Rücksicht auf die Bürger aus Karthago verzichtete man auf das Griechische, das die Barkiden liebten, und bediente sich der punischen Sprache. Aber Imilike konnte flüchtige Blicke auf die Papyrusblätter werfen, die auf dem Tisch lagen, und sie war durch Sosylos soweit gebildet, daß sie die Küstensäume des westlichen Mittelmeeres erkannte, die mit starken Strichen eingezeichneten Gebirge und die Insel Sizilien mitten in einem tiefblau angelegten Meer, auf dem die Männer kleine weiße Schiffchen aus Elfenbein hin und her schoben und die Stirn runzelten, weil sich dann herausstellte, es seien zu wenige.

»Gisko hat recht«, schloß Hannibal schließlich, und seine Stimme klang enttäuscht. »Wenn ich die Armee auf unsere Schiffe verlade, erreichen wir die Tibermündung und Rom zwar schnell und in einem sehr günstigen Augenblick, aber unsere Heimatstadt Karthago wäre dem Angriff der römischen Flotte ungeschützt preisgegeben!«

»Es gibt aber noch andere Gründe für den Landmarsch«, sagte Hasdrubal, nächst Hannibal der Erfahrenste in der kleinen Runde. »Wir Karthager haben stets mit der Hilfe von Verbündeten gekämpft. Wir haben die Masse unserer Armee stets gedungen, durch Verträge oder gegen Bezahlung. Wie sollen wir das bewerkstelligen, wenn wir uns in Nova Karthago einschiffen und in Ostia an Land gehen? Wir brauchen die Kelten im südlichen Gallien, wir brauchen die Isubrer in der Po-Ebene, die eben erst von den Römern geschlagen worden sind und sie glühend hassen, und wir brauchen die Stämme des nördlichen Italien, die sich an die grausamen Etruskerkriege noch erinnern und an unserer Seite gegen Rom ziehen werden!«

Hannibal hob den Kopf, sein Blick ging in die Ferne.

»Es wird ein weiter Weg, es wird ein Marsch durch drei Länder und über zwei hohe Gebirgsketten«, sagte er nachdenklich. »Wir haben noch einige Monate Zeit, Kundschafter auszuschicken. Wir können Lebensmittellager an der Strecke anlegen und bewachen lassen, bis zu den Pyrenäen, und Gisko kann uns Vorräte den Rhodanus aufwärts senden. Aber das Schwerste bleibt uns völlig unbekannt: die Überquerung der Westalpen. Sie sollen so hoch sein, daß sich ihre Gipfel niemals vom Schnee befreien, und sie sollen von Völkerschaften bewohnt sein, die in ihrer Wildheit nichts Menschliches haben, ungezähmte Berggeister mehr als Wesen unserer Art. Wir werden Priester brauchen und Geisterbanner, die uns den Weg freimachen mit Opfern und Räucherwerk, denn gegen Armeen kämpfe ich ohne Furcht, aber wie soll ich meine Leute und die Tiere gegen die Dämonen schützen, die uns die Götter der Römer entgegensenden?«

Velianon hielt es für geboten, sich einzumengen:

»Wären die Götter nicht auf deiner Seite, Hannibal«, sagte er leise, aber mit Nachdruck, »dann säßen wir jetzt nicht hier, dann wäre Spanien nicht punisch und Zakynthos nicht in unserer Hand. Sie haben dich nicht bis hierher geführt, damit du an den Dämonen der Alpen scheiterst, im Gegenteil: sie haben dich ausgewählt, dieses geheimnisvolle, schreckliche Land zu erkunden und zu bezwingen. Du wirst begehen, was noch keiner begangen hat, du wirst die Elefanten aus den Steppen Afrikas durch das Eis des ewigen Alpenwinters führen und nie gekanntes Entsetzen auf der Halbinsel der Römer verbreiten.«

»Ich habe meinem Vater geschworen, unserem Vater, die Römer zu hassen ein Leben lang«, sagte Hannibal langsam. Es war, als müsse er sich alles ins Gedächtnis rufen, was die Römer seiner karthagischen Heimat angetan hatten, die Wegnahme der Flotte, die Eroberung Korsikas, die Eroberung Sardiniens ... »Die große Zeit unserer Mutterstadt Tyrus und unserer Heimatstadt Karthago liegt Jahrhunderte zurück, aber sie kann wiederkehren, wenn wir diese Bauern vom Tiber in ihre Grenzen weisen. Woher nehmen sie den Auftrag zu einer Herrschaft über Italien hinaus? Sind ihre Götter mächtiger als die unseren?«

Seine Worte, zuletzt leise, erstarben in einem grüblerischen Murmeln, aber er ermannte sich schnell, erhob sich und legte die Hand auf die große Karte, die den Tisch bedeckte.

»Wir wissen von unseren Vorfahren, die vor zweihundert Jahren Afrika umrundet haben mit ihren Schiffen, wie unendlich unser Kontinent ist.

Selbst das große Spanien ist winzig dagegen, und die Halbinsel der Römer ist ein Würmchen, das wir uns unterwerfen werden. Ans Werk also. Hanno, du zuerst: Sag uns, wieviel Mann du brauchst, um die Übergänge über die Pyrenäen offenzuhalten für den Nachschub an Truppen und Lebensmitteln und Kriegsmaterial?«
Hannos Augen leuchteten unter seinem Kraushaar. Es war seine erste große, seine erste selbständige Aufgabe.
»Es sind drei Übergänge, Bruder«, antwortete er eifrig, »die schmale Passage am Meer und zwei in den Gebirgen ... Die Menschen in diesen Bergen sind arm. Gebe ich ihnen zu essen, so werden sie für uns zu den Waffen eilen. Gib mir zehntausend gute Soldaten und hinreichend Verpflegung, für den Rest sorge ich dann selbst!«
»Du willst also zwanzigtausend Mann einheimische Hilfstruppen anwerben?« fragte Hannibal zweifelnd.
»So viele werden es vielleicht nicht sein müssen, und ich kann mich schnell verstärken, wenn ich Nachrichten über die Römer erhalte. Sie haben ja einen langen Anmarschweg, einen Weg, den ich von den Gipfeln aus beobachten kann.«
»Er hat recht, Hannibal«, sagte Velianon. »In den Bergen ist jeder Mann soviel wert wie zwei in der Ebene. Wir müssen ihm Tragtiere stellen, wir müssen sie aus ganz Spanien zusammenholen, das ist seine Schwierigkeit und wohl auch die unsere. An Menschen wird es uns nicht fehlen!«
»Dann zieh los, Bruder Hanno!« sagte Hannibal und umarmte ihn. »Noch nie hat ein so junger Mann so viel Verantwortung getragen. Du hast ein halbes Jahr, ehe es ernst wird, dann aber muß die Verteidigung der Pässe stehen wie ein Mann, denn in Spanien sind wir in der Lage, in der sich die Römer in Norditalien befinden: Spanien haben wir unterworfen, und es gibt Stämme hier, die nur darauf warten, sich gegen uns zu erheben. Kommen die Römer nach Spanien herein, so ist unserer Armee in Italien der Rückweg versperrt!«
Hanno verneigte sich vor den anderen Mitgliedern der Runde und verabschiedete sich von seiner schönen Schwägerin.
»Ich zähle auf dich«, sagte Imilike leise, »was die Nachrichten von Hannibal betrifft. Wenn du etwas erfährst, leite es weiter, so schnell es geht!«
Hanno lächelte, sein junges Gesicht strahlte geradezu, als er Imilike umarmte und ihr zuflüsterte:
»Du vergißt, daß er noch gar nicht fort ist! Sie hin: dort steht er! Aber ich

weiß schon, was du meinst, und in Castulo bist du tatsächlich auf meine Reiter angewiesen, du bist zu weit vom Meer. Ich denke an dich, fürchte nichts!«

Es wurde ein Frühling, in dem Hannibal sich nicht als Feldherr fühlte, sondern als Großkaufmann. Das Gold aus Zakynthos begann zu rollen, und die Wagenfuhren aus dem Inneren Spaniens wirbelten endlose Wolken beizenden Staubes auf. Über die Landkarte gebeugt, verteilte Hannibal mit seinem Quartiermeister die Fuhren und die Depots an Lebensmitteln längs des geplanten Vormarschweges, und die ersten Kolonnen an Tragtieren und Karren machten sich auf zum Fuß des hohen Gebirges, das die Iberische Halbinsel vom Land der Gallier trennt, das sich vom großen Nebelmeer im Westen und seinen stürmischen Buchten bis zum Mittelmeer hinzieht.

»Ich habe Männer hier, lieber Bruder, die beginnen zu zittern, wenn sie zu den schneebedeckten Häuptern der Pyrenäen hinaufblicken«, schrieb Hanno auf einem Papyrus, den ein Offizier aus dem Norden nach Nova Karthago brachte. »Ich habe es ihnen nicht verübelt, es ist tatsächlich ein sehr fremdartiges, ja bisweilen ein unheimliches Gefühl, nächtens den Wind durch die Felsen pfeifen zu hören, den donnernden Steinschlag und die wilden, gischtenden Bäche anzusehen, die nach jedem Regen anschwellen und alles mit sich reißen. Ich sende dir darum diese Männer, die in den Bergen nicht verwendbar sind, sonst aber ganz gute Soldaten sein mögen, vielleicht kannst du sie in Gallien einsetzen und mir dafür Numidier schicken. Es wäre wichtig, diese gute Reiterei an die Berge zu gewöhnen.«

Die Numidier! Jeder wollte sie haben, also auch Hanno, aber Hannibal konnte sie ihm nicht geben. Er lächelte in Gedanken an den fernen Bruder, der noch so jung war und von dem er doch wußte, daß er seinen Mann stehen würde, so gut wie die besten der alten Unterführer. Das große numidische Wüstenreich war anders als Karthago; es umgab die Städte der Händler, das dichtbewohnte und wohlbewehrte Gebiet der Karthager, mit einem weiten, lockeren Gürtel von Oasen, kleinen Hafenorten und Siedlungen in jenen Tälern, die meist trocken in der Sonne lagen und sich dann plötzlich, nach Regenfällen, mit Wasser füllten. Da es einen König hatte, mußte man es ein Reich nennen, und da dieser König die beste Reiterei hatte, die es überhaupt gab, kam alles darauf an, daß er nicht ein Bundesgenosse der Römer würde, sondern ein Freund der Karthager blieb, deren nächster Nachbar er war. Hannibal kannte ihn kaum, er wußte nur, daß dieser König den wohlklingenden Namen Massinissa führe und etwa zehn Jahre älter sei als er. Hamilkar Barkas hatte ihn besser gekannt, er hatte Massinissa beraten und ermutigt, als er die Herrschaft über seine wilden Nomadenstämme antrat, von denen nur ein Teil in den Oasen feste Wohnsitze hatte und die Herden stets an denselben Plätzen hielt. Und schon Hamilkar hatte es in Karthago leise, aber deutlich gesagt, daß diese Nomaden zum Schicksal der Stadt werden könnten, zu einem schützenden Gürtel oder zu einem Nessushemd fortwährenden Kleinkriegs, in dem sich auch eine reiche Stadt aufreiben müsse.

Massinissa war intelligent und mutig, aber er war auch gierig, und solange die Barkiden ihm ein Leben ermöglichten, das viel üppiger war, als es sein Wüstenkönigtum zugelassen hätte, solange war er ihr Freund. Aber Hannibal wußte, daß auf diese Freundschaft nicht zu bauen war, denn es gab ein Sprichwort in Karthago, das lautete: Wankelmütig wie ein Numidier.

»Wir haben alles versucht«, sagte Hannibal, aus seinen Gedanken aufschreckend, »aber wir haben keine Sicherheit gewonnen ...«

»Mit wir ... meinst du da Karthago oder die Barkiden?« erkundigte sich Hasdrubal behutsam. Er kannte die Gedankensprünge seines älteren Bruders und wußte, daß ihnen oft überraschende Entschlüsse folgten.

»Beide ...« antwortete Hannibal müde. »Ich denke an Massinissa, daran, daß sich schon mein Vater um ihn bemühte und daß ihm die Giskoniden ihr schönstes Mädchen als Braut zuführten!«

»Ich weiß, wen du meinst«, sagte Hasdrubal, und in seine Augen kam ein träumerischer Glanz, »die schöne Sophonisbe, ein Prachtgeschöpf! Wäre sie nicht aus dem Geschlecht mächtiger Rivalen, ich bin überzeugt, du hättest dich auch um sie bemüht.«

»Ich bin glücklich mit Imilike«, wehrte Hannibal ab. »Sophonisbe ist eine Gemahlin für Herrscher, keine Frau für einen Soldaten, die zu Hause sitzen und warten muß. Wäre ich mit Sophonisbe verheiratet, ich hätte im Feld keine ruhige Minute. Da denke ich schon lieber an meine treue Imilike, auch wenn ihre Schönheit stiller ist und sanfter.«

»Nun«, sagte Hasdrubal und erhob sich, »ich muß dir beipflichten, Bruder. Ich bin jetzt lange genug Gast in deinem Haus, und ich habe Imilikes Aufmerksamkeit und Fürsorge zu schätzen gelernt. Du hast richtig gewählt. Doch nicht nur Schönheit, auch Verstand hat Sophonisbe, und es

scheint ihr Spaß zu machen und ihrem Stolz zu gefallen, daß Karthago sie diesem wilden Numidier gleichsam als Treuepreis vor Augen hält, ihn nach ihr lüstern macht und dafür das große Bündnis verlangt...«
»Politik mit Weiberröcken«, brummte Hannibal und stand ebenfalls auf. »Beenden wir also unser langes Symposion, Bruder. Die Karthager sind abgereist, Hanno ist an Ort und Stelle eingetroffen und mit Feuereifer für uns tätig. Du brauchst dir in Nova Karthago kein Haus zu suchen: Imilike geht zurück nach Castulo, in mein Haus und in die Nähe ihrer Familie. Sollten wir das Unglück haben, daß die Römer in unserem Rücken landen und hier Unruhe stiften, dann ist Imilike in Castulo sicherer und kann in den Palast ihres Vaters fliehen. Dich aber erreiche ich in Nova Karthago schneller als an irgendeinem anderen Punkt Spaniens!«

Der Frühling an Spaniens Ostküste gewann schnell an Kraft und Wärme. Die Karthager fühlten sich wohl in diesem Landstrich, der ihrem Heimatland so nahe lag und doch ein wenig anders war, weil die Glutwinde aus der Wüste fehlten, die schweren Nachtgewitter, die Unruhe der räuberischen Nomaden. Nova Karthago war tatsächlich ein neues, ein nur wenig anderes Karthago, und es war besser. Man hatte offensichtlich doch einiges hinzugelernt seit den ersten Stadtgründungen der alten Phöniker tausend und mehr Jahre zuvor.
Um die »Heilige Schar« der karthagischen Schwerbewaffneten hatte sich eine große Armee gesammelt, die an der Küstenstraße von Nova Karthago nach Norden in Bereitstellungslagern auf den Aufbruch wartete, aber sie mußte nicht lange warten. Hannibal brauchte eine römische Kriegserklärung, er wollte die intrigante Gesandtschaft vom Tiber aus Karthago loswerden und aus der Nähe des Magoniden Hanno. Hanno allein war ungefährlich, er war alt, und sein Anhang war im Schwinden. Gemeinsam aber mit den geschickten Diplomaten aus Rom bildete er im Rücken Hannibals und seiner Brüder eine stetige Gefahr.
Darum brach Hannibal schon in den ersten Tagen des April aus Nova Karthago auf und überschritt im Mai den Ebro, den Fluß, den die Römer mit seinem Schwager als Interessengrenze vereinbart hatten. Und er überschritt ihn nicht mit kleinen vorprellenden Einheiten, ein paar Reitern etwa oder einer Patrouille von Spähern, sondern mit neunzigtausend Fußsoldaten, zwölftausend Reitern und fünfzig Elefanten. Nach dieser Kunde trat der Römer Quintus Fabius vor den Rat der Karthager, rügte den

zweiten Rechts- und Vertragsbruch und verlangte abermals die Abberufung Hannibals von seinem Posten als Oberfeldherr, es sei denn, die Karthager wollten den Krieg. Und da sie alle, wie sie um den Römer versammelt waren, zu Hannibal und zum Andenken Hamilkars standen, da sie sich zurückholen wollten, was Rom ihnen genommen hatte, gab Quintus Fabius ihnen mit der Kriegserklärung das, was sie begehrten.

Zweites Buch

DIE GEBIRGE

DAS ENDLOSE TAL

Dort, wo die Pyrenäen in ihrem Ostabfall eine breite Einsattelung aufweisen, etwa zwei Dutzend Meilen von der steilen Küste des Meeres, wälzte sich der Heerwurm der Karthager und ihrer iberischen Verbündeten nach Norden. Hannibal, der Barkide, der Feldherr, der diese gewaltige Heeresmacht führte, saß aufrecht im Sattel wie stets, aber seine finstere Miene verriet, daß sich die ersten Enttäuschungen in diesem großen Unternehmen bereits eingestellt hatten. Niemand wagte ihn anzusprechen, und es bedurfte auch keiner Worte mehr, denn alle wußten, was sich begeben hatte: So unendlich die Menschenmassen waren, die den Ebro auf breiter Front überschritten hatten, so eindrucksvoll die Menge der Reiter und der Lasttiere auch war: die unsinnig-mutigen, in ihre Waffen verliebten Völkerschaften am Südhang des Pyrenäengebirges wagten das Aussichtslose und wehrten der großen Armee den Durchzug.
Vergeblich hatte man ihnen auseinandergesetzt, daß sie niemand zu berauben oder zu unterwerfen gedenke. Man wolle nur diesen Bergsattel passieren, da die schmale Aufschüttung zwischen dem Steilabfall der Berge und dem Meer für eine Armee mit ihren vielen Tragtieren nicht begehbar sei. Aber die Bewohner der Hochtäler, diese Viehhirten, Steinsammler, Jäger und Schmuggler verstanden nicht, wollten nicht verstehen oder glaubten es nicht, und sie waren dort, wo sie zu Hause waren und jeden Stein kannten, unangenehme Gegner. Sie fügten vor allem dem Troß, nach dem sie gierten, so schwere Verluste zu, daß Hannibal, der Eile hatte und ganz anderes im Sinn, seine iberischen Verbündeten gegen diese Bergbewohner antreten lassen mußte. Es war ein mörderischer Kampf gleichwertiger Krieger, und was den Einheimischen an der Zahl fehlte, ersetzten sie durch die Vertrautheit mit Schlupfwinkeln, Schluchten, Paßhöhen und Höhlen. Als ihre Leichen endlich die karge Landschaft noch trostloser machten, als dann ihre Dörfer brannten und die Wege frei waren, hatte Spanien einige seiner zähesten und tapfersten Volksstämme verloren, Stämme, die sich von den schweren Menschenverlusten nicht mehr erholen würden, weil das Leben in den Bergen schon hart genug ist und die Familien eine größere Kinderschar nicht mehr ernähren konnten, weder bei den Ilergeten noch bei den Ausetanern oder auch bei den Bargusieren. Nur die Basken im Westen überlebten, denn dort hatte Hannibal die Pässe zu hoch und zu schwierig gefunden und auch den damit verbundenen Umweg gescheut.

Im nördlichen Vorland der Pyrenäen hatte man die Kunde von den vernichtenden Niederlagen der Bruderstämme längst erhalten und nahm die Geschenke der Karthager an, stellte ihnen Geiseln für die Sicherheit des Durchzugs und verkaufte ihnen Verpflegung für die Truppe gegen das gute Geld der Griechen von Zakynthos. Aus dem Hinterland der Küste, aus der weiten Hochebene zwischen den Bergen und dem Fluß Tarnis, strömten den Karthagern Hilfsvölker zu. Sie hatten zwar von den Römern keine rechte Vorstellung, aber als sie hörten, es gehen gegen eine reiche Stadt und man werde sie plündern, dachten sie an Massilia und liefen dem durchziehenden Heer nach, bis man ihnen Waffen gab und Anführer und ihnen sagte, wie sie sich zu verhalten hätten.
Nach diesen ruhigen Tagen am Nordabfall der Pyrenäen und dem guten Fortkommen in der Küstenebene des südlichsten Gallien besserte sich die Stimmung nicht nur in der Armee, sondern auch unter den Anführern. Hannibal ritt barhaupt unter der Maisonne und verschloß die Augen nicht, wenn die weite Wasserfläche grell glitzerte oder die flachen Lagunen scharfen Salzdunst in den Meerwind mengten.
»So sollten wir jetzt weiterreiten können bis hinein ins italische Land«, sagte er zu Maharbal, der sich ein Sonnenschirmchen gestattete und auf seinem lebhaften schwarzen Pferd Mühe hatte, neben dem Feldherrn zu bleiben.
»Und was hindert uns? Die Ligurer sind tapfer, aber sie sind auch nicht schlimmer als die Bergvölker, die wir soeben zersprengt und vernichtet haben!«
»Die Seealpen stoßen so weit ans Meer vor wie die östlichen Pyrenäen. Wir würden uns in Kämpfen aufreiben und vielleicht doch keinen Durchgang vorfinden. Außerdem stehen die Römer, soferne sie sich überhaupt verteidigen, natürlich an diesem Weg, den sie gut kennen, weil sie ja auch die Ligurer bekämpfen, und das seit Jahrzehnten. Römer und Ligurer, mein Lieber, dazu die Berge und die Schluchten der Seealpen ... Da kämpfe ich lieber gegen Eis und Schnee!«
»Ein Kampf, den wir noch nie kämpfen mußten ... Die anderen hingegen wären bekannte Gegner. Aber es ist erst Mai. Im September sind wir in den Bergen, das ist der Monat, in dem der Schnee geringer ist als vorher und nachher. Alle diese Überlegungen sind stichhaltig, Feldherr, und sie machen dir alle Ehre. Laß uns also den Rhodanus aufwärts maschieren, ihn überschreiten und ein Tal suchen, das uns zu einem gangbaren Paß führt!«

Eben das aber war die Frage, über die Hannibal mit seinem vertrauten Lehrer Sosylos nächtelang geredet hatte. Sosylos wußte alles, was je geschrieben worden war. Er zeichnete seinem ehemaligen Schüler das ganze Gallien auf, wie es die griechischen Geographen geschildert hatten, wie es von Pytheas von Massilia umschifft worden war. Die Dimensionen, die Entfernungen kannte Hannibal, die Marschstrecken waren zu berechnen, auch der Zeitaufwand und die Nahrungsmengen, die man brauchen würde.

»Aber die Paßwege, Sosylos?« hatte Hannibal hartnäckig gefragt. »Ihr Griechen seid den Ister stromaufwärts gefahren vom Schwarzen Meer bis zu den Quellen. Ihr kennt die Ströme Asiens durch den großen Alexander. Und diese Berge hier, diese Alpen, gleichsam das nördliche Vorland eurer Riesenstadt Massilia, die solltet ihr nicht kennen?«

Sosylos war keineswegs gekränkt.

»Massilia gibt es seit sechshundert Jahren, Hannibal, da festigt sich vieles, da wird vieles vertraut. Aber wir Griechen sind keine Eroberer, wir sind Händler und Gelehrte. Verwechsle uns nicht mit den Makedonen deines Vorbildes Alexander. Wir sind friedlich durch die Welt gezogen mit unseren Waren, und die barbarischen Länder, in denen sich die Menschen in Felle hüllen und wie die Tiere in den Höhlen der Berge wohnen, die begehrte noch keiner von uns näher kennenzulernen. Unsere Schriftsteller sagen nur, die Alpengipfel seien wegen ihrer Schroffheit und wegen des ewigen Schnees unbewohnbar.«

»Aber ich weiß«, beharrte Hannibal, »daß griechische und ligurische Händler auch die hohen Westalpen regelmäßig überqueren, mit kleinen Warenmengen zwar, aber Jahr für Jahr!«

»Das mag stimmen«, gab Sosylos zu, »nur, verehrter Hannibal, diese Kaufleute sind keine Gelehrten, ja in gewissem Sinn sind sie sogar das Gegenteil: Während ein Weiser den natürlichen Wunsch hat, seine Erkenntnisse und Erfahrungen bekanntzumachen und weiterzugeben, haben die wagemutigen Männer, die in so fernen Ländern Handel treiben, fast immer die Absicht, die erkundeten Wege und die erschlossenen Märkte geheimzuhalten. Jeder Konkurrent, der dort auftaucht, schmälert ihren Profit, verdirbt ihnen die Preise und bedeutet nicht selten eine tatsächliche Gefahr.«

Dieses Gespräch hatte noch in Nova Karthago stattgefunden, ehe Hannibal zu seinem großen Zug nach Norden aufgebrochen war, und es hatte in ihm die Überzeugung gefestigt, daß er die Überquerung der Westalpen in engster Gemeinschaft mit ortsansässigen Stämmen versuchen müsse. Sie hatte ein Wissen, das sich vom Ausland her nicht gewinnen ließ, und selbst erfahrene Späher hätten sich monatelang in den Bergen aufhalten müssen, um einen möglichen Übergang zu erkunden. Diese Monate aber standen nicht mehr zur Verfügung, denn nur der Spätsommer bot eine Chance, die Wege weitgehend schneefrei zu finden und die Gletscher überqueren zu können.

Nun weilte Sosylos in Castulo, Hanno stand mit zehntausend Mann seiner Kerntruppe in den östlichen Pyrenäen, und Hannibal war mit einer durch die Kämpfe in den Bergen schon gezeichneten Armee noch immer viele Tagereisen vom eigentlichen Fuß der Alpen entfernt, denn der Rhodanus wälzte sich vor ihnen in einem breiten Bett auf das Mittelmeer zu und mußte wohl oder übel überquert werden.

Als die Armee das heiße Vorland der Pyrenäen durchmessen hatte und sich den schilfbestandenen Niederungen am Nordwestrand der großen Bucht des Mittelmeeres näherte, kehrten die Reitertrupps zurück, die Hannibal zur Erkundung der Flußübergänge ausgesandt hatte.

»Der Rhodanus, Herr«, berichtete der junge Reiterführer, der die Patrouille kommandiert hatte, »benimmt sich an seiner Mündung wie der Nil...«

»Kennst du denn den Nil?« fragte Hannibal, der sichergehen wollte.

»Gewiß, Herr, ich bin mit meinem Vater zur See gefahren, ehe ich mich zur Reiterei meldete. Das war noch in Friedenszeiten, aber der Nil und seine Mündungen sind ganz gewiß noch so wie damals, vor vier Jahren.«

Hannibal lächelte, ihm gefiel der eifrige Junge auf seinem guten Pferd.

»Der Rhodanus also spielt uns einen bösen Streich, meinst du?«

»Mehr als das, Herr: Er wird zum See. Er breitet sich aus in flachen Gewässern, die von Schilfinseln durchsetzt sind, über die man keine Übersicht gewinnen kann. Wir haben unsere Pferde ins Wasser getrieben in der Hoffnung, daß ein so breites Gewässer ganz seicht sein müsse. Aber der Untergrund trägt nicht. Ich habe ein Pferd verloren dabei, den Mann konnten wir retten...«

»Und gibt es nur einen solchen See, der vielleicht eine Lagune ist, oder gibt es mehrere?«

»Einen hinter dem anderen, Herr. Viele Meilen weit, weiter, als das Auge reicht. Ebensogut könnten wir schon hier ins Meer gehen und schwimmen!«

»Es ist gut!« schloß Hannibal das Gespräch, ohne seinen Unmut zu zeigen. Der Offizier hatte schließlich diese absurde Flußmündung nicht geschaffen. »Erquickt euch und legt euch nieder, morgen mit Sonnenaufgang geht es weiter!«
Der junge Offizier blickte etwas verdutzt. Hatte er nicht eben berichtet, daß man in dieser Richtung nicht mehr vorwärtskommen werde? Aber Hannibal, der Feldherr, wußte sicherlich einen Ausweg!
Von der Deltamündung des Rhodanus hatten auch schon Kauffahrer berichtet, die wegen eines Sturmes den Weg nach Massilia verfehlt hatten. Sie hatten Schauermärchen erzählt von einem Schilfdickicht, in das man wohl leicht hineingelange, weil es keine Strömung gebe und die Winde täglich die Richtung wechselten, aus dem man aber nur hinausfand, wenn man gute Ruderer hatte und viel Glück.
Hannibal nützte den Abend, um weitere Erkundigungen einzuziehen, aber von den Geiseln, die ihm die Kelten von Tolosa und die Küstenstämme gestellt hatten, war kaum einer bis zum Rhodanus vorgedrungen. Erst nach einer Stunde nutzloser Gespräche brachten die Soldaten einen Marketender vom Troß, einen jüdischen Händler aus dem Städtchen Tudela, der seit dem Ebro mit der Armee marschierte und nach jeder Tagesreise zu erkennen gab, daß er das Land schon lange kenne.
»Es ist richtig, Herr«, sagte der kleine Mann und verbeugte sich vor Hannibal bis zum Boden, »wir sind Juden. Ihr werdet Leuten meines Glaubens schon begegnet sein, in Karthago sind es bestimmt mehr als tausend, in Gades ein paar Hundert, in Alexandria Zehntausende ...«
»Und ihr lebt alle vom Fernhandel?«
»Was für ein schönes Wort, großmächtiger Feldherr«, sagte der Mann aus Tudela, »für meine Sippe triffte es zu, irgend etwas treibt die Männer meiner Familie stets in alle Himmelsrichtungen auseinander; im übrigen aber machen wir Juden alles, wir gehen mit unseren Waren von Haus zu Haus oder wir verschiffen sie von einem Erdteil zum anderen, wir wechseln Geld, wir kaufen Gold und Silber, und wir verstehen uns auf edle Steine.«
»Und du warst am Rhodanus?«
»Gewiß, Herr, denn ich fahre nicht gerne zur See, und wenn ich nach Massilia will, muß ich die Pyrenäen überqueren und danach den Rhodanus.«
»Und wo tust du dies?«
»Einige Tagesreisen stromaufwärts, dort, wo der Rhodanus noch in einem einzigen Bett dahinströmt.«

»Und ist die Strömung dort nicht zu stark?«
»Sie ist natürlich viel stärker als hier im Delta. Aber es gibt eine Stelle, da teilen kleine Inseln den Fluß und brechen seine Kraft.«
Hannibal entließ den Juden, befahl ihm aber, erreichbar zu bleiben, und gab insgeheim den Auftrag, den Mann zu bewachen. Denn eine andere Patrouille hatte gemeldet, daß am jenseitigen, östlichen Ufer des Rhodanus römische Truppen gesichtet worden seien. Daß man dem Heer des Hannibal einen weiten Umweg nach Norden empfahl, konnte Teil eines Täuschungsmanövers sein.
»Man verleitet uns, den Strom an einer schwierigen Stelle zu überschreiten, und wenn ein Teil unserer Armee auf dem jenseitigen Ufer ist, fallen die Römer über uns her!« sagte Hannibal zu Maharbal, der mit einigen anderen Offizieren zu einer spätabendlichen Besprechung ins Zelt des Feldherrn gekommen war.
»Oder man schickt uns nach Norden, wo wir auf der vergeblichen Suche nach einem Übergang viele Tage verlieren, während inzwischen die Römer ungehindert durch das Delta gehen und in unserem Rücken nach Spanien ziehen«, meinte Maharbal.
»Diese Möglichkeit können wir verwerfen. Kein Römer würde in die Ferne ziehen, wenn er ein feindliches Heer im Anmarsch auf seine Heimat weiß. Nein, die Römer wollen uns aufhalten, damit sich die Hauptstadt rüsten kann, denn man ist dort nicht so gut vorbereitet wie wir. Die Römer am südlichen Rhodanus wollen den Kampf, also werden wir ihn vermeiden. Damit, Freunde, ist die Entscheidung gefallen: Wir umgehen das Delta, wir umgehen die Römer, wir ziehen nach Norden!«
»Ein großer Umweg, Feldherr!« gab Maharbal zu bedenken.
»Aber er bringt uns in den Rücken unserer Feinde. Wir sind dann in der großen Ebene des Padus, Freund, wir bewegen uns frei in diesem fruchtbaren Gebiet, das von den widerwillig Frieden haltenden Feinden Roms bewohnt wird. Sie werden uns als Verbündete zufallen, und wenn die römische Armee auf der Küstenstraße heimkehrt, wird sie vernichtet. Ich sehe keine andere Möglichkeit!«

Die Soldaten waren es zufrieden. Nach tagelangen Märschen in den Salzsümpfen und entlang der Lagunen hatten sie nun, am Rhodanus, stets gutes Wasser aus den Bergen für Mensch und Tier. Die Uferstämme waren nicht sehr kriegerisch gestimmt. Da seit Urzeiten der Handel auf dem

Fluß dahinging, zwischen dem Weltmeer im Westen mit seinen Zinninseln und der großen Stadt Massilia, waren die Menschen am Rhodanus leidlich zivilisiert, man konnte sich mit ihnen auf griechisch verständigen, und sie wußten, daß es für sie besser war, ein wenig Gold anzunehmen, als sich die Schädel einschlagen zu lassen. Freilich mußten sie von dem, was sie hatten, reichlich abgeben, denn Hannibal führte immerhin noch an die sechzigtausend Menschen mit sich, mit Troß und Reiterei wohl auch ein wenig mehr, und die wollten nicht nur verpflegt sein: die Karthager ahnten auch, was in den Bergen auf sie wartete, und sie legten Vorräte an, soweit diese in den Satteltaschen Platz hatten oder im Marschgepäck der Fußsoldaten.

Bei dem Flecken Avennio riet der Jude aus Tudela zum erstenmal, den Fluß zu überschreiten, da man nun einmal ans östliche Ufer gelangen müsse. Aber Hannibal besah sich den Hügel am östlichen Ufer und den ungleich höheren, weit ausgreifenden Berg am Westufer, und er entschied, daß die Gegend zu wenig übersichtlich sei für ein Manöver, das eine Woche währen konnte.

»Gewiß, die Römer fänden nicht allzuviel Deckung«, sagte Hannibal, »der Hügel am anderen Ufer mit der Keltenstadt ist nicht sonderlich hoch. Aber auf unserem, dem westlichen Ufer, wäre ich beim Übersetzen gefährdet, einmal durch schnelle Truppen der Römer, die vor uns den Rhodanus in der Gegenrichtung überschritten haben könnten, und zum anderen durch deren Verbündete hier in Gallien ... Nein, mein Guter, da muß sich schon etwas Besseres finden.«

»Wir Juden sind immer hier über den Fluß gegangen«, antwortete der Mann aus Tudela beleidigt. »In Avennio gibt es eine große, alte Gemeinde meiner Glaubensgenossen, und im nahen Cabellio auch; aber um uns kümmert sich natürlich niemand, wir sind nicht in Gefahr ... Du magst also recht haben, großmächtiger Feldherr.«

Maharbal gab ihm einen unsanften Stoß in den Rücken und sagte: »Der Feldherr hat immer recht, merk dir das!«

»Ich hoffe es für ihn und für uns«, jammerte der Marketender, »aber ich kenne den Strom nur bis hierher ...«

»Wie heißt du denn überhaupt?« wollte Hannibal wissen. Es war freilich nur eine Frage, die den Gestoßenen ein wenig versöhnen sollte.

»In meiner Sippe heißen wir Benjamin, mein Vater heißt so, und wenn Jahve mir einen Sohn schenkt, werden wir ihn ebenfalls Benjamin nennen,

und so wird es weitergehen durch die Jahrhunderte, denn wir sind ein zähes Geschlecht.«
»Dann bleib an meiner Seite, Benjamin«, sagte Hannibal, »halte die Augen offen und melde dich, wenn dir zu unserem Weg etwas einfällt. Ich habe in mir das Blut von Feldherren, und das durch Generationen, aber vielleicht ist mir dein Erbe aus einer Ahnenreihe von Reisenden in den nächsten Wochen nützlicher!«
Benjamin aus Tudela verneigte sich zum Abschied, es sah putzig aus, bei seinen kurzen Beinen berührte er mit dem gesenkten Kopf und den vornüberfallenden langen, fettigen Locken seines Haupthaares beinahe den Boden.
Er war kaum gegangen, als sich der Patrouillenoffizier bei Hannibal meldete, der damals das Schilfdickicht der Rhodanus-Mündung erkundet hatte. Er war mit seinen Leuten den Fluß entlang zwölf Meilen nach Norden geritten und glaubte, einen günstigen Platz für die Flußüberquerung entdeckt zu haben.
»Der Fluß teilt sich dort in zwei Arme, zwischen denen eine große und flache Insel liegt, anscheinend unbewohnt und voll zu übersehen. Auf ihr sind wir unangreifbar und können in aller Ruhe den zweiten, ein wenig breiteren Arm des Rhodanus überschreiten.«
»Das hört sich gut an«, antwortete Hannibal erfreut. »Wie aber ist der Weg am jenseitigen Ufer? Hier genießen wir den Schutz des breiten Stromes und marschieren in voller Sicherheit. Sind wir erst auf dem Römer-Ufer, so müßten wir bei einem Angriff mit dem Rücken zum Strom kämpfen. Seit dem Tod meines Vaters sind mir solche Situationen in sehr düsterer Erinnerung.«
Der junge Offizier war aber nicht zu beirren.
»Gewiß«, gab er zu, »doch am jenseitigen Ufer ist die Landschaft ohnedies ganz anders. Die Berge hier auf dieser Seite laufen dort oben sanft ins Tal des Rhodanus aus. Aber wir müssen über den Fluß, wir müssen durchs Gebirge, das bleibt uns alles nicht erspart, und die Stelle mit der Insel, die gestattet uns wenigstens einen ruhigen Übergang ohne Fährnisse und ohne Verluste an Tieren und Vorräten.«
»Und was kommt dann?« wollte Maharbal wissen.
»Dann kommt ein Uferstreifen mit viel Grün, gut gangbar, aber im Osten begleitet von waldigen Hügeln.«
»Nun gut!« entschied Hannibal. »Der Mann hat recht. Hinüber müssen

wir, und wenn wir uns vor Wäldern fürchten, können wir ebensogut gleich umkehren. Aber natürlich werden wir alles tun, um uns gegen Überraschungen zu schützen. Ehe wir übersetzen, sollen Iberer und numidische Reiter das jenseitige Ufer erkunden und die Wälder durchkämmen!«

Die Hauptmacht lagerte noch nicht lange an der für den Übergang ausersehenen Stelle, als von den Erkundungstruppen die erste Nachricht kam: nicht die Römer stünden am östlichen Rhodanus-Ufer, sondern ein gallischer Stamm, die Cavarer. Sie wollten mit ihren allerdings schwachen Kräften verhindern, daß Hannibal auf ihr Flußufer gelange.

»Die Lage ist klar, Maharbal«, sagte der Feldherr zu seinem besten Unterführer. »Haben wir zahlreiche Gegner wie nördlich der Pyrenäen, so verhandeln wir und bieten Geld an. Sind es jedoch nur wenige, dann vernichten wir sie. Nimm tausend Mann von der leichten Reiterei, suche dir flußaufwärts einen Übergang, und reite dann flußabwärts, in den Rücken der Cavarer. Bist du angekommen, so melde dich mit Rauchzeichen. Ich gehe inzwischen bis auf die große Flußinsel, und wenn ich den Rauch sehe, setze ich Angriffstruppen über den zweiten Stromarm. So gelangen die Cavarer in die Zange, und wir können gefahrlos das andere Ufer gewinnen.«

Es war ein Auftrag so recht nach dem Herzen Maharbals, dem der endlose Heerwurm mit seinen sechzigtausend Mann und dem großen Troß viel zu langsam vorwärtskam. Um Späher vom anderen Ufer zu täuschen, ritt Maharbal mit seiner kleinen Schar nach Westen, schlug außer Sicht dann den Bogen nach Norden und fand auch bald eine Stelle, wo der Rhodanus so ruhig dahinströmte, daß die guten spanischen Pferde ihn am Zügel durchschwimmen konnten. Erst am Ostufer war dann Vorsicht geboten. Zwar ging man nicht so weit, die Hufe der Tiere zu umwickeln, denn der Grasboden zwischen Waldrand und Flußufer war weich genug, den Schall der Tritte zu verschlucken, aber Maharbal entsandte einige Leute auf guten Pferden voraus, damit man nicht unversehens auf die Cavarer stoße. Auch hielt er selbst immer das westliche Ufer im Auge, auf dem er gekommen war und dessen Merkmale er sich eingeprägt hatte. Als er von der Hauptarmee nur noch eine Viertelstunde scharfen Trabs entfernt war, befahl er, feuchtes Moos für die Rauchsignale zu sammeln, und da man sich in einer Region ausgiebiger Frühjahrsniederschläge befand,

war auch das Reisig hinreichend feucht, um ein stark qualmendes Feuer zu bewirken.
Da er nur tausend Leute hatte, hielt Maharbal seine Reiter zurück, bis Hannibal die Schwerbewaffneten als Vorhut über den breiten Rhodanusarm schwimmen ließ. Das war der Augenblick, da die Cavarer aus ihrer Deckung kamen und mit lautem Geschrei den offenen Uferstreifen besetzten. Die Vorgänge auf dem Rhodanus beschäftigten sie so sehr, daß sie weder den Rauch in ihrem Rücken bemerkten noch das Herannahen von immerhin tausend Berittenen, die jetzt ohne Rücksicht auf die Lärmentwicklung durchs Unterholz brachen.
Im ersten Schrecken begriffen die Cavarer nicht, zwischen welche Gegner sie geraten waren. Aus ihrer schönen Hauptstadt Cabellio waren sie viele Tage nach Norden marschiert und hatten die Karthager unablässig beobachtet. Zugleich war ihnen Kunde zugekommen, daß südlich, also flußabwärts von ihnen, der Konsul Publius Cornelius Scipio mit Truppen aus Rom stehe, in Ostia eilends eingeschifft, in Massilia gelandet. Wer also griff sie plötzlich im Rücken an? Waren es die Römer, die diese unerwartete Gelegenheit nutzten, gemeinsam mit Hannibal die Cavarer aufzureiben?
Nun, das Feldgeschrei der Iberer, ihre Pferde, ihre Sättel und das Zaumzeug machten schnell klar, daß die Cavarer sich zwischen zwei Teilen ein und derselben Armee befanden, eben der Hannibals, und als sie das erkannten, bemächtigte sich der wenig geübten Truppe von den milden Ufern der Druentia schnell eine große Angst, galt doch Hannibal als ein grausamer Heerführer, schonungslos und zugleich listig. Ihm zuzusetzen, solange seine Reiter im Rhodanus schwammen, war eine flüchtige Chance gewesen; diese Reiter nun aber auch im Rücken zu haben und von ihnen selbst ins Wasser getrieben zu werden, in das sich eben jetzt eine gewaltige Herde schaurig-großer Tiere begab, das war hingegen purer Wahnsinn.
Über eine leichte Schiffsbrücke, die sich auf Elefantenstirnen stützte, bis die nötigen Seilsicherungen angebracht waren, lief behendes Fußvolk ans andere Ufer und schuf den Schwerbewaffneten Luft, die Pferde über die Böschung hinauf zu bringen, aufzusitzen und die Cavarer anzugreifen. Von denen aber war nicht mehr allzuviel zu sehen. Sie machten sich davon, die meisten nach Süden, woher sie gekommen waren. Hannibal befahl, ihnen nachzusetzen, man brauche Gefangene. Da man an der Druentia gute Pferde züchtete, währte es drei Stunden, ehe Maharbal sei-

nem Herrn einen Unterführer und einige einfache Schwertkämpfer der Cavarer vorstellen konnte. Der Unterführer war verwundet, und man hatte ihn mit Wein gelabt, damit er Rede und Antwort stehen könne.
»Ich verstehe euch nicht!« begann Hannibal, dem der kräftige junge Gallier gut gefiel, »ihr seid doch nicht arm. Ihr habt, was ihr wollt, Vieh, Bodenschätze, Honig und ein mildes Klima ... Nur Verzweifelte überfallen eine so mächtige Armee!«
»Wir sind Verzweifelte, Herr«, antwortete der Gallier. »Wir leben an dem grausamsten Fluß der ganzen Alpenregion, und in diesem Frühjahr, zur Zeit der Schneeschmelze in den hohen Bergen, von denen er herkommt, hat er unsere Dörfer vernichtet, die Fluren mit Geröll und Schlamm bedeckt, das Vieh in den Ställen weggespült und Dutzenden von uns einen schlimmen Tod bereitet, und das nicht zum erstenmal.«
»Und was die Druentia euch genommen hat, das gedachtet ihr von uns zu holen?«
»Pferde zumindest für die schweren Arbeiten, um Häuser und Gehöfte freizuräumen und Nahrungsmittel aus eurem Verpflegungstroß – noch steht nämlich gar nicht fest, ob wir in diesem Jahr überhaupt ernten werden!«
»Gut, nun kenne ich das Motiv. Aber eine Dummheit bleibt es doch«, sagte Hannibal. »Sind alle Bergbäche so wie eure Druentia, und führt sie zu einem Paß, wenn man flußaufwärts geht?«
»Gewiß, Herr. Es ist jedoch ein Tal, das jetzt niemand passieren kann, so wenige Wochen nach den Frühjahrshochwassern. Wir kennen auch Völkerschaften von der Paßhöhe, aber wir haben keine Verbindung mehr mit ihnen, seit Wochen. Nicht einmal die Händler sind durchgekommen, selbst das geschickteste Tragtier kann über den Schutt und durch den Schlamm nicht gehen.«
Hannibal warf seinen Beratern einen vielsagenden Blick zu. Hatte die Druentia sich solchermaßen aufgeführt, wer sagte, daß der Fluß Isara, dessen Tal er im Auge hatte, sich besser benahm?
»Aber, wie ich es sagte, Herr«, versicherte der Gallier, als ob er die Gedanken des Feldherren erraten habe, »die Druentia ist der böseste aller Wildbäche und hat einen bizarren Lauf. Ich frage nicht nach euren Plänen, weil uns allen ja klar ist, daß ihr über die Alpen nach Osten wollt, in die Tiefebene, wo die Römer Krieg führen ... Es gibt bessere Wege auf die Höhe der Alpen als das Tal der Druentia, bessere, aber längere.«

»Sagtest du, die Römer führen Krieg?« fragte Maharbal verwundert.
»In Massilia, wohin alle Nachrichten schnell gelangen, erzählt man sich, in der großen Ebene des Flusses Padus, also im Norden Italiens, hätten sich auf die Kunde vom Herannahen eines punischen Heeres die Stämme, die Rom erst jüngst unterworfen hat, abermals erhoben. Ihr seht also, euer Zug ist kein Geheimnis mehr, und wenn die Massilier nicht gelogen haben, so sind die Römer inzwischen schon gelandet und marschieren euch am Rhodanus entgegen.«
Hannibal überließ die Gallier seinem Stab zur genaueren Befragung. Sie waren keine Bundesgenossen der Römer – noch nicht –, und sie waren nicht eingeschworene Feinde der Karthager. Warum also sollten sie lügen oder schweigen und sich der Folter aussetzen? Vor dem Zelt stehend, blickte Hannibal über den abendlichen Fluß, der sich silbrig schimmernd dem Süden entgegenwarf. Was auf ihm trieb nach dem schwierigen Flußübergang, die abgerissenen Packsättel, die Ballen mit Stoffen, die hölzernen Kisten mit Nahrungsmitteln, das schwamm nun den Römern entgegen und sagte ihnen, Hannibal sei da und sei schon über den Rhodanus gegangen.
Der Augenblick des Aufeinandertreffens war nun doch sehr schnell herangekommen. Die Römer hatten ihre Schiffe zusammengezogen und von Ostia bis Massilia nur fünf Tage gebraucht, während er seit dem Aufbruch aus Nova Karthago schon hundert Tage unterwegs war, das machte einen Unterschied! Andererseits konnten sie keine wirklich große Armee so schnell verladen und befördert haben. Man sollte den Kampf annehmen, auch wenn es in den Alpen bald schneien würde, denn einen Scipio mit einem Kern guter Truppen schon hier, in Gallien, zu schlagen, das würde Hannibals Armee Mut machen, das würde als gutes Omen gelten und die Erinnerung an Niederlagen tilgen ...

In den nächsten Tagen nahm es jedoch Hannibals ganze Aufmerksamkeit in Anspruch, die große Armee mit ihrem gewaltigen Troß heil und vollständig über die beiden Rhodanus-Arme zu bringen. Da es auf dem Ostufer nur schmale Wege gab und der Wald oft nahe ans Ufer herantrat, mußten zum ersten Mal die Wegebahner vorgeschickt werden, um das Unterholz zu schlagen und eine Heerstraße zu schaffen.
Die Elefanten waren noch in guter Verfassung. Sie hatten Wasser genug auf ihrem Weg neben dem Fluß, die Tage waren warm und die Nächte

nicht zu kalt. Dem Heer vorausstampfend, verbreiterten sie den Treidelpfad der Schiffer, auf dem nur zwei Gespanne nebeneinander gehen konnten, und die Fußsoldaten konnten einigermaßen beisammen bleiben und gute Marschordnung halten.
Nach Osten zu sicherten erfahrene Späher und Waldläufer aus den spanischen Bergen, und nach Süden, also stromabwärts, hatte Hannibal fünfhundert ausgesucht tapfere numidische Reiter ausgesandt mit dem Auftrag, so lange zu reiten, bis sie Berührung mit den Vorhuten des Publius Cornelius Scipio hätten.
»Denen liefert ihr ein Gefecht, das sie das Fürchten lehrt, sonst nämlich folgen sie uns zu schnell auf dem von uns geschaffenen guten Weg!« befahl Hannibal. Am liebsten hätte er nach dem Durchzug der Seinen die Stämme wieder über den Weg gelegt und das Dickicht wiederhergestellt, so mühsam war es gewesen, die Schneise zu schlagen.
Die Numidier ritten ab, und es war prächtig anzusehen, mit welcher Geschicklichkeit sie sich auf der Böschung hielten mit ihren ausdauernden und schnellen Pferden. Und sie waren schnell wieder zurück: Schon am nächsten Abend trat der Führer der Streifschar, die Linke und die Stirn in Verbände gehüllt, seinem Feldherrn wieder gegenüber.
»Nicht mit den Cavarern, mit den Römern solltet ihr kämpfen, ihr Dummköpfe!« donnerte Hannibal, mäßigte sich dann aber, als er sah, daß der Mann ernstlich verwundet war und offensichtlich tapfer gekämpft hatte.
»Es *waren* die Römer, Herr . . .« beharrte der Mann. »Die Cavarer sind so schnell geflohen, die hätten wir niemals eingeholt. Wir haben römische Feldzeichen erobert . . .«
Hannibal erbleichte vor Zorn.
»Wenn das nicht stimmt, wenn du mich angelogen hast, lasse ich dich in Eisen legen!« sagte er. »Wir haben die Cavarer verhört: die Römer sind eben erst gelandet, sie stehen sechs oder sieben Tagesritte im Süden!«
Inzwischen hatte ein gleichfalls verwundeter Numidier eine Standarte der Römer in Hannibals Zelt gebracht, und vor dem Zelt bewachten die Numidier zwei gallische Reiter, die bei dem Scharmützel in Gefangenschaft geraten waren. Nun erst glaubte Hannibal seinen Numidiern. Er lobte die Leute und ließ sie in ihr Lager gehen, die beiden Gallier aber wurden mit der Hilfe des Cavarer-Offiziers aus Cabellio verhört. Das war etwas langwierig, und der Cavarer mochte mit dem wenigen, das er an griechischen

Worten beherrschte, den einen oder anderen Irrtum begangen haben. Aber schließlich hatte der Feldschreiber Hannibals eine längere Aussage beisammen und bat, sie dem Feldherrn vorlesen zu dürfen.
»Lies vor, aber erspare mir das Hin und Her der Übersetzer«, befahl Hannibal. »Ich möchte nur das Ergebnis erfahren, alles andere macht mich ungeduldig!«
Ein wenig gekränkt hob der Mann die Nase von seinem Papyrus und begann auf griechisch vorzulesen:
»Die Gefangenen geben an, die Reiterabteilung des Konsuls Scipio habe aus zweihundert Galliern und dreihundert Römern bestanden. Sie sagen, die Numidier hätten stärkere Verluste erlitten als ihre eigenen Truppen und sich schließlich zurückgezogen. Die Gallier seien ihnen gefolgt und erst ganz in der Nähe des Hannibalschen Heerlagers durch Unvorsichtigkeit in Gefangenschaft geraten.«
»Gut«, unterbrach Hannibal. »Daß sie gefangen sind, sehe ich. Was wissen sie sonst von den Römern?«
»Der Konsul ist von seinem Bruder begleitet. Er hat nur eine einzige Legion auf Schiffen nach Massilia gebracht, also etwa sechstausend Mann; zu den römischen Reitern seien aber bald auch solche aus Gallien gestoßen.«
»Ich möchte wissen, ob Scipio uns verfolgt oder wo er sonst hinzieht!« sagte Hannibal.
»Das scheint hier zu stehen, Herr«, meinte der Schreiber. »Der Konsul hatte lange nicht glauben wollen, daß Hannibal bereits die Pyrenäen überschritten habe und sich mit seiner Armee in Gallien befinde. Er hatte gehofft, daß die kriegerischen Stämme der Volcier und der Tectosagen den Vormarsch der Karthager aufhalten würden. Er scheint nicht die Absicht zu haben, der karthagischen Armee in die Berge zu folgen, da die ligurische Küstenstraße ihm einen bequemen und schnellen Marschweg in die bedrohten Landstriche am Ostfuß der Alpengipfel bietet.«
»Damit hat er natürlich recht«, stellte Hannibal fest, aber seine gute Laune nach dem geglückten Flußübergang war wie weggeblasen. Sechstausend Mann! Er hätte sie zerdrückt, er hätte die Legionsadler seinen Truppen geschenkt und die Köpfe der Brüder aus dem Hause der Cornelier nach Karthago geschickt!

Da die Wälder schon bald nach Osten zurückwichen, so als hätten sie nur den Zweck gehabt, den Cavarern Schutz zu bieten, konnte die punische Armee ihren Marsch nach Norden fortan ungehindert beschleunigen, und es war noch August, die Sonne brannte vom Himmel, und es herrschte eine geradezu afrikanische Hitze, als die Vorhut eine Zusammenrottung auf dem Weg meldete und in der Ferne zahlreiche Hütten.
Hannibal hatte die Anweisung gegeben, niemals die Feindseligkeiten zu eröffnen und nur Angriffe abzuwehren. »Unsere Feinde«, hatte er vor allem der Vorhut eingeschärft, »stehen jenseits der Alpen. Verstricken wir uns hier in Kämpfe, dann gewinnen nur die Römer, wie immer diese Kämpfe enden.«
So hatten denn auch die Reiter der Vorhut der kleinen Versammlung von Einheimischen, auf die sie trafen, kein Haar gekrümmt, sondern an friedlichen Gebärden nicht gespart und die für diesen Zweck mitgeführten kleinen Geschenke überreicht. Da an beiden Ufern des Rhodanus Griechisch nicht unbekannt war, ließ sich ein Gespräch einleiten. Der Führer der Vorhut begab sich als Geisel zu den Bürgern der kleinen Fischer- und Schiffersiedlung, die man in der Ferne gewahrte, und ihr Oberhaupt ritt mit zwei Begleitern sehr hohen Alters Hannibal entgegen.
Der Feldherr hatte, da es mittlerweile Abend geworden war, das Lagern befohlen, denn es hatte wenig Sinn, wegen ein oder zwei Stunden weiteren Vormarsches einen Konflikt zu riskieren, der zumindest ein paar Tage kosten würde. Der Unterhändler und seine Begleiter nahmen mit Hannibal und seinen Unterführern an der trockenen Uferböschung Platz, wo der Blick über den Fluß hin frei war und die Bewegungen der Truppen bis in die Ferne verfolgt werden konnten. Auch am anderen Flußufer hatten sich kleine Menschenansammlungen gebildet, so daß man annehmen durfte, die vor den Karthagern liegende Siedlung sei nicht ganz unbedeutend.
»Wir leben in einer Stadt, die Ventia genannt wird«, erklärte der Unterhändler in geübtem Griechisch. »Wir sind Fischer, Flößer und Schiffer und verdienen auch am Warenumschlag, weil nördlich von unserer Stadt ein bedeutender Fluß aus den Alpen in den Rhodanus mündet.«
»Und wie nennt ihr euch?« fragte der Schriftführer Hannibals, der seinen Papyrusbogen aufgespannt hatte und nicht wußte, wie er anfangen sollte.
»Ich dachte, das wüßtet ihr ... Wir werden Segalauner genannt.«
»Ich erinnere mich«, unterbrach Hannibal, »von euch hat mir mein grie-

chischer Lehrer berichtet. Er sagte, ihr seid tributpflichtig – aber doch wohl nicht an die Römer?«

»Keineswegs, Herr! Wir ziehen es vor, Tribute an die Allobroger zu entrichten, ein sehr kriegerisches Volk, das an der Isara wohnt, das ist jener Zufluß des Rhodanus, den ich vorhin erwähnt habe. Wir haben alle Hände voll zu tun hier an der Einmündung, wir verdienen am Handel, und wir müssen dafür sorgen, daß dieser Handel nicht gestört werde, denn nördlich von uns liegen andere, größere Flußhäfen, die uns das Geschäft wegnehmen würden. Darum bezahlen wir lieber Tribute, als überfallen zu werden.«

»Dieser Nebenfluß ... ich glaube, du nanntest ihn Isara ... Kommt der aus dem Hochgebirge, das ich überschreiten möchte?«

»Gewiß, es sind lange, aber zunächst nicht enge Täler, und es sind Wege, wie sie die Händler stets benützen. Eine so große Menge von Menschen und Tieren und Wagen ist freilich noch niemals, seit es unsere kleine Stadt gibt, hier durchgekommen. Das wüßten wir von unseren Vätern und Vorvätern. Gelingt dir der Übergang, Feldherr, so wird man dich einen zweiten Herkules nennen!«

»Du sprichst einen großen Namen aus, Segalauner«, antwortete Hannibal ernst. »Herakles, wie die Griechen sagen, oder auch Melkart, wie ihn die Phöniker und die Punier nennen, ist der Schutzgott der Barkiden, meines Geschlechts ... Ich kenne die Geschichte seiner großen Arbeiten, ich kenne den Berg Atlas und die Rinderherde von Tartessos ... Ich werde also eine herkulische Tat vollbringen müssen, um nach Italien niedersteigen zu können. Wollt ihr uns helfen, so werden wir euch belohnen und allen Schaden, der etwa entstehen sollte, reichlich gutmachen.«

Der Mann aus Ventia verneigte sich tief. Offensichtlich war ihm im Angesicht der punischen Heeresmacht klargeworden, daß ihn auch die Allobroger nicht retten könnten, wenn Hannibal, wie andere Heerführer, mit einer Handbewegung seinen Tod und mit einer zweiten den Sturm auf Ventia befohlen hätte. Aber Hannibal brauchte keinen Kampf, er brauchte Frieden, Führer und Vorräte. Die Segalauner versprachen, Führer für das ganze Tal der Isara zu stellen.

»Dieses Tal ist breit und gut gangbar, ihr habt Wasser, und es wird keine Aufenthalte geben, wenn ihr das Vieh bezahlt, das die Armee verzehrt.«

»Und was kommt nach dem Tal der Isara?« wollte Maharbal wissen.

»Dieses Tal beschreibt eine Biegung nach Süden, und dort liegt dann eine

Stadt namens Cularo. Sie ist eine Stadt der Allobroger, und wir können euch dort nur noch mit Dolmetschern helfen. Aber ich will euch raten: Bleibt an der Isara, folgt auch nach Cularo diesem Fluß noch weiter, denn die anderen Täler, jene, die sich bei Cularo auftun, führen zu engen Schluchten, die ein paar Tragtiere passieren könnten, nicht aber eine große Armee!«

Der Schreiber hatte eifrig notiert, und Maharbal bestand darauf, mit dem Segalauner und seinen Begleitern eine Landkarte auszuarbeiten.

Hannibal aber war trotz der Zusicherungen, die er eben erhalten hatte, im Innersten noch nicht schlüssig über den einzuschlagenden Weg. Das Gebirge, das er aus seiner Heimat kannte, war der Atlas. In ihm lebten Menschen stets nur vorübergehend, und die Stämme, die zu bestimmten Zeiten des Jahres ihre Herden dorthin trieben, vegetierten in so schrecklicher Armut dahin, daß man versucht war, ihre Haustiere zu beneiden, die wenigstens nicht wußten, daß man ein anderes Dasein haben könne. Waren die Alpen so, dann verlor er seine herrliche Armee im aussichtslosen Kampf gegen die Elemente und die Dämonen der Gletscher, und es wäre besser, die vergleichsweise geringe Heeresmacht der Scipionen anzugreifen, um sich den Durchmarsch auf der Küstenstraße zu sichern. Auch diese war schmal, und die Ligurer galten als außerordentlich wehrhaft, aber die Straße war kurz, sie führte direkt zum Ziel, die Flotte konnte zusätzliche Versorgung übernehmen, Kälte, Stürme und Schnee wären nicht zu fürchten.

In dieses Sinnen, ja beinahe in den Entschluß, doch noch umzukehren, platzte ein Offizier der Vorhut, der eine Gesandtschaft meldete. Es war eine kleine, bewaffnete Gruppe, aber sie kamen in Frieden. Müde und gereizt, wollte Hannibal sie nicht empfangen, aber Maharbal saß über den Landkarten, und jede zusätzliche Information konnte in diesen Stunden vor dem großen Entschluß von Nutzen sein.

»Wir sind Boier«, sagte der Führer der Gesandtschaft, »wir gehören zu dem großen und mächtigen Volk der Kelten, das du aus Spanien kennst, großer Hannibal.«

»Allerdings«, murrte der Feldherr, »die iberischen Kelten haben meinen Vater getötet und seither noch viele gute Männer. Nun sagt, was ihr wollt, ich bin müde!«

»Du bist an einem Punkt deines Marsches, Hannibal, wo die Versuchung umzukehren am größten ist, weil du die Berge nicht kennst, wohl aber die

Küstenländer und das Meer. Nun, wir kommen über die Berge, wir leben in ihnen, wir kennen alle Gipfel und Pässe von den Breonen im Herzen der Alpen bis zu den Allobrogern hier an der Isara. Wir bieten dir unsere Hilfe an, denn wir fürchten den ständigen Eroberungsdrang der Römer. Wir wissen, daß sie unsere Nachbarn am Südabhang der Alpen geschlagen haben, vor drei Jahren, vor zwei Jahren und soeben jetzt wieder. Gebietet man ihnen nicht Einhalt, so sind in ein oder zwei Jahren auch die Berge kein Schutz mehr gegen dieses gutgerüstete Volk. Wir werden dir Führer stellen, wir werden dein Herr von der Paßhöhe hinuntergeleiten in die Tiefebene, damit es sich mit voller Kraft auf die Römer werfen kann.«
»Eine schöne Rede«, nickte Hannibal, »und ich gebe zu, daß sie mir im Augenblick sehr willkommen ist. Doch wenn ich dich richtig verstanden habe, so liegen zwischen euch und uns noch die Wohnsitze der Allobroger. Da müssen wir zunächst hindurch!«
»Das ist nicht sehr schwer, dafür ist der Augenblick sogar günstig. Den Einstieg ins Tal der Isara zeigen dir die Segalauner. Bei den Allobrogern herrscht zur Zeit ein Bruderzwist um die Herrschaft. Entscheide dich für Brancus, deute an, daß du hinter ihm stehst, dann wird es schnell zu einem Vermittlungsangebot des jüngeren Bruders kommen, und du hast Brancus zum Freund gewonnen, was dir den Durchmarsch sichert und die Verpflegung.«
»Das alles klingt so schön, daß ein erfahrener Mann wie ich eigentlich mißtrauisch werden müßte«, sagte Hannibal, sah aber sogleich, daß er den Mann aus den Bergen damit gekränkt hatte. Vermutlich herrschten in den rauhen Tälern dort oben strengere Ehrbegriffe als an den Küsten des Mittelmeers.
»Wir bleiben an deiner Seite, Hannibal«, bot der Boier sogleich an, und seine Begleiter nickten beifällig. »Wir ziehen mit deinem Heer, und wenn du Verrat entdeckst, magst du uns töten!«
Das gab den Ausschlag. Hannibal ließ seine Truppen in der weiten Ebene vor der Stadt Ventia lagern und gönnte ihnen einen Ruhetag. Am Abend dieses Tages aber rief er die Stammesführer und die Hauptleute zusammen, stellte ihnen die Boier und die Segalauner vor und zeigte ihnen auch die inzwischen schön in Farben ausgeführte Landkarte, die der Schreiber und Maharbal verfertigt hatten.
»Wir ziehen in keine Wüste, Männer«, sagte Hannibal zu der Versammlung, zu der sich vor seinem Zelt auch viele einfache Soldaten gesellt hat-

ten, »sondern in ein Bergland, das hoch und schlecht gangbar, aber in den Tälern fruchtbar ist. Es wird uns an gutem Wasser nie fehlen; wir werden jagdbare Tiere antreffen und von den Menschen, die dort leben, Nahrungsmittel kaufen können. Ich habe hier die Abgesandten der Bergvölker. Sie rufen uns zu Hilfe gegen die Römer. Also laßt sie keine vergebliche Bitte tun. Pflegt eure Leiber heute abend, salbt die Haut gegen die scharfe Luft der Höhen, sorgt für warme Kleidung und laßt überflüssiges Gepäck zurück. Trinkt und würfelt nicht mehr, wenn wir lagern, denn ihr braucht Schlaf und eure Kräfte für ein schönes, aber sehr langes grünes Tal, ein Tal, das uns zu den Gipfeln der Alpen führt und zu einer Pforte hinein ins reiche Land Italien.«

Der Kriegszug Hannibals
219 bis 202 v. Chr.

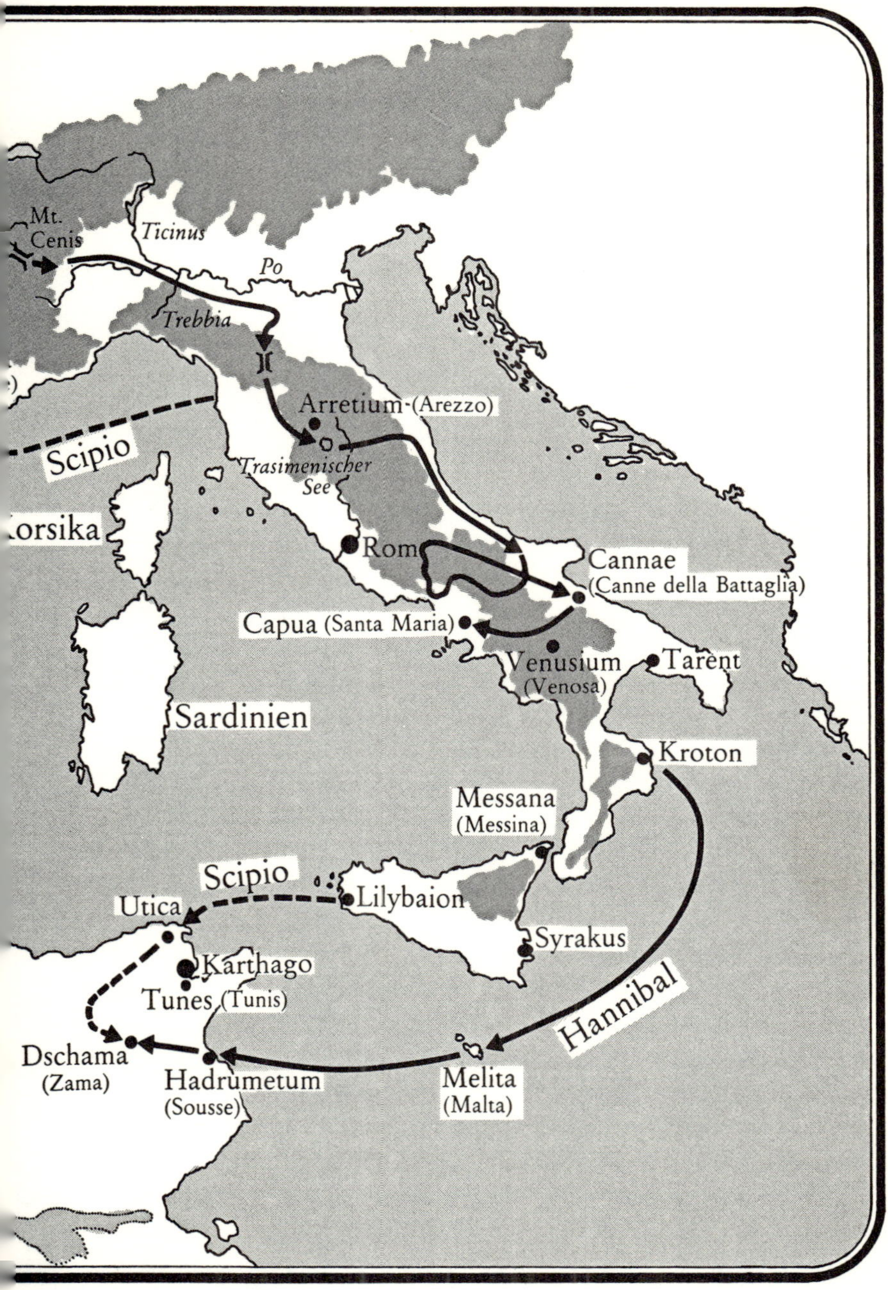

Mt.
Cenis
Ticinus
Po
Trebbia
Arretium (Arezzo)
Scipio
Trasimenischer
See
Korsika
Rom
Cannae
(Canne della Battaglia)
Capua (Santa Maria)
Venusium
(Venosa)
Tarent
Sardinien
Kroton
Messana
(Messina)
Scipio
Lilybaion
Utica
Syrakus
Karthago
Tunes (Tunis)
Hannibal
Dschama
(Zama)
Hadrumetum
(Sousse)
Melita
(Malta)

ELEFANTEN IM SCHNEE

Als Hannibal die ausgedehnte Siedlung Cularo vor sich liegen sah, eine Fülle von großen und kleinen Hütten, die sich an den Ufern zweier Flüsse aufreihten, da kehrte die Hoffnung in sein Herz zurück. Es war nicht Furcht gewesen, die ihn bedrückt hatte, sondern ein Unbehagen vor dem Unbekannten. Wußte Hannibal sich auch einig mit Baal Saphon, dem Kriegsgott, und mit Melkart, dem Schutzherrn des Barkidenhauses, so war das, was sich vor ihm auftürmte, doch eine verwirrend fremde Welt. Abends, wenn die Täler im letzten, milden Sonnenlicht lagen, fielen unversehens eiskalte Winde von den Höhen herab und griffen ihm ans Herz. Und dem Reich dieses ewigen Eises zog er nun also entgegen.
Da stimmte es die Armee und ihren Feldherrn doch wieder hoffnungsfroh, daß in einer Landschaft, die sie nur durchzogen, andere Menschen offensichtlich seit Generationen lebten, freiwillig und ohne Schaden zu nehmen. Nicht nur leben und überleben konnte man hier: Als die Armee vor den Grenzsteinen von Cularo ihr Lager aufschlug und die Bauern zaudernd zunächst, dann eilfertig herankamen, um von ihren Feldfrüchten anzubieten, da sahen die Karthager, die Berber, die Numidier und ihre iberischen Hilfsvölker sich einem gesunden Menschenschlag gegenüber, der durchaus wohlgestaltet war, oft erheblich größer gewachsen als die Karthager und kräftiger als die schlanken Berber.
Als der Handel eine Stunde lang ohne Zwischenfälle vor sich gegangen war, weil die Karthager hübsche kleine Dinge mitgebracht hatten, die man in den Bergen nicht kannte, wagten sich auch einige Frauen und Mädchen mit bereits gerupftem Geflügel, mit Eiern und sogar mit Ferkeln in jene Zone zwischen Stadt und Lager, die Hannibal für solche Geschäfte stets abstecken ließ, um keine Fremden im Lager selbst zu haben. Diese Mädchen waren zwar scheu und schlugen die Lider nieder, wenn einer der heißblütigen Afrikaner sie allzu frech anstarrte, aber sie waren schön gewachsen, hielten sich aufrecht und erröteten nur dann unwillig, wenn die Soldaten sie beim Feilschen zu eng umdrängten. Während die Haare der Männer wild und strähnig nach allen Seiten vom Kopf hingen, hatten die Frauen und Mädchen ihr Haar, ob es nun blond war oder braun, mit einer Art Seife eingerieben, so daß es sich auf dem Kopf formen ließ und die Stirn wie ein kleines Hütchen begrenzte. Von dieser Seife konnte man auch kaufen, und Hannibal, der in seiner gelösten Stim-

mung einmal über den langen Tauschrasen ging und sich die Allobroger besah, riet seinen Leuten, sich damit zu pflegen, dies sei der beste Schutz gegen viele Krankheiten.

Erst nach einer Weile löste sich aus diesem Gewirr der junge Fürst Brancus, mit dem Hannibal bei der Schlichtung des Bruderzwistes bekannt geworden war, ja für den er eine gewisse Sympathie empfand, und begleitete Hannibal zurück ins karthagische Lager.

»Ich habe mit den Ältesten meines Stammes gesprochen«, berichtete Brancus, »sie sind dir dankbar wie ich und finden den Vergleich mit meinem Bruder Arvon günstig für uns, weil wir hier in unserem Tal nun ungestört sind und Arvon die ihm vertraute Bergregion behält. Aber wir haben Nachricht, daß seine Berater unzufrieden sind.«

»Du meinst also, ich sollte nicht durch Arvons Gebiet ziehen?« fragte Hannibal.

»Du kannst nicht anders. Gewiß, es gibt noch andere Pässe, aber für deine Armee kommen nur die Täler der Allobroger in Frage, sie sind lang, aber gangbar, der Anstieg zum Paß ist mühsam, aber möglich, und die Steilseite im Osten, die Abfälle, die überwindest du dann bergab gehend, was für die Tragtiere und die Menschen mehr Geschicklichkeit erfordert als Kraft ... Nein, es gibt keinen Weg an Arvon vorbei, das Ark-Tal ist sein Herrschaftsbereich, und nur bis dorthin werde ich dich begleiten.«

»Es wird also einen Kampf geben?«

»Einen Kampf, vor dem ich dich jetzt warne. Du bist mit deiner großen Armee weit überlegen. Läßt du dich nicht überraschen, so kann dir niemand den Sieg nehmen.«

Hannibal ging nachdenklich auf und ab. Hier warnte ihn ein Bruder vor dem anderen, aber Warnungen waren schließlich keine Gefahr, blindes Vertrauen wäre gefährlicher gewesen.

»Ihr seid Brüder, trotz eures Streites«, sagte Hannibal. »Wenn du mit den Tal-Allobrogern nun hinter mir herziehst und er mich mit den Berg-Allobrogern am Beginn seines Tales erwartet, gerate ich zwischen feindliche Kräfte. Ich werde dich, Brancus, allein mitnehmen, mit deinem Weib und deinen Kindern als Geiseln, und am Zusammenfluß von Isara und Ark sollst du in Frieden und belohnt von uns scheiden – keine Stunde früher!«

Geführt von dem jungen Fürsten, marschierte die Armee Hannibals am linken, also dem südlichen Ufer der Isara flußaufwärts. Die Spitze hatten die Fußtruppen, den Beschluß bildete die Reiterei, weil ein Angriff der Römer noch immer nicht ganz auszuschließen war. Hinter der Reiterei, die darauf achtete, Raum zum Wenden und zum Einsatz zu haben, kamen noch die Elefanten und der Troß mit Sklaven, Verwundeten, Frauen und Gefangenen.

Die Isara läuft zwar nicht geradewegs aus dem Gebirge zu Tal, aber die Windungen, die sie beschreibt, sind nicht mäandrisch-eng, sondern große, gerade Schlingen in einem fast stets breiten Tal. Die Erkundungstrupps, die Hannibal in die Seitentäler vorschickte, um die Hauptarmee zu sichern und die Landschaft kennenzulernen, berichteten von ganz anderen Talformen: verwinkelt, schluchtartig, unübersichtlich und so gewunden, daß ein langer Heerwurm zwangsläufig immer wieder ins Stocken geraten wäre, hätte er eines dieser Täler eingeschlagen. Daraus schloß Hannibal, daß er sich auf dem einzigen tauglichen Weg befinde und daß sowohl die Segalauner als auch Brancus ihn ehrlich beraten hatten.

Die wenigen Tage, in denen er den Allobroger-Fürsten an seiner Seite hatte, waren für Hannibal die angenehmsten des ganzen langen Marsches. In den Gesprächen mit Brancus erschloß sich dem Feldherrn aus Afrika die fremdartige Natur der Westalpen ein wenig. Brancus wies ihm die Rinnsale, die den Berg herabkamen und sich im Tal mit dem Fluß vereinigten, und wußte zu erzählen, daß Isara wie Ark ihren Ursprung nicht in Quellen hätten, sondern in »Felsen aus Eis«. (Das Wort, das Brancus gebrauchte, verstand der Dolmetscher nicht, und Brancus wiederum konnte es auf griechisch nur umschreiben.) Als sich Hannibal verwundert darüber äußerte, daß die Isara so schmutziges Wasser führe, erklärte Brancus, das komme von ihrem langen Lauf und ihrer Lebhaftigkeit; sie schürfe immer wieder Schmutz unter den Uferhängen und aus dem Geröll hervor und transportiere ihn dann lange mit sich. Glücklicherweise gab es Zuflüsse und Wasserfälle genug längs des ganzen Tales, so daß die kostbaren Pferde der Numidier, die das verschmutzte Wasser nur verächtlich mit ihren Nüstern anbliesen, hinreichend getränkt werden konnten. Brancus zeigte den Puniern dann aber stille Tümpel an den Innenseiten von Flußbiegungen, wo das Wasser beinahe ohne Strömung stand und klar und sauber genug war auch für die Menschen.

Am zweiten Tag des Marsches mit Brancus, nach Stunden, in denen eine große Schwüle Mensch und Tier gepeinigt hatte und die vielen Stechfliegen schon sehr lästig geworden waren, brach ein Gewitter los, das in dem

Rund der Berge schaurig widerhallende Donnerschläge erdröhnen ließ. Hannibal überließ die Bewachung des Brancus seiner Leibgarde und ritt die ganze lange Kolonne seiner Armee zurück, um die Leute zu beruhigen: Sie hätten doch alle auch schon Wüstengewitter erlebt, und was den Donner so unheimlich mache, das sei nur der Widerhall, das natürliche Echo der Felswände.

Damit gab er den Ängstlichen Zuversicht, und als es dann zu regnen begann, kühl und erfrischend nach den schwülen Stunden, da lachten die Punier, die Numidier und die Iberer ihrem Feldherrn zu, und das Vertrauen war wiederhergestellt. Die Pferde jedoch hatten sich im Gewitter als eine große Gefahr erwiesen. Vor allem die feinnervigen Tiere der numidischen Reiterei, der Stolz der Gestüte und Stallungen des Königs Massinissa, bäumten sich, zitterten, schlugen aus und stifteten in ihrer Angst nicht wenig Schaden. Die Maultiere hingegen blieben fast immer ruhig und gingen sicheren Trittes auch auf schmalen Wegen.

Nach einer Strecke, auf der die Isara kleinere Wasserläufe vor allem vom Norden her aufgenommen hatte, weitete sich plötzlich das Tal zu einem Kessel. Links voraus hatte die Armee einen steilen, sich in gleicher Höhe fortsetzenden Hang, rechts niedrigere bewaldete Hügel, die jedoch eng zusammentraten und dem einmündenden Fluß nur einen verhältnismäßig schmalen Einschnitt überließen.

»Dieser Zufluß heißt Ark«, sagte Brancus, »ihm müßt ihr fortan folgen. Er entspringt aus jenen Eisflächen, die ihr überqueren müßt, um nach Italien zu gelangen.«

»Du meinst also, wir brauchen keine Führer mehr?« fragte Hannibal ungläubig.

»Erst auf dem Paßweg, aber da helfen sie nicht mehr viel, denn keiner der Führer, die hier mit den Kaufleuten und kleinen Warentransporten gehen, hat irgendwann Truppen oder gar solch riesige Kampfbüffel mit Rüsseln über den Paß geführt. Auf dem letzten, steilen Anstieg helfen dir nur deine eigenen Offiziere, sie müssen die Wege und die Tritte suchen, und ehe du einen Weg hinauf nimmst, vergewissere dich, wo es dann hinuntergeht . . .«

»Das sind kluge Worte eines so jungen Fürsten«, sagte Hannibal, »und sie lassen mich wünschen, daß du mich weiter begleitest. Ich werde Italien erobern, du könntest dort in einem meiner Teilreiche herrschen, unter einer gnädigen Sonne in mildem Klima mit vielen Gärten, Feldern, Städten! Du wärest reich und glücklich, nicht der bedrohte Herr über Bergbauern!«

Brancus lächelte. Die Worte eines so großen Herrführers taten ihm gewiß wohl, vor allem, da seine junge Frau und die Kinder mit aufgerissenen Augen am Mund des Afrikaners hingen, aber seine Antwort verriet doch eine gewisse Unruhe, ja Ungeduld, als er sagte:
»Für meinen Bruder und viele Allobroger bin ich ein Verräter, weil ich unser Land nicht verteidige, sondern mit einem Fremden paktiere und ihm unsere Täler und Dörfer öffne.«
»Aber wir Fremden«, rief Hannibal, unwillig ob so viel Unverstand, »wir kommen und gehen wieder, und für das, was wir euch nehmen, bezahlen wir auch! Daran müßt ihr doch gewöhnt sein als Bewohner eines alten Handelsweges quer über die Alpen!«
»Kaufleute und Krieger sind zweierlei. Niemand glaubt auch, daß du wirklich gehst. An deinem bisherigen Weg sind immer wieder Soldaten zurückgeblieben, um den Weg zu sichern und die zurückgelassenen Verwundeten und die Vorräte, das Kriegsmaterial zu bewachen. Eine Armee wie die deine löst sich nicht in Luft auf wie ein durchziehender Kaufmann, der uns den Rücken kehrt und verschwunden ist. Krieger genießen nun einmal nicht den Schutz wie die wehrlosen Händler, das wirst du überall finden, wo ein Volk an einem Paßweg wohnt. So, wie wir jeden zur Rechenschaft ziehen, der einen Händler erschlägt, um ihn zu berauben, so will mein Bruder mich zur Rechenschaft ziehen... Ziehe allein weiter, aber hüte dich: der Weg wird eng, die Höhen, die ihn begleiten, werden nicht immer frei von Feinden sein!«
Die Frau des Brancus hatte von diesen langen Erklärungen auf griechisch nichts verstanden, sie hatte alles für Höflichkeiten gehalten und zu allem, was ihr Mann gesagt hatte, freundlich gelächelt. Hannibal nickte ihr zum Abschied zu. Die Soldaten wichen ein wenig zurück, damit die Diener des Fürsten die Pferde vorführen konnten, auf die nun auch die Kinder behende kletterten. Unbefangen und heiter winkte die blonde Frau zurück, ehe sie dem Pferd die Fersen in die Weichen drückte.
»Die schöne Fürstin von Cularo wird dich nicht so schnell vergessen, Hannibal«, neckte Maharbal.
Hannibal ging auf den Scherz ein: »Wenn sie mich im Gedächtnis behält, dann gewiß nicht wegen meiner Schönheit, sondern weil sie eben noch keinen Feldherrn gesehen hat...«
»Und keine Elefanten!« sagte Maharbal. »Von denen wird man hier in den Bergen noch in hundert Jahren sprechen!«

Kaum war Brancus mit seiner Familie und seiner Eskorte im breiten Isara-Tal verschwunden, als es auf den Höhen oberhalb des Ark-Durchbruchs lebendig wurde. Die Berg-Allobroger des Fürsten Arvon hatten offensichtlich alle Höhen besetzt, und sie hatten das gewiß nicht nur aus Neugierde getan, sondern führten etwas im Schilde.
»Hast du den Weg erkunden lassen, Maharbal?« wollte der Feldherr wissen.
»Er ist schmal, aber gangbar. Der Fluß ist mit der Isara nicht zu vergleichen. Wir können an seinem linken oder auch an seinem rechten Ufer marschieren, er führt nicht viel Wasser und hat viele Furten. Daß die Höhe besetzt sind, ist meiner Vorausabteilung nicht entgangen, aber es scheint, daß die Allobroger nachts wieder in ihre Stadt zurückkehren, die vor uns liegt und nicht mehr fern ist.«
»Dann werden unsere berggewohnten iberischen Fußtruppen vor dem Ende der Nacht die Höhen in Besitz nehmen und gegen jeden halten, der am Morgen hinaufwill. Wir lagern vor der Engstelle, brechen vor Morgengrauen auf und lassen die Lagerfeuer brennen!«
Diese List hatte Erfolg, aber es zeigte sich auch, das es zu einer Katastrophe gekommen wäre, hätte man dieses Täuschungsmanöver nicht für nötig gehalten. Die Allobroger brachen den Versuch, die Höhen zu besetzen, schnell ab und warfen sich auf die Nachhut von Hannibals Armee, auf den Troß und die Elefanten, die noch vor der Wegenge warteten. Zwar bildeten die Angreifer keine geschlossene Schlachtreihe, dazu war der Ark-Durchbruch zu eng, aber sie stifteten sogleich große Verwirrung. Von den Angegriffenen konnte niemand fliehen, weil der Weg zurück ins Tal der Isara durch die Elefantenherde versperrt war. Die Soldaten vom Troß, nicht die besten und kräftigsten Kämpfer, wären den Angreifern wohl bald erlegen, hätte Hannibal nicht die Iberer von den Höhen herab eingreifen lassen.
Auf den Wegen zu beiden Seiten des wildschäumenden Bergbachs entspann sich ein Kampf Mann gegen Mann. Tragtiere brachen aus und stürzten ins Wasser, wo ihre Lasten sie am Schwimmen hinderten, so daß vor allem die kleineren Maultiere in Scharen ertranken. Nicht viel besser ging es allerdings jenen Allobrogern, die von ihrer Beute nicht lassen wollten; sie wurden von den Iberern gnadenlos getötet, wenn sie an den Talflanken Fluchtwege suchten, statt sich zu verteidigen. Man kämpfte auf den Wegen, den Hängen und an vielen Stellen sogar im Wasser – bis end-

lich die Allobroger aufgaben und nicht flußaufwärts, sondern hinaus ins breite Tal zurückwichen, wohin ihnen, da sie die Gegend kannten, viele Rückzugswege offenstanden.
Hannibal hatte von einer Höhe herab die zahlreichen Einzelkämpfe und die angerichtete Unordnung am Ende des Heerwurms wohl verfolgen können, war aber dann zur Vorhut zurückgekehrt, weil man sich der Stadt der Berg-Allobroger, der Residenz des Arvon, näherte. Hier holte ihn sein Schreiber ein und gab anhand seiner Wachstafel einen ersten Überblick über die Ereignisse.
»Wir haben etwa vierzig Mann verloren, Feldherr«, sagte er, »die Verwundeten nicht gerechnet, die wieder auf die Beine kommen. Das ist nicht viel, wenn man bedenkt, daß mindestens dreimal so viele Allobroger tot in den Ark geworfen wurden, nachdem man ihnen die Waffen und die nützlichen Gegenstände abgenommen hatte.«
»Was waren das für nützliche Gegenstände?« wollte Hannibal wissen, »soviel ich sah, haben die meisten ihre Kleidung abgelegt, ja weggeworfen, weil sie nackt besser kämpfen konnten!«
»Sie trugen Feuersteine im Gürtel, um Feuer machen zu können, dann kleine Behälter mit Hirschtalg – das ist eine Salbe für wunde Füße – und duftenden Ölen, mit denen sie ihre Gesichter gegen den Sonnenbrand einreiben.«
Hannibal machte eine wegwerfende Handbewegung.
»An die Sonne sind wir gewöhnt. Hoffentlich ißt niemand den Hirschtalg oder trinkt solch ein Duftöl; laß das bei den Soldaten verbreiten! Vorher aber will ich wissen, wie es um die Traglasten steht.«
»Wir holen sie aus dem Ark. Vieles sank unter und ist zu heben, anderes, wie Mehl oder Salz, ist verdorben. Aus dem nassen Mehl werden eben große Fladen gebacken, um zu retten, was zu retten ist. Auch die ertrunkenen Maultiere, mindestens zwei Dutzend, werden zerlegt und das Fleisch geräuchert. All das braucht Zeit ...«
»Wir haben sie nicht, aber wir werden sie uns nehmen«, entschied Hannibal. »Unsere Vorhut hat die Stadt des Arvon so gut wie verlassen vorgefunden, auf den umliegenden Weiden aber viel Vieh und in den Häusern beträchtliche Vorräte. Wir lagern, bis die Traglasten neu verteilt und die Vorräte gesichert sind. Inzwischen kann der weitere Weg im Tal erkundet werden.«
Aus den Hütten der Allobrogersiedlung wurden nur ein paar alte Leute

zusammengetrieben, die völlig verängstigt waren und zum Teil nicht begriffen, was vor sich ging, hatten sich hier oben in den Bergen doch noch niemals feindliche Armeen gezeigt. Die Kinder versuchten immer wieder zu fliehen, weswegen man die Kleinen endlich laufenließ, die Größeren aber an die Karren band, weil sie als Führer dienen konnten.
Dank der erbeuteten Vorräte und der unerwartet reichlichen Fleischnahrung kam die Armee in den Tagen nach dem Scharmützel am Ark-Durchbruch wesentlich schneller voran als vorher. Die anfängliche Scheu vor der Bergnatur und den Bergvölkern hatte sich gelegt. Der erste Sieg über Krieger, die hier immerhin zu Hause waren, hatte das Selbstvertrauen der Karthager und Iberer gehoben. Obwohl Hannibal und seine höchsten Offiziere überzeugt waren, daß dieser Überfall nicht der einzige bleiben würde, nahm die Mannschaft überwiegend an, nun werde der Vormarsch zügig und ungefährdet weitergehen. Hatten die Allobroger sich blutige Köpfe geholt, so würden es die auf den Almen am Ende des Tals wohnenden Caturiger wohl gar nicht erst wagen, eine so große Armee anzugreifen.
Indessen zeigte sich, daß die Allobroger noch nicht aufgegeben hatten. Zu viele schöne und wertvolle Dinge schleppte diese Armee mit sich, Beute aus den iberischen Kämpfen der Soldaten, persönliche Habe der »Heiligen Schar«, die ja nur aus reichen Karthagern bestand, und Waffen wie Rüstungen, die bei den armen Berg-Allobrogern völlig unbekannt gewesen waren. Dafür lohnte es sich, ein Leben zu riskieren, das nicht allzuviel zu bieten hatte.
Als die Vorhut eine neue Engstelle meldete, waren Hannibal wie auch Maharbal überzeugt, daß es hier abermals zu Kämpfen kommen werde. Zwar hatte man die Stadt der Berg-Allobroger nicht niedergebrannt, aber die Armee führte mindestens fünfzig Kinder aus dem verlassenen Dorf mit, die in Italien als Sklaven verkauft werden sollten. Diese zu befreien, sich für die erste Niederlage zu rächen und auch noch reiche Beute zu machen, das waren Beweggründe genug, selbst gegen Elefanten zu kämpfen.
Am fünften Marschtag in den Bergen blieb noch alles friedlich. Zu beiden Seiten des Bergbachs dehnten sich frische, grüne Wiesen, auf denen die Reit- und die Tragtiere Nahrung fanden und die Armee gut lagern konnte. Die Nächte waren schon kalt, aber die gut genährte Truppe fror nicht und war in guter Stimmung. Diese hob sich noch, als am siebenten

Tag des Marsches zum Paß sich Bergbauern zeigten, die grüne Zweige als Symbol des Friedens trugen und ohne Waffen der Armee entgegenkamen. Sie seien zwar auch noch Allobroger, sagten sie, aber sie hätten nicht die Absicht, den Durchzug zu verwehren, sondern würden im Gegenteil gegen Bezahlung von ihrem Vieh abgeben. Für Hannibal selbst hatten sie einen Kranz geflochten und boten an, Geiseln zu stellen.
Soviel Freundlichkeit stimmte Hannibal bedenklich. Er nahm zwar die Geiseln an und ließ sich nichts anmerken. Aber nach dem Befragen und Aushorchen der Geiseln stellte sich heraus, daß sie gar keine Allobroger waren, sondern Ortsfremde, an denen wohl niemand ein besonderes Interesse hatte. Der Marschweg war noch nicht schmal, er verlief auf dem linken, südlichen Ufer des Ark, der hier nur noch ein lebhafter Bach war und von Norden her einen ähnlichen Bach aufnahm; aber zu beiden Seiten des Weges, den die Armee nehmen mußte, stiegen die Berge nun so steil und zu so schreckenerregenden Höhen auf, daß die Möglichkeit auszuweichen oder sich auch nur umzugruppieren praktisch nicht mehr vorhanden war.
Man mußte hindurch, daran gab es keinen Zweifel. Ein anderer Weg bot sich auch nicht an, ja die Führer betonten, daß nun der Talweg ohnedies zu Ende sei und der Anstieg zum Paß beginne. Es hatte also keinen Sinn, im Tal weiterzumarschieren und dann, nach Zeitverlusten, gezwungenermaßen umzukehren.
»Wenn hier wirklich der Anstieg beginnt«, sagte Hannibal zu Maharbal und den anderen Offizieren seines Stabes, »dann ist dies auch für die Allobroger die letzte Gelegenheit, uns zu überfallen, denn auf diesem endlos ansteigenden, offenen Hang zur Paßhöhe hinauf ist jeder Angreifer sichtbar, wären Überraschungen nicht mehr möglich. Also rüsten wir uns. Vor uns ist der Berg, er wird uns große Mühe abfordern, aber er greift nicht an. Also schicken wir Troß und Elefanten zuerst durch diese Enge, sie sollen schon mit dem langsamen Anstieg beginnen. Die Nachhut bildet eine starke Abteilung von Fußsoldaten mit Bogenschützen und Schleuderern in voller Kampfbereitschaft!«
Wenige Stunden später beglückwünschte Maharbal den Feldherrn schon zu dieser Anordnung. Es war zwar nicht einfach gewesen, Elefanten und Troß an den anderen Heeresteilen vorbei an die Spitze zu bringen, aber die Talsohle war gerade noch breit genug für diesen Vorgang. Und kaum war er abgeschlossen, griffen die Allobroger an. Es war der Abend des

achten Marschtages im Gebirge; das Licht war noch gut, aber die Angreifer hofften offenbar, sich im einbrechenden Dunkel aus dem Staub machen zu können, ehe es Hannibal gelang, seine überlegenen Kräfte gegen sie zu sammeln.
Von den hochaufsteigenden Hängen rollten Felsbrocken herab und stifteten, auch wenn man sie kommen sah, furchtbare Verwirrung in den Kolonnen, weil der Raum nicht zum Ausweichen reichte und die zu Tode erschreckten Pferde wild um sich traten. Beinahe ohne Deckungsmöglichkeit mußten die Fußsoldaten allem standhalten, was die Allobroger auf sie niedergehen ließen, und konnten erst im Nahkampf Erfolge erzielen. Nun erkannten sie auch, daß sie es mit ebenjenen Allobrogern zu tun hatten, die sie schon am Durchbruch des Ark überfallen hatten. Der Kampf wurde erbittert bis ins Nachtdunkel fortgesetzt, und als die Angreifer sich endlich zurückzogen, mußte Hannibal mit einem Teil des Heeres lagern, wo man sich gerade befand. Das weit auseinandergezogene, längs des ganzen Weges verteilte Heer bot einen Anblick, der das Herz des Feldherrn schmerzlich berührte, obwohl in der tiefen Dämmerung das Chaos gar nicht so deutlich wurde. Hell aus dem Dunkel schimmerte eine große, weiße Felsplatte zur Linken des Weges, die bei Tag nicht sonderlich aufgefallen war. Sie bildete etwas oberhalb des Talweges eine ausreichend große Plattform, um auf ihr Bogenschützen und Schleuderer aufzustellen, und auch Hannibal ließ sich dort sein Nachtlager bereiten.
Im Finstern und nachdem man ein wenig kalte Verpflegung zu sich genommen hatte, um kein verräterisches Feuer entzünden zu müssen, hielt Hannibal Kriegsrat. Es ergab sich, daß niemand mehr für die Umkehr eintrat. Der Rückweg durch das Gebiet der Allobroger würde das Heer zweifellos mehr gefährden als der Weitermarsch, denn jenseits des Passes traf man auf die Rom feindlich gesinnten Insubrer, während man im Rükken Allobroger hatte, die nach zwei vergeblichen Angriffen mit vielen Toten und Verwundeten gewiß alle Kräfte zusammengezogen hätten, um Hannibals Armee den Untergang zu bereiten.
»Ich habe die Talwände erkunden lassen«, berichtete Maharbal, »denn es ist eine alte Weisheit, daß es an jedem Talende mehrere Wege über die Berge gibt. Vor uns scheint keine gangbare Möglichkeit mehr zu liegen, sonst hätten die Allobroger nicht hier angegriffen, sondern vielleicht noch zugewartet. Das Tal biegt sich nach Norden, steigt dann steil an und verliert sich in eisigen Höhen. Aber unmittelbar bevor wir überfallen wurden,

kamen wir an einem Seitental vorbei, das nach Italien hinüber weist und sanfter ansteigt als der gewundene Paßweg, den wir hier vor uns sehen. Dieses Seitental muß gangbar sein, weswegen die Allobroger warteten, ob wir es einschlagen würden, und erst angriffen, als wir daran vorbei waren.«

»Ich danke dir für deine Mühe«, antwortete Hannibal müde, »aber ich glaube, wir haben alle reichlich genug von den Tälern, die uns so freundlich anblicken und von deren Hängen dann der Feind auf uns herabstürzt. Der in Windungen schnell die Höhe gewinnende Paßweg, den wir von hier unten überblicken konnten, so lange es hell genug war, schützt uns vor unerwarteten Angriffen. Es wird Zeit brauchen, ihn zu gehen, aber die Stellung hier auf dem weißen Felsen gestattet uns, das Tal zu überwachen und den Übergang zu sichern. Besser treffen wir es nicht mehr. Sprecht euren Leuten Mut zu: Morgen gehen wir über den Paß, lassen die Allobroger zurück und gewinnen die Insubrer als Bundesgenossen in einem warmen, fruchtbaren Land!«

Danach streckte er sich auf dem Lager aus Fellen aus, das seine Diener ihm bereitet hatten, zog die große Decke aus Kamelhaar über die Schultern und überließ es Maharbal, die Nachtwachen auf dem weißen Felsen und im Tal einzuteilen. Eine Stunde später ging groß und hell der Septembermond auf. In seinem milchigen Licht trotteten verstörte Pferde reiterlos dahin und suchten ihre Gefährten; die Verwundeten stöhnten leise in der kalten Nacht, und nur beim Troß gab es hin und wieder Unruhe, wenn Hunde einen Dieb verbellten.

Der Morgen des nächsten Tages war der neunte, den die Armee nun im Gebirge zubrachte. Der Steilhang mit dem Paßweg lag im Schatten wenig einladend vor den Soldaten. Der Höhenunterschied, den man von unten nur schätzen konnte, betrug etwa sechshundert Meter, aber am oberen Rand dieses Hanges blitzte hell und verheißungsvoll ein goldenes Sonnenband wie eine Botschaft aus dem Sonnenland Italien.

Hannibal ließ die Priester rufen und befahl ihnen, durch ein Opfer vor versammelter Armee die Götter um ihre Hilfe für dieses letzte und schwerste Wegstück zu erbitten.

»Welches Tier soll geopfert werden, Herr?« fragte der Oberpriester. »Es sind keine Lämmer im Zug und keine Hähne . . .«

»Wir haben doch gestern Dutzende von Trag- und Reittieren verloren . . .

Sie sind tot, und man kann sie nicht als Opfertiere verwenden, aber es muß doch Pferde geben, die sich vielleicht nur ein Bein gebrochen haben!«

Die Priester sahen einander verlegen an.

»Unseren Göttern, Herr, ist noch nie ein Pferdeopfer gebracht worden. Es gibt Völkerschaften im Norden, die dies tun, aber wir nicht. Auch ist ein Pferd mit einem gebrochenen Bein eine Beleidigung für Baal Saphon. Wir sind ihm das Schönste und Beste schuldig, was wir haben!«

Die Diskussion verdroß Hannibal, er sah seine Truppe in der Morgenkälte warten, er sah die Unordnung im Tal, er fühlt aber auch, daß die Armee einer Ermutigung bedurfte. Sein Gesicht wurde hart:

»Nehmt einen Gefangenen... Sie haben uns heimtückisch überfallen, nachdem sie mit grünen Zweigen und Kränzen Frieden versprachen. Es hat in Karthago schon lange keine Menschenopfer mehr gegeben – dieses hier wird Eindruck auf die Männer machen. Und wehe euch, wenn das Opfer mißlingt, sucht eine windgeschützte Stelle, die weithin sichtbar ist!«

Das war leichter befohlen als ausgeführt. Schließlich aber stieg von dem weißen Felsen und sichtbar für alle, die im Tal versammelt waren, der Opferrauch zum Himmel, bildete über dem Paßweg eine kleine, helle Wolke und entschwebte zur Höhe.

»Baal Saphon zeigt uns den Weg!« schrie Hannibal. Er brauchte die Verzückung nicht zu spielen, sie hatte ihn wirklich erfaßt angesichts dieses eindeutigen Zeichens. Die Männer, mit kältestarren Gliedmaßen zum Weitermarsch gesammelt, jubelten aus rauhen Kehlen.

Über Nacht hatten sich viele der versprengten und verirrten Tiere wieder eingefunden, hatte ihnen doch der Geruchssinn gesagt, daß sie dem Tal flußaufwärts folgen mußten, nicht bergab. Und ein seitliches Ausbrechen war ja gar nicht möglich. Maharbal hatte zwar das von ihm entdeckte Seitental zu einem anderen Paß am Morgen durch schnelle Reiter weiter erforschen lassen, und diese hatten auch Spuren der Begehung des Passes entdeckt: Händlerdepots, verlassene Lagerstätten und Unterkünfte. Sie hatten aber auch gemeldet, daß sich versprengte Gruppen von Allobrogern in diesem Tal herumtrieben und vielleicht hofften, unbemerkt von den Karthagern das Gebirge überschreiten zu können.

»Wir müssen während des ganzen Übergangs auf der Hut sein«, entschied Hannibal, »und das macht die an sich schon schwierige Sache natürlich nicht leichter. Wir haben gesehen, daß die Angreifer vor den Elefanten panische Angst haben. Unsere Dickhäuter werden also über den ganzen Zug verteilt, nicht in einer Herde zusammengefaßt. Die breitesten Troßkarren bilden die Spitze, dazu Iberer mit Werkzeugen. Es kann sein, daß wir Felsnasen absprengen oder abschüssige Wegränder befestigen müssen. Für die gefährlichen Arbeiten werden die Gefangenen eingesetzt, wir haben von unseren Leuten schon viel zuviele verloren, größtenteils durch den Verrat der Allobroger. Zwischen den Pferden müssen stets Maultiere gehen; durch ihren sicheren Tritt beruhigen sie die edlen numidischen Rösser!«

Der Stallmeister der Reiterei, ein schlanker, beinahe schwarzer Numidier, protestierte: Diese Vermischung sei seinen Pferden nicht zuzumuten, sie würden dies als Beleidigung empfinden und unruhig werden.

»Du bist schwarz und ich bin weiß, stimmt's?« antwortete Hannibal drohend. »Empfinde etwa ich dich als Beleidigung? Also bringe deine Pferde zur Vernunft, oder springe mit ihnen aus Stolz in den Abgrund!«

Dem Numidier stieg die Zornesröte ins Gesicht. Wortlos wies er auf die schlanken Fesseln seiner Pferde, die dampfend in der Morgenkälte tänzelten. Sie waren fast alle verletzt, hatten Schorf auf den Wunden von scharfen Steinen, waren mit Lehm und Schlamm bedeckt, weil sie streckenweise im Ark hatten waten müssen, und die Reiter hatten sichtlich Mühe mit ihnen.

»Ich sehe, du hast wirklich ein schweres Stück Arbeit vor dir!« gab Hannibal begütigend zu. »Laß die Reiter absitzen, schon hier im Tal, und die Tiere am Zügel führen. Wir kommen ohnedies nur langsam vorwärts. Sie sollen den Tieren zureden und sie beruhigen, und jenen, die besonders große Angst zeigen, müssen wir Scheuklappen anlegen, sonst packt sie der Schwindel vor den Abgründen. Verteilt euch im ganzen Zug. Sammelt euch jenseits des Passes erst nach dem Abstieg, wenn wir die Ebene erreicht haben!«

Der Stallmeister tat, was bisher in der Armee noch nie vorgefallen war. Er trat auf Hannibal zu, kniete vor ihm nieder und küßte die Hand des Feldherrn.

»Ich bin nicht stolz«, sagte er dabei und suchte den Blick Hannibals, »aber ich liebe meine Pferde über alles. Ich werde dir zeigen, wieviel sie dir nützen können. Ich werde dir Schlachten gewinnen mit meiner Reiterei – nur opfere sie nicht, hilf mir, sie heil über den Paß zu bringen!«

Hannibal hob den Mann auf und zog ihn an seine Brust.

»Glaub mir, ich weiß, was du für uns bedeutest«, sagte er ernst, »und ich schwöre dir: Lieber lasse ich alle Elefanten im Schnee verenden als deine Pferde. Aber ich kann nicht bei euch sein, ich muß mich um alle kümmern. Beruhige deine Reiter, deine Pferde. Wir haben keine Feinde mehr um uns, wir kämpfen gegen Steine, Schnee und Eis. Und das sollte einen Mann nicht schrecken!«
Der Numidier lächelte, Tränen in den Augen, wandte sich dann unvermittelt ab und lief zu seinen Leuten. Der große Aufbruch hatte bereits begonnen. Der steile Hang, der nach Süden zu aus dem Arktal aufstieg, wimmelte bald von Menschen und Tieren, allen voran ein riesiger afrikanischer Elefant, der gemessenen Schrittes den schmalen Pfad bewältigte. Von einer Kehre zur anderen lernten die Karthager und Iberer besser, sich auf diesen sonderbaren Weg einzustellen, der nur langsam an Höhe gewann, aber zunächst gut gangbar blieb, zweifellos ein Weg, den die Kaufleute von hüben und drüben seit Jahrhunderten begingen.
Hannibal überzeugte sich, daß die Nachhut sichere Stellungen bezogen hatte. Vom weißen Felsen aus beherrschte sie nicht nur das Tal flußabwärts, sondern auch das Talende, wie es sich nach Nordosten fortsetzte, und den Hang des Paßweges. In der Höhe war der Baumbestand schon niedrig. Viele Feinde konnten sich hier gewiß nicht verbergen. Aber vom Troß her erschollen zornige Rufe, da war noch häßliches Gezänk und Raufen zwischen hartnäckigen Dieben und derben Troßweibern im Gange, wie es in der Nacht schon begonnen hatte. Hannibal erwog einen Augenblick, auf all dies Gesindel zu verzichten, wie es sich im Lauf eines langen Marsches einer jeden Armee anschließt: Marketenderinnen aus Afrika und aus dem westlichen Spanien, heimatlose Frauen und streunende Mädchen aus jenen Pyrenäendörfern, die im Krieg zerstört worden waren, neugierige Kinder und abenteuerlustige Strolche aus dem Tal des Rhodanus und aus Ventia.
»Haltet Abstand zum Heer«, rief Hannibal den Kutschern der ersten Troßkarren zu. »Hier gibt es keine Feinde mehr, wir sind allein mit dem Berg. Vor euch schwenkt die Nachhut auf den Paßweg ein, und wehe, ich sehe einen Troßkarren vor Maharbal: er wird gnadenlos in den Abgrund gestoßen mit allem, was darauf ist!«
Die Männer murrten und die Frauen kreischten, aber sie sahen den Berg und den steilen Anstieg, und bald nahm ihnen die Steigung die Lust aufzubegehren. Keuchend und schimpfend, reichlich die Peitsche gebrauchend, so bildete der Troß den Beschluß des Zuges, freilich nicht ganz

schutzlos. Auf einen Wink Hannibals hatten ein paar Dutzend von Bogenschützen und Schleuderern zwischen den Kehren Standplätze gesucht und überwachten aufmerksam den Talgrund, auf dem nun nichts mehr zu sehen war als das, was eine Armee nach dem Nachtlager eben zurückläßt: glosende Asche, Abfälle, ein vergessenes Ferkel, das quiekend hin und her galoppierte, ein neugeborenes schwaches Fohlen, das nach seiner Mutter wieherte, ihr mit seinen langen, unsicheren Beinen aber nicht folgen konnte. Das alles blieb nun zurück, Hannibal umfing es mit einem letzten Blick: bis hierher war er der Herr gewesen. Nun begann das Land des Feindes, der Römer.

Nach fünf Stunden hatte die Spitze die Paßhöhe erreicht; die Steigung war zu Ende, der Weg noch lange nicht. Er zog sich nun beinahe eben nach Südosten dahin. Zur Rechten hatten die Soldaten eine weite, sumpfige Senke, die im Frühjahr vielleicht eine Wasserfläche bildete, zur Linken stieg grau und kahl ein unendlicher Hang hinauf, der sich in den Wolken verlor.
Hannibal trieb sein kräftiges Maultier an der Kolonne vorbei, um an die Spitze zu gelangen.
»Der Berg kümmert uns nicht!« schrie er und wies nach Süden, wo der Weg sich in der Ferne verlor. »Wir sind oben, wir haben es geschafft! Weicht aus, verteilt euch auf die Ränder des Sumpfes, damit die Nachkommenden Platz haben. Reibt die Pferde ab und die Tragtiere, deckt die Elefanten mit den Kelims zu! In ein paar Stunden geht's weiter!«
Indessen zeigte sich bald, daß ein Abstieg, noch am selben Tag begonnen, sehr schnell ein böses Ende genommen hätte. Die Kundschafter, die Hannibal vorausgeschickt hatte, kamen mit langen Gesichtern zurück.
»Hier oben muß es geschneit haben, Herr, als wir das große Gewitter im Tal hatten«, meldeten sie. »Der alte, festgetretene Schnee, wie wir ihn kennen, ist mit einer dünnen Schicht neuen, flockigen Schnees bedeckt. Man tritt durch und findet keinen Halt mehr. Das bemerkt man nicht, solange man eben geht. Aber nach dieser sumpfigen Senke hier beginnt der Abstieg, und er ist steiler als der Anstieg ... Menschen ohne Lasten könnten gleitend und rutschend zu Tal fahren, aber die Tiere werden sich die Fesseln brechen!«
Hannibal sah die Männer an. Es waren Iberer aus den Pyrenäen, sie wußten, was ein Berg ist, und sie kannten den Schnee. Sie logen nicht.

»Maharbal!« rief Hannibal über die Senke hin, aber der treue Helfer wachte noch über den Troß, der sich die letzten Kehren heraufmühte, also diktierte Hannibal seinem Schreiber den Befehl, auf der Höhe verteilt zu nächtigen. Ehe sich irgend jemand zur Ruhe legte, mußte er das ihm anvertraute Tier versorgen und pflegen, jeder Mann war für seinen Esel, sein Maultier, sein Pferd oder seinen Elefanten verantwortlich, und zwar mit dem Leben. Dann erst eilte Hannibal mit den Kundschaftern den Weg entlang, wandte kaum einen Blick zu den glänzenden Firnen, die ihn im Nordosten und Südwesten überragten, und prüfte am Ende der Paßplattform die Gangbarkeit des steil nach unten führenden Weges.
Die Männer hielten sich scheu zurück, sie mochten ahnen, welche Enttäuschung in ihrem Feldherrn in diesem Augenblick aufstieg. Hatte er nicht eben noch triumphiert, den Soldaten verkündet, daß die Alpen bezwungen seien?
»Wir werden Stricke brauchen«, murmelte Hannibal vor sich hin, »aber so viele Stricke haben wir nicht ... Wir könnten Geröll in den Weg streuen oder die Lasten auf Schlitten laden. Aber wir haben keine Schlitten, und wer von meinen Leuten weiß überhaupt, was ein Schlitten ist ...«
Die Kundschafter, die den Feldherrn in tiefen Sorgen sahen, hielten sich respektvoll abseits, aber Hannibal winkte sie heran. Es waren acht oder neun, dazu zwei Unterführer.
»Seid ihr die Berge gewöhnt?« wollte Hannibal wissen. »Kennt ihr den ewigen Schnee?«
»Wir sind Oretaner, Herr, von dem großen Gebirge nördlich der Quellen des Baetis ... Nicht weit von der Stelle, wo dein Vater den Tod fand. Wir sind ein wenig erschöpft, weil wir sehr schnell gehen mußten, um dir zu berichten, aber es macht uns nichts aus. Wir erwarten deine Befehle, Herr!«
»Steigt man einen Berg hinauf ... ich meine eine Armee«, sagte Hannibal, noch immer wie im Selbstgespräch, aber er sagte es in jener iberischen Gemeinsprache, die Oretaner wie Turdetaner verstanden, »und es geht irgendwo nicht weiter, dann freut sich jeder über die Rast. Kommen wir jedoch beim Abstieg an so eine Stelle, dann drängen die anderen von oben nach, und ist das Wegstück steil, so gibt es Verwirrung und Panik und Verluste ... Ihr laßt euch jetzt Sonderverpflegung geben, legt euch sofort zum Schlaf und brecht in vier Stunden wieder auf!«
Nur die Unterführer tauschten einen Blick, die Männer neigten die Köpfe.

»Ich muß wissen«, fuhr Hannibal fort, »ob es eine Stelle geben wird, die wir nicht passieren können. Der Weg ist vorhanden, das steht fest, aber wie ist er beschaffen? Ich will euch bei Sonnenaufgang vor meinem Zelt sehen, oder jedenfalls zwei von euch, die mir berichten können! Und jetzt geht!«

Die Nacht in der großen Höhe war ruhig. Sogar die Tiere gaben kaum einen Laut von sich, es war, als wüßten auch sie, daß sie ihre Kräfte schonen müßten. Kein Vogel schrie, und auch das Glucksen des Baches, der die Armee auf ihrem Marsch so lange begleitet hatte, fehlte. Die Schneedecke war sehr unterschiedlich dick. Auf der Paßhöhe selbst, dort, wo die milden Winde aus der Ebene des Po Zugang fanden, kam sommerlich grün das Gras durch, und die Pferde wie die Tragtiere fraßen davon. An den Rändern des großen Tümpels aber mußten die Tiere den Schnee wegscharren, um Nahrung zu finden. Als die Sonne sich fern im Osten aus dem Morgendunst erhob, viel früher als im Tal, krochen die Männer steif von der Kälte aus den Zelten und Decken, und so mancher, der zu müde gewesen war, sich einzuhüllen, der in den weichen Schnee gesunken war, wo er eben stand, der erhob sich an diesem eisigen Morgen auf der Paßhöhe überhaupt nicht mehr.

Die Soldaten, an den Tod gewöhnt, wurden dennoch unruhig, als sie ihre erfrorenen Kameraden beiseite schaffen mußten, wußte doch im heißen Afrika niemand, daß ein Mensch auch erfrieren könne. Maharbal und die anderen Offiziere mußten ihre ganze Beredsamkeit aufbieten, um den Karthagern und den Numidiern klarzumachen, daß hier nicht die Dämonen ihre Hand im Spiel hatten. Glücklicherweise war in vielen Eimern, in denen man abends Schnee aufgetaut hatte als Tränke für die Tiere, über Nacht das Wasser wieder gefroren. Das blanke, schwere Eis dort, wo abends noch Trinkwasser gewesen war, überzeugte auch die abergläubischen Numidier: Gefror das Wasser, dann gefror auch das Blut...

Vor Hannibals Zelt hatten sich tatsächlich zwei der Kundschafter eingefunden. Sie wurden von den Dienern des Feldherrn mit heißen Getränken gelabt, hatten Eiskristalle an den Wimpern und Bärten und waren offensichtlich sehr müde.

»Die Hauptschwierigkeit, Herr«, sagten sie, »ist die Glätte. Alle Tiere müssen geführt werden, am besten von zwei Mann oder mehr. Es gibt aber auch eine Stelle, an der ist der Weg teilweise abgerutscht. Was von ihm geblieben ist, trägt nur einen Menschen ... Unsere Gefährten suchen

nach einer Umgehung, aber es wäre nützlich, einen Bautrupp dorthin zu entsenden. Mit gut verkeilten Felstrümmern und Brettern von einigen Wagenböden könnte man die Engstelle soweit überbrücken, daß sie vorsichtig zu passieren ist.«
»Ihr habt gut gearbeitet. Ruht euch aus. Bis auch der Troß abmarschiert, vergehen gut und gern sechs Stunden, so lange könnt ihr schlafen. Aber wickelt euch in eure Decken, trotz der Morgensonne – wir hatten Tote in der nächtlichen Kälte!«
Obwohl die Sonne die Stimmung ein wenig gehoben hatte, obwohl jeder sehen konnte, daß vor ihnen keine Berge mehr lagen, sondern nur ein weites, unter dem Dunst unsichtbares Land, sah Hannibal nur in besorgte, ängstliche, ja unwillige Gesichter. Manche blickten ihn gar nicht an, als er sein Maultier sattelte, um bis zum Steilabfall noch zu reiten, andere wandten die Köpfe ab, wenn sie ihn kommen sahen.
Etwa eine Meile vom Lager entfernt, dort, wo der Paßweg sich steil in die Tiefe zu senken begann, hatten Felsen und eine steinerne Platte eine Art Balkon gebildet, und als Hannibal mit seinen Offizieren dorthin gelangte, riß der Morgennebel im frischen Ostwind ein wenig auf. Der Blick fiel frei hinab auf die grünen Fluren einer unendlichen Ebene, in der kein Fleckchen Schnee oder Eis zu sehen war, sondern Wiesen, Wälder und Flüsse. Zugleich trug dieser Morgenwind den Duft von Harz und eine Ahnung von Wärme in sich, so daß Hannibals Herz sich mit Zuversicht erfüllte.
»Seht!« sagte der Feldherr. »Dies ist Italien. Wir sind wieder an der Schwelle zu den milden Mittelmeerländern. Das ewig winterliche Gebirge entläßt uns in die Ebene. Seht sie euch an, trinkt dieses Bild und mit ihm die Gewißheit unseres Sieges!«
Die Offiziere ließen ihre Unterführer auf diesen Naturbalkon treten und hinaus in die Ebene blicken, und wenn sie sich dann wieder abwandten und nach den Zügeln ihrer Tiere griffen, hatten sie ein wenig Hoffnung im Blick.
Die brauchten sie auch, denn es zeigte sich, daß die Kundschafter die Schwierigkeiten nicht übertrieben hatten. Sogar die steiles Gelände gewohnten Maulesel und Maultiere hatten Mühe mit der dünnen Neuschneedecke auf dem glattgefrorenen Untergrund. Die Bautrupps gingen zwar voraus und taten, was sie konnten, um den Weg zu sichern. Wo es Geröll gab, wurde dieses eilends auf den Pfad geschaufelt, an anderen

Stellen blieb ein Warner stehen und wies die Kommenden an, wie sie am besten der Tücke eines Engstückes begegnen könnten.
Dennoch blieb es nicht aus, daß viele Tiere mit ihren Traglasten in die Tiefe stürzten, und wenn die Pferde dies sahen, erfaßte sie der Schrecken wieder. Die Reiter, obgleich sie abgesessen waren und die Tiere zu beruhigen verstanden, hatten die größte Mühe mit den nervösen Geschöpfen aus Numidien. Die in der Steppe und selbst im Sumpfland so sicheren Elefanten verharrten unschlüssig vor steilen Stellen, und als man sie mit den kurzen Spießen zum Weitergehen stachelte, brachen sie aus, schoben rutschend und trompetend vor Angst alles in den Abgrund, was vor ihnen auf dem Weg war, und manche stürzten auch selbst in die Tiefe, die Führer mitreißend, die nicht schnell genug die langen Hanfseile losgelassen hatten.
Als die Stelle erreicht wurde, wo der Weg von Gewittergüssen weggewaschen und teilweise abgerutscht war, kam es zu einer langen Stockung. Ungeduldige Reiter versuchten, das Wegstück, an dem die Bautrupps noch arbeiteten, talwärts zu umgehen, aber das verzweifelte Unternehmen endete tragisch auf dem Grunde einer Schlucht, weil ein trügerischer Hang nachgab und Tiere wie Menschen, Traglasten wie Waffen in die Tiefe stürzten.
Dies bewirkte noch einmal tiefe Niedergeschlagenheit, aber sie hielt nicht lange an, denn die Spitze der Armee erreichte inzwischen, über die ausgebesserte Engstelle hinweg, schneefreie Hochalmen, auf denen auch die Elefanten, die entsetzlich abgemagert waren, wieder genug zu fressen hatten.
Die Sonne stand nun hoch, und ihre Strahlen wärmten Mensch und Tier. Hannibal ritt an die Spitze und befahl zu rasten. Nun war keine Eile mehr geboten. Die Paßhöhe lag hinter ihnen, vor ihnen hingegen spätsommerliches Land mit Dörfern, Städten und gefahrlosen Wegen. Er hatte die halbe Welt durchmessen, wenn man Karthago als Ausgangspunkt annahm. Den Marsch von Nova Karthago durch Spanien, über die Pyrenäen und durchs Rhodanustal, die endlose Durchquerung der Alpentäler und den Weg über die Gletscher – das alles hatte er mit seiner Armee in nur fünf Monaten bewältigt.

HANNIBAL SCHLÜPFT IN DEN STIEFEL

Die Weiden an den Osthängen der Alpen retteten das entkräftete Vieh, das in der Armee mitgetrieben worden war, und auch die Tragtiere und die Pferde erholten sich an den Ruhetagen, die Hannibal seiner Truppe zugestand. Aber wie war diese Truppe zusammengeschmolzen! Weniger als die Hälfte jener Reiter und Fußsoldaten, die guten Mutes die Pyrenäen überschritten hatten, waren noch einsetzbar. Nur mehr sechstausend Numidier hatten gesunde Pferde, und von den Fußsoldaten waren nur etwa zwanzigtausend als vollwertige Kämpfer anzusehen, die anderen pflegten ihre Verletzungen auf den Troßkarren und erholten sich nur sehr langsam.

Da es nun im sanfteren Gelände keine Ausfälle von toten Reit- oder Zugtieren mehr gab, erwies sich die Fleischversorgung der Armee von einem Tag zum andern als ungenügend. Hannibal mußte aus den wagemutigsten Jägern kleine Gruppen bilden lassen, die längs des Paßweges zurückgingen und abgestürzte Tiere suchten. Im Schnee war ihr Fleisch genießbar geblieben und ersparte es den Karthagern, bei den Insubrern nach Nahrungsmittel zu fragen. Dieses Volk war nämlich in den letzten drei Jahren von den Römern zweimal hart gezüchtigt worden und hatte selbst nur das Nötigste.

Anders stand es um die Nachbarn der Insubrer, die Tauriner, in deren Gebiet Hannibals Weg von den Alpen herab geführt hatte. Diese waren mit den Insubrern verfeindet und folglich Freunde der Römer, und während alle damit rechneten, Hannibal werde nun die in einer reichen Ebene liegende Hauptstadt der ligurischen Tauriner angreifen, verlegte sich der Feldherr aufs Verhandeln und versuchte, auch dieses Volk auf seine Seite zu ziehen, fehlte es ihm doch bitter an Soldaten.

Aber nichts ist schwerer zu schlichten als der uralte Zank der Nachbarn. Die Tauriner blieben feindselig und schlossen die Tore ihrer Stadt.

»Sie haben es nicht anders gewollt, Männer!« sagte Hannibal, als seine Armee die Stadt umringt und von der Außenwelt abgeschnitten hatte. »Wir haben ihnen die Hand geboten, sie haben sie zurückgewiesen. Stürmt die Stadt und sorgt dafür, daß kein anderes Volk in Italien sich mehr weigert, auf unsere Seite überzutreten!«

Die Tauriner mochten vielleicht den Insubrern standhalten, aber eine hungrige Armee, in der fünf Monate lang Zorn und Gier gewachsen waren, die war zu stark für sie. Während die Reiter aus den Vororten zusammentrieben, was noch laufen konnte, erklommen Karthager und Iberer die Mauern und begannen in den Straßen der Stadt mit einem gewaltigen Morden. Am dritten Tag des Gemetzels ging die Stadt in Flammen auf. Das Vieh wurde herausgetrieben, den Menschen aber die Flucht verwehrt, denn auf dem Weg zu den großen Schlachten gegen die Römer durfte niemand Sklaven oder Sklavinnen mit sich führen. Darum blieb von den Taurinern in der Stadt kaum einer am Leben.

In die leere Hauptstadt ihrer Feinde strömten die Insubrer, voran die Männer, die alles niedermachten, was nach dem Abzug der Karthager noch aus den Kellern hervorkroch, danach die Frauen und die Kinder, um zu sehen, ob nach der langen Plünderung irgend etwas Brauchbares zurückgeblieben war. Verstärkt durch die Kämpfer aus dem Volk der Insubrer, zog Hannibals Armee weiter nach Osten. Die Männer waren von einem düsteren Rausch beseelt, der sie furchtbarer machte, als sie jemals gewesen waren.

Man marschierte am linken, nördlichen Ufer des Padus, den Insubrer wie Ligurer kurz Po nannten. Es war *der* Fluß schlechthin für sie alle, und sie lebten von seinem Wasser in der großen Hitze, die der Sommer auf die Ebene legte. Späher vom südlichen Flußufer meldeten, daß die Römer unter Publius Cornelius Scipio heranrückten. Er habe seinen Bruder Gnaeus nach Hispanien abgeordnet, wo dieser an den Nachschubwegen der Karthager operiere. Im übrigen aber seien die Römer vor allem mit ihrer Reiterei längs der Küste schnell nach Osten zurückgekehrt und bemühten sich nun, dem langsamen Heerwurm Hannibals den Weg zu verlegen.

Ein Reitertrupp griff vorgepreschte römische Ritter auf, die ihrerseits überrascht waren, die ganze Armee Hannibals bereits in der Ebene östlich des Taurinergebietes vorzufinden. Man hatte ihnen erzählt, die Armee sei im Eis der Hochalpen beinahe zugrundegegangen. Einer der Gefangenen, sichtlich ein vornehmer und reicher Römer, der seine Bezwinger keines Blickes würdigte, sagte schließlich, als ihm Maharbal zwei angriffslustige Skorpione vor die Nase gehalten hatte, alles aus, was Hannibal wissen wollte: Nach Spanien waren die Römer mit ihrer Flotte gesegelt, um die Pyrenäen zu vermeiden, die Hannibals Bruder Hanno verteidigte. Scipio hingegen hatte in schnellem Küstenmarsch Pisa erreicht, sich dort mit neu aufgestellten Truppen vereinigt und rückte nun gegen die Karthager vor, offensichtlich in der Hoffnung, ihnen eine Schlacht zu liefern, ehe die

Truppen Hannibals sich von der Überquerung der Alpen erholt und durch die unzufriedenen Völker der Poebene Verstärkung erhalten hätten.

In den Ebenen an dem großen Fluß, den die Römer Padus nannten, war der Herbst auf einmal in die Ferne gerückt, und nach den winterlichen Einöden des Hochgebirges fühlten sich Karthager und Numidier, als gingen sie einem neuen Frühling entgegen. Die Reiterei konnte sich in der Ebene frei bewegen, und so fehlte es weder an Verpflegung noch an leicht eingebrachter Beute. Die Menschen, die cisalpinischen Gallierstämme, sollten jedoch geschont werden, denn Hannibal sah in ihnen seine natürlichen Verbündeten und wußte, daß er ohne Zuwachs an Truppen gegen die sich von Woche zu Woche verstärkenden Römer keine Chance haben würde.

Indessen kamen auch aus Nova Karthago frische Truppen, in kleiner Zahl, aber in guter Verfassung, denn sie hatten den Seeweg benutzt und wenig Mühe gehabt, die weiträumig operierenden Numidier zu finden. Dieses kleine, aber schon bei seinem Eintreffen begeisterte Kontingent stand unter dem Oberbefehl des Barkiden Mago, und Hannibal schloß den jüngeren Bruder mit großer Freude in die Arme.

»Du kommst mir gerade recht«, sagte er nach den ersten Worten der Begrüßung und nach Magos Bericht von der Seereise, »denn ich brauche gute und verläßliche Anführer für selbständige Truppenteile. Hier in der Ebene ist alles anders. Die Armee ist nicht mehr beisammen. Vor allem die Reiterei bewegt sich auf einem Gebiet von vielen, vielen Quadratmeilen. Ich habe zur Zeit Maharbal mit achthundert numidischen Reitern ausschwärmen lassen, aber er fehlt mir hier unter meinen Beratern. Wenn du dich ein wenig eingelebt hast, kannst du ihn ablösen und die Reiter befehligen!«

Die Landschaft am linken Ufer des großen Flusses Padus war von den Südausläufern der Alpen beherrscht, aber die Berge verbreiteten dort keinen Schrecken mehr. Die Höhen waren gering, große Seen ließen mit ihren Gestaden die Gegend lieblich erscheinen, und zahlreiche Obstbäume trugen erfrischende Früchte. Hannibal war klar, daß die Römer, die hier seit Jahren gegen die Gallier Krieg führten, die Landschaft ungleich besser kannten als er. Darum hatten die Reiter viel zu tun. Jeden Tag wurde erkundet, und jedes gesicherte Ergebnis dieser Erkundungen mußte Hannibals Schreiber in große Karten eintragen. Zudem hielten Späher der Iberer und Spione, die man unter den Taurinern angeworben hatte, Verbindung zu der nach Norden vorrückenden Armee des römischen Konsuls Scipio.

Hannibal hütete sich, den breiten Padus zu überschreiten, aber er hoffte, daß Scipio in seiner Ungeduld, und weil ganz Rom auf ihn blickte, diesen Fehler begehen und sich in der weiten Ebene am Nordufer mit Hannibals Reitern einlassen werde. Als ihm gemeldet wurde, daß Scipio nicht nur den Padus, sondern auch den Ticinus überschritten habe, rief Hannibal Mago an seine Seite.

»Wir haben ihn, Bruder!« sagte der Feldherr und führte den Jüngeren zu seinem großen Kartentisch. »Zwar ist es Herbst und die Flüsse führen wenig Wasser. Aber es bleibt ein Unterschied, ob man sie in aller Ruhe und vom Feind unbehelligt überschreiten kann, oder ob man nach einer verlorenen Schlacht über sie fliehen muß. Scipio hat es eilig, er glaubt uns ermattet und am Ende unserer Kräfte. Vielleicht hat er auch von unseren schweren Verlusten beim Übergang über die Alpen gehört, und derlei wird im Gerücht ja stets übertrieben. Wir reiten ihm entgegen, diesem vorwitzigen Römer, und nehmen ihn in Empfang, willst du?«

Magos Augen glänzten. Der Augenblick war da, auf den er seit Nova Karthago gewartet hatte.

»Und ob ich will, Bruder! Du mußt mir nur ganz genau sagen, worin meine Aufgabe besteht.«

»Die Römer und wir befinden uns auf dem gleichen, dem westlichen Flußufer, sie kommen uns entgegen und werden uns morgen oder übermorgen treffen. Unsere Späher haben von etwa zweitausend Pferden gesprochen, die Reiter haben unterschiedliche Bewaffnung, zum Teil sind es sogenannte Veliten, leichte Reiterei wie unsere Numidier und ähnlich bewaffnet: mit Wurfspeeren. Diese Veliten müssen wir in ihrer Bewegungsfreiheit einschränken. Begib dich mit den Numidiern auf unseren rechten Flügel, den linken bilde ich mit der ›Heiligen Schar‹. Wir stürzen uns auf den Fluß und werden nicht weichen. Du und Maharbal, ihr müßt mit schnellen Reitern eine weitausgreifende Schlachtlinie bilden und den Feind umfangen. Verliere Maharbal nicht aus den Augen, aber bleibe an der Flanke: Ich will dich nicht im Getümmel sehen, sondern als den Schnellsten, als den zermalmenden Blitz auf dem äußersten Flügel!«

Das war deutlich, und der übernächste Tag erfüllte das Unvermeidliche.

Hannibal erkannte, wenn er sich im Sattel aufrichtete, den Feldherrn der Gegner, den Konsul Scipio mit seinem Sohn, einem Jungen von siebzehn Jahren, dem man große Tapferkeit nachsagte. Die rechte Flanke der Karthager bildeten die Numidier. Ihre Linie reichte so weit hinaus in die Ebene, daß Hannibal eine starke Abteilung von ihnen zurückbeorderte, hinter die schwere Reiterei, deren Kern die »Heilige Schar« bildete. Diese Numidier sollten dann links, zwischen der »Heiligen Schar« und dem Flußufer, vorpreschen, so bald der Feind erste Unsicherheiten zeigte.
Scipio schickte seine Veliten vor in der Hoffnung, daß sie die Schlachtordnung der Karthager auflockern und die Schwerbewaffneten in Einzelkämpfe verstricken würden. Das mochte gegenüber den Galliern Erfolg gehabt haben; die Söhne aus den großen Familien Karthagos jedoch ließen sich nicht beirren, sie wichen und wankten nicht, und als die römischen Plänkler dies sahen, als sie ihre Wurfspieße ohne große Wirkung verschossen hatten, zogen sie sich in schlechter Ordnung hinter die eigene schwere Reiterei zurück.
In dem Reitergefecht, das sich nun entspann, ritten die Römer wie die Karthager einige Male gegeneinander an, ohne daß ein Zentrum das andere geworfen hätte. Die Entscheidung brachten die Numidier, die Hannibal nicht nur rechts, sondern auch links, am Flußufer, im Umfassungsritt angreifen ließ. Die Bäuche der Pferde beinahe am Boden, so jagten die Numidier, auf ihre Sättel geduckt, in die Flanken der römischen Armee. Nur standhafte Fußtruppen wären ihrem Angriffsschwung gefährlich geworden, aber die hatte Scipio ebenso im Lager gelassen wie Hannibal. Als Mago mit seinen Reitern gar im Rücken der Römer auftauchte, geriet die bis dahin ausdauernd kämpfende Truppe des Konsuls in Unordnung, und es waren abermals die Veliten, die Unruhe und Furcht verbreiteten. Durch ihre Lederkappen nur wenig geschützt, ohne Wurfspeere auf das Schwert und den kleinen Schild angewiesen, versuchten sie den Nahkampf zu vermeiden, der nun an den Flanken entbrannt war, und stifteten unter den eigenen Reitern die schlimmste Verwirrung.
Ein dichtes, auffälliges Gewühl von Menschen und Pferden bildete sich im Zentrum des Gegners, und als Hannibal einen Kundschafter in die Nähe entsandte, erfuhr er, daß Scipio schwer verwundet worden sei. Nur der Umstand, daß sich sein Sohn zwischen den wehrlosen Vater und die andrängenden Numidier geworfen hatte, rettete das Leben des Konsuls.
»Sie sind führerlos!« rief Hannibal, gab seinem Pferd die Sporen und

setzte sich an die Spitze seiner schweren Reiterei. Als diese den Feldherrn in den eigenen Reihen sah, sammelte sie sich zu einem letzten Anritt und warf nun auch die Mitte der Römer, die ihren verwundeten Feldherrn deckten und sich zurückzogen.

»Einen kämpfenden Scipio hätten wir vernichtet«, rief Maharbal erregt und noch außer Atem, als er wieder zu Hannibal stieß, »ihr verwundeter Feldherr aber hat sie gerettet. Um ihn aus dem Kampf zu bringen, haben sie sich noch einmal um ihn geschart und ihr Zentrum verteidigt...«

Mago hingegen vermochte zunächst gar nichts zu sagen. Er ritt gedankenverloren neben dem älteren Bruder her, und Hannibal, der ihn hatte beglückwünschen wollen, vermied es, ihn anzusprechen. Es war der erste Schlachttag für den Jungen, es war die erste Begegnung mit der Gefahr und, was für ihn wohl mehr bedeutete, das erste wilde Eintauchen in die Hochstimmung nach einem Sieg, wenn der Feind weicht, Triumph und Erlösung sich der ganzen Truppe bemächtigen und die Kraft dieser Gemütsbewegung Tier und Mensch erfaßt, als verspürten auch die Pferde, was sich ereignet hatte.

Endlich brach aus Mago heraus, was ihn offensichtlich mehr beschäftigte als alles andere:

»Warum hast du uns zurückgerufen, Hannibal? Warum verfolgen wir sie nicht?«

»Weil sie ihr Fußvolk, wohlgewappnet und ausgeruht, aufgestellt haben, weil sie unseren Pferden, die wir noch brauchen werden, den Bauch aufschlitzen, wenn wir den Spießen der Legionen zu nahe kommen...«

Mago senkte den Kopf, aber Maharbal tröstete ihn:

»Es ist der Anfang, Prinz, vor uns liegt das ganze große Italien und mittendrin die Stadt Rom. Willst du schon alles haben hier an einem kleinen Fluß, wo doch der Tiber auf uns wartet?«

Zunächst freilich war es nicht der Tiber, sondern die Trebbia. So, wie der Ticinus sich von Norden her in den Padus wirft, fließt die Trebbia ihm von Süden her entgegen, obwohl man sich kaum vorstellen kann, woher sie in der Hitze der weiten Ebene das Wasser dazu hernimmt, ein Flüßchen aus waldigen Hügeln, wie sie den Nordabfall des ligurischen Apennin bilden.

Die Verwundung und die Vorsicht bewirkten, daß Scipio sich ruhig verhielt, allen Versuchen, ihn herauszufordern, zum Trotz. Hannibal

empfing an jedem Morgen seine Reiterführer, die ihm in der weiten Ebene zwischen dem großen Fluß und dem Apennin die wichtigste Hilfe waren, und besprach mit ihnen die Operationen des Tages. Jede dieser Besprechungen fügte neue Züge in den Verlauf eines großen Brettspiels.
»Selbstverständlich wird Scipio Verstärkungen erhalten«, sagte Hannibal, »und ebenso selbstverständlich ist, daß wir bis zu diesem Augenblick möglichst viel unternehmen müssen, denn nachher dürfen wir uns nicht mehr zersplittern, sondern müssen an die Schlacht denken. Wir stehen am Tidone, Scipio an der Trebbia, zwischen uns liegt so wenig Land, daß unsere Reiter es binnen einer halben Stunde durchmessen können. Scipio muß ständig beunruhigt werden; die Truppen, die damit nicht beschäftigt sind, also das Fußvolk und die schwere Reiterei, erobern uns die Stadt Clastidium mit den großen Vorräten der Römer.«
Der Winter stand vor der Tür, und auch ein reiches Land kann im Winter nicht soviel geben wie in den Monaten nach der Ernte. Zwar kamen nach dem Sieg am Ticinus Gesandtschaften von beinahe allen Völkern des umliegenden Landes. Die Gallier vom linken Padus-Ufer, einst die Verbündeten Roms, boten Unterwerfung an gegen Schonung ihrer Städte und versprachen, Vorräte zu schicken. Als Hannibal den Padus nach Süden zu überschritt, begannen die Ligurer für ihre Wohnsitze zu fürchten und entsandten ihrerseits Unterhändler, die ebenfalls ein Bündnis anboten und die Lieferung von Lebensmitteln versprachen.
Die Ligurer waren es auch, die aus ihren Küstenorten die Nachricht brachten, eine zweite römische Armee sei im Anmarsch, und sie werde von einem Mann geführt, den die Soldaten Sempronius nannten.
Hannibal ließ die am Ticinus eingebrachten Gefangenen holen und befragte sie selbst mit Hilfe eines Dolmetschers so lange, bis er auf einen jungen römischen Ritter stieß, der das Griechische gut beherrschte.
»Wer ist dieser Sempronius?« wollte Hannibal wissen. »Ist er von höherem Rang als Scipio oder von geringerem? Soll er ihn ersetzen, weil Scipio verwundet ist?«
»Die Verwundung Scipios, Feldherr, habe ich zwar gesehen, aber ich weiß nicht, wie es heute um ihn steht. Wir Gefangenen sind nicht völlig abgeschnitten von allen Nachrichten, weil täglich neue Gefangene ins Lager gebracht werden, aber über Scipio hat uns niemand Verläßliches berichtet. Scipio ist zwar älter als du, Feldherr, aber nicht alt, er wird gesunden, wie ich für Rom hoffen möchte.«

»Du traust dem Sempronius den Sieg also nicht zu?«
Der Offizier biß sich auf die Lippen. Er hatte wohl gehofft, die Frage nach den Fähigkeiten des Sempronius nicht beantworten zu müssen.
»Sempronius ist beherzt, aber oft unbeherrscht. Und er hat Ehrgeiz, er möchte ein großer Konsul sein und sich dem Senat und dem Volk von Rom durch große Taten empfehlen.«
Hannibal lächelte bitter.
»Ihr macht römische Innenpolitik auf den Schlachtfeldern! Hier geht es um mehr als um Würden, hier wird Blut fließen. Wie sind die Truppen, die Sempronius heranführt?«
»Ich kenne sie nicht«, sagte der Römer kurz angebunden. Noch ehe Hannibal ein Zeichen geben konnte, ließ Maharbal den kurzen, schweren Wurfspeer wie eine Keule auf die Schulter des Gefangenen niedersausen, der mit einem Schmerzenslaut zusammenbrach. Mago stellte ihn wieder auf die Beine und raunte ihm auf griechisch zu:
»Rede, sonst sieht die Morgensonne dich am Kreuze hängen. Sempronius kannst du ja doch nicht retten!«
»Die Soldaten des Titus Sempronius Longus sind in Eilmärschen heranbeordert worden, schon vor unserer Niederlage am Ticinus«, berichtete der Offizier mit schmerzverzerrtem Gesicht. »Zu ihnen stießen schnell ausgehobene Truppen aus Etrurien. Wie sie kämpfen, weiß ich nicht. Scipio ist der bessere Heerführer, Sempronius aber braucht den Erfolg dringender ... mehr weiß ich wirklich nicht.«
Er sank abermals zu Boden, und Maharbal ließ den Ohnmächtigen aus dem Zelt tragen.
»Sempronius wird uns also auf den Pelz rücken, und das soll er ja auch«, sagte Hannibal nachdenklich. »Ich hätte nur gerne vorher Clastidium genommen, als festen Rückhalt und wegen der Vorräte ... Wir werden Sempronius geben, was er will und was er braucht: Ein schnelles Scharmützel, einen frühen Sieg. Inzwischen nehmen wir Clastidium im Handstreich.«
»Du willst den Römer siegen lassen?« fragte Mago, als habe er nicht richtig verstanden.
»Ich muß! Du hast doch gehört, Scipio ist der Bessere, also für uns gefährlicher. Wie stärkt man die Stellung eines Unbesonnenen? Man schiebt ihm einen Erfolg zu. Der Glanz des Sieges wird das größere Können des Scipio überstrahlen, und dann, wenn es ernst ist, Mago, dann wirst du die

Ehre haben, beide gemeinsam mit einem Flankenangriff zu Paaren zu treiben!«

Indessen entwickelten sich die Dinge schneller, als Hannibal geahnt hatte. Sempronius erzielte einen leichten, wenn auch bedeutungslosen Sieg gegen die Tausendschaft numidischer Reiter, die er beim Plündern stellte und die sich vor dem heranrückenden römischen Fußvolk zurückzogen. Und die Stadt Clastidium fiel mit all ihren Vorratslagern kampflos in die Hände der Karthager, weil der Befehlshaber gegen ein großes Geldgeschenk und die Zusicherung der Schonung kapituliert hatte.

Als Maharbal und Mago sich verächtlich über den Mann äußerten und sich weigerten, ihm freies Geleit an die Küste zu gewähren, hielt ihnen Hannibal eine kleine Rede, die mehr an den Bruder als an den Freund gerichtet war. Es gebe, sagte er, zweierlei Tapferkeit. Jene, die man auch in Karthago besonders schätze, sei zweifellos die Furchtlosigkeit des Kriegers im Kampf, und man bezahle sie nur zu oft mit dem Tod. Eine andere und vielleicht sogar höhere Art von Tapferkeit bestehe darin, aus Vernunft und zur Rettung anderer das Odium der Feigheit und der Bestechlichkeit auf sich zu nehmen.

»Ihr verachtet den Mann, weil er Geld genommen und weil er eine Stadt übergeben hat«, schloß Hannibal. »Dabei hat er nichts anderes getan, als das in seinem Verstand verarbeitet, was wir in den letzten Wochen den Römern gezeigt haben. Er hat gesehen, daß in der Hauptstadt der Tauriner niemand am Leben blieb, weil sie sich uns widersetzt hatte. Dieses Schicksal hat er Clastidium erspart. Ich schätze sein Verhalten höher ein als das Scipios und anderer Römer, die Sagunt, aber auch die Tauriner gegen uns aufgehetzt und dann im Stich gelassen haben. Er hat Tausende von Menschenleben gerettet und Geld genommen, um sich selbst auch noch zu retten – denn die Römer würden ihm den Kopf vor die Füße legen. Laßt ihn ans Meer bringen und auf ein Schiff, er kann in Griechenland leben oder in Alexandria und dort seiner verlorenen Heimat nachtrauern!«

Die Baumgruppen in der Ebene zwischen Tidone und Trebbia hatten ihr Laub verloren, und die ersten kalten Winde gingen über die kleinen Gehöfte hin, die hier in den Feldern lagen. An den Bächen erhob sich Gestrüpp mit kahlen Zweigen, und sowohl die Römer als auch die Karthager wußten, daß der Winter nahe sei und daß die erste große Schlacht unmit-

telbar bevorstünde. Die in Clastidium erbeuteten reichen Vorräte machten es möglich, die Streifzüge zur Beschaffung von Nahrungsmitteln einzustellen und der Reiterei Ruhe zu gönnen, damit die Schlacht mit ausgeruhten Pferden begonnen werden könne.
»Hoffentlich müssen wir nicht allzu lange untätig herumsitzen«, bemerkte Mago, als Hannibal ihn mit der neuen Lage bekanntmachte.
»Keineswegs. Ich möchte dir nur zeigen, daß man eine Schlacht schon verlieren kann, bevor sie noch begonnen wurde. Wir haben für gute Ernährung gesorgt, ich werde die Truppe noch abkochen lassen, ehe sie aufbricht, und die Pferde sind nach den wenigen Ruhetagen bei guter Kost frisch und munter. Scipio hingegen hatte Ärger: Als er sein Lager an die Trebbia verlegte, um sich mit Sempronius zu vereinigen, schmerzte ihn die Wunde bei jedem Schritt der Träger, das haben mir gallische Überläufer berichtet. Und er hat etwa zweitausend Gallier verloren, die mit ihm verbündet gewesen waren und nach Streitigkeiten im Lager die Römer verließen ...«
»Werden die auf unserer Seite kämpfen?«
»Später vielleicht, nicht morgen. Ich will nicht Gefahr laufen, daß sie es sich mitten in der Schlacht doch wieder anders überlegen, und habe sie in ihre Dörfer entlassen. Wenn sie dort eintreffen, haben wir eben wieder gesiegt, und auf diese Kunde hin wird jeder, der jetzt nach Hause kommt, drei Gefährten mitbringen, die mit uns gegen Rom ziehen!«
Die Gallier hatten auch berichtet, daß Sempronius vor Ungeduld fiebere und sich von Scipio kaum noch zurückhalten lasse. Es bedürfe nur eines kleinen Anstoßes, um die Römer aus ihrer günstigen, von Scipio gewählten Stellung ins offene Feld zu locken. Diesen Anstoß sollten die Numidier liefern, die bei den vielen Plünderungsritten die Mannszucht verlernt hatten und dringend einer ernsthaften Begegnung bedurften. Und mit dem besten Tausend der leichten Reiter, aber auch ebensovielen Fußsoldaten wurde Mago unweit des Römerlagers in einen Hinterhalt gelegt.
In der Umgebung von Clastidium, die von dem Gallierstamm der Ananer bewohnt wurde, hatten die Numidier so ausgiebig geplündert und, wenn sie nichts fanden, mit Brand und Mord ganze Dörfer bestraft, daß sich immer mehr Flüchtlinge bei den Römern einfanden und um Hilfe gegen die Raubscharen aus Karthago baten. Scipio hatte geraten, in der Verschanzung zu bleiben und die Ananer ihrem Schicksal zu überlassen. Hätten sie Clastidium nicht gegen vierhundert Goldstücke übergeben, so wä-

ren sie jetzt hinter den Mauern der festen Stadt sicher. Aber Sempronius nützte die Gelegenheit zu einer Ansprache an die Gallier und an seine Soldaten, wies auf die numidischen Reiter, die sich im Blickfeld der Römer herumtrieben und auf gallische Nachzügler Jagd machten, und befahl schließlich den Angriff, ohne dafür zu sorgen, daß seine Soldaten vorher noch eine Mahlzeit erhielten.

Zunächst hatte Sempronius auch Erfolg: Die Lockvögel, die Hannibal ihm entgegengeschickt hatte, wichen nicht schnell genug auf die Hauptmacht zurück und erlitten Verluste, weil Sempronius beinahe seine ganze Reiterei eingesetzt hatte und tausend Bogenschützen, die unter den Zurückweichenden noch viele Ziele fanden. Um die Gunst der Stunde zu nutzen, ließ Sempronius nun seine ganze Armee aufbrechen, in aller Eile und mit leerem Magen. Nach Regentagen war die Trebbia hoch angeschwollen und blieb es auch, als am Tag der Schlacht kalter Wind einbrach und der Regen sich in Schneeflocken verwandelte. Die den Römern wohlbekannte Furt durch die Trebbia war zwar noch passierbar, aber das eiskalte Wasser des hochgehenden Flusses reichte den Männern bis zur Brust. Als sie, gegen die starke Strömung ankämpfend, das linke Flußufer erreicht hatten, waren sie so ermattet, als hätten sie schon einen ganzen Kampftag hinter sich.

Die Reiterei hatte das Vorfeld der Hauptarmee freigegeben, und Sempronius traf auf achttausend karthagische Schleuderer. Ihre Waffen rissen in die erschöpften und unerfahrenen Truppen des Sempronius beträchtliche Lücken und gaben der Hauptmacht Zeit, sich in der Schlachtordnung aufzustellen, die Hannibal genau überlegt hatte: In der Mitte standen die Gallier, also die eben erst gewonnenen Verbündeten, flankiert von karthagischem Fußvolk, an das sich auf den Flügeln die iberischen Truppenteile anschlossen. Die entscheidende Waffe, die Reiterei, war durch die Gallier inzwischen wieder etwa zehntausend Mann stark. Hannibal stellte sie seitwärts auf, außerhalb der Stoßrichtung des römischen Fußvolks, denn die Schlacht sollte nicht wie das Treffen am Ticinus mit der Flucht der Römer enden, sondern mit ihrer Vernichtung.

Sempronius hatte nun natürlich auch erkannt, daß aus seiner Strafaktion gegen vorwitzige Reiter eine entscheidende Schlacht geworden war. Er rief seine Reiterei zurück und bemühte sich ebenfalls um eine richtige Schlachtordnung, für die ihm beinahe doppelt soviel Fußsoldaten zur Verfügung standen wie Hannibal, nämlich sechzehntausend Römer und

zwanzigtausend Verbündete. An Reitern hatte er Hannibal freilich nur viertausend Mann entgegenzustellen.
In der Mitte, gegen die Gallier in Hannibals Zentrum, erreichten die Römer Vorteile, ohne allerdings die Schlachtreihe völlig durchbrechen zu können. Die Gallier wichen zurück, ohne den Zusammenhalt zu verlieren, die Römer stießen nach, ohne daß ihre Flügeltruppen die Bewegung mitmachen konnten. – Sie sahen sich nämlich Hannibals Elefanten gegenüber, und gegen diese mächtigen Tiere wagten die noch unzureichend ausgebildeten und unerfahrenen Soldaten nicht vorzudringen.
Damit öffneten sich zu beiden Seiten des römischen Vorstoßes ungedeckte Flanken, in die Hannibal die Reiterei vorbrechen ließ. Sempronius erkannte die Gefahr einer völligen Vernichtung und warf, was er an Truppen noch erreichen konnte, in die Mitte, wo er tatsächlich den Durchbruch erzielte. Gallier wie Karthager erlitten schwere Verluste, und etwa zehntausend Mann römischen Fußvolks gelang gleichsam eine Flucht nach vorne, durch den Gegner hindurch in die feste Stadt Placentia. Die anderen gerieten, bedrängt von der karthagischen, numidischen und gallischen Reiterei, in die ärgste Verwirrung, und als sie auf die Trebbia zurückzuweichen versuchten, schnitt ihnen der aus seinem Hinterhalt heranstürmende Mago auch diesen Rettungsweg ab.
Die Elefanten, aufgestachelt und vom Getümmel wütend geworden, trampelten nieder, was sich vor ihren Füßen befand, und unter den Hufen der Reiterei starb, wer im Kampf verwundet worden und auf dem Schlachtfeld liegengeblieben war. Nur wenige Römer und Verbündete vermochten sich über die Trebbia zu retten, viele der geschwächten und verwundeten Fliehenden kamen in dem reißenden Fluß um.

Diesmal währte es Stunden, bis die Anführer der verschiedenen Truppenteile sich bei Hannibal zusammenfanden, und als sie beinahe vollzählig waren, zeigte sich, daß Mago fehlte.
»Hat ihn einer von euch gesehen?« erkundigte sich Hannibal unruhig. »Er ist jung und unbedacht, vielleicht hat er sich zu tief ins Römerlager hineingewagt?«
Aber Mago konnte die Antwort selbst geben. Er kam zähneklappernd, doch unverletzt ins Zelt, griff eine Decke vom Boden auf und warf sie sich um die Schultern.
»Du mußt dein nasses Zeug ausziehen, Bruder«, riet Hannibal, »sonst hilft

auch die Decke nichts. Sieh uns an, wir sind alle umgekleidet, die Trebbia war kalt und der Wind noch kälter!«

Mago blickte unsicher vom einen zum anderen, ob es sich um einen Scherz handle, aber als er sah, daß auch Maharbal sein Lederzeug abgelegt hatte und einen weichen Chiton aus leichter Wolle trug, als gehe man zu einem Fest, da fügte er sich, trat ein wenig beiseite und schälte sich mit einiger Mühe aus dem Lederkoller und den völlig durchnäßten Unterkleidern. Auch in der großen Decke, in die er sich dann hüllte, fröstelte er aber noch immer und nahm an der Unterhaltung zunächst nicht teil.

Als Hannibal die Berichte von allen Truppenteilen erhalten hatte und sich ein Bild von der Lage machen konnte, beglückwünschte er seine Helfer zu dem Sieg, hielt ihnen aber auch vor, was diesen Sieg in seinem Wert schmälerte:

»Die Römer haben zwei Drittel ihrer Mannschaft verloren und können diese frühestens zum Frühjahr ersetzen. Das ist gut so und sichert uns für die schweren Monate eines Winters in Feindesland die Überlegenheit und die Bewegungsfreiheit. Scipio wird hungern und frieren, wir hingegen haben das Land für uns und werden uns holen, was wir brauchen. Aber es gibt sie noch, die beiden Konsuln, man hat mir keinen von ihnen gebracht, nicht tot, nicht lebendig. Scipio wird wegen seiner Verwundung hier am Padus bleiben, Sempronius aber wird sich aufmachen und in Rom neue Truppen ausheben. Insofern war unser Sieg unzureichend. Wir hatten sie in der Zange, aber sie sind uns entschlüpft!«

»Das waren die Gallier, Herr«, verteidigte sich ein Anführer der Fußsoldaten, ein alter Offizier aus Utica. »Die Gallier diesseits des Gebirges sind nicht von der Art wie jene, die uns auf dem Weg zum Paß so viel Mühe gemacht haben. Die Gallier hier sind von den Römern in den letzten Jahren so oft geschlagen worden, daß sie nicht standhalten, wenn eine Legion auf sie zumarschiert. Das war es: die Gallier haben das Loch aufgetan, und Sempronius ist hindurchgeschlüpft!«

»Und wo sind diese Weichlinge jetzt?« wollte Hannibal wissen, »haben sie sich Sempronius angeschlossen, oder sind sie in unser Lager zurückgekehrt?«

»Sie hatten große Verluste, Herr«, berichtete der Mann aus Utica, »und jene, die davonkamen, sind noch auf dem Schlachtfeld, sie plündern die Verwundeten und die Toten, wie nicht wenige von unseren Soldaten auch.«

»Wenn das so ist«, sagte Hannibal, »dann kann ich euch nicht helfen, dann müßt ihr noch einmal hinaus: Wenn unsere Leute in ihren nassen Kleidern im Schneesturm herumirren, um Beute zu machen, habe ich morgen mehr Fieberkranke, als mich die Schlacht an Toten gekostet hat. Treibt sie ins Lager, sie sollen sich bewegen, sie sollen sich heiße Getränke bereiten, sie sollen sich zu ihren Pferden legen oder in Decken und Kelims hüllen. Die Leichen liegen morgen auch noch da, und vielleicht scheint dann die Sonne auf sie!«

Aber die Sonne schien auch am nächsten Tag nicht, und in den Zelten der Karthager und Iberer ging das Fieber um. Nur die Numidier und die »Heilige Schar« hatten sich zwischen den warmen Leibern ihrer Tiere vor den Erkältungen bewahrt. Hannibal lief von einem Zelt zum andern und hielt immer wieder die gleiche Strafpredigt: Eine Seuche sei Schicksal, sie lasse sich bei langen Belagerungen oft nur schwer vermeiden, bei schlechtem Wasser und ungenügender Ernährung. Aber sich der Beute wegen den Lungentod zu holen, das sei nicht viel besser als Fahnenflucht.

Aus den Dörfern zwischen Trebbia und Tidone wurde zusammengetrieben, was an alten Weibern greifbar war. Sie stimmten zwar ein gewaltiges Lamento an und verwiesen auf die vielen Jüngeren, die man ungeschoren gelassen hatte. Als sie dann freilich sahen, daß sie nichts anderes tun sollten, als die Kranken zu pflegen, da erwachte in ihnen der Ehrgeiz. Sie brauten ihre Tränklein aus den Kräutern, die sie den Kindern beschrieben und die diese gepflückt hatten, und so konnte Hannibal den Schicksalsschlag, der eine kranke Armee bedeutet hätte, zwar nicht völlig abwenden, aber doch in seinen Wirkungen mindern.

»Hundertundvierzehn Tote wegen Krankheit!« zürnte er dennoch, als die Sonne am fünften Tag endlich hervorbrach und vom Meer her mildere Luft gegen die Berge vordrang. »Das sind genau hundertundvierzehn zuviel! Ihr seid junge und kräftige Männer, fällt euch ein Römerschwert, so ist das ein Tod, wie er jeden von uns ereilen kann. Aber sich zu erkälten, zu fiebern und zu husten wie eine Jungfrau, die sich zu leicht bekleidet hatte, das ist eine üble Sache für einen Soldaten, ja es ist ein Verbrechen!«

Die Männer senkten den Blick, ja sie duckten sich, denn der Zorn des Barkiden war etwas, das sie mehr fürchteten als die heißeste Schlacht. Aber soviel er auch gepoltert hatte, ihr Feldherr gönnte ihnen noch einige Tage Ruhe, ließ nur die Vorräte aus Clastidium herankarren und befahl neue Unternehmungen erst, als er sich überzeugt hatte, daß auch die Genesenen wieder fest auf den Beinen standen.

»Wir beherrschen das Land«, sagte Hannibal in einer Besprechung zu Maharbal, »und Scipio kann Verpflegung und Nachschub nur auf dem Fluß erhalten. Also müssen wir seinen Hafen erobern. Auf nach Emporium Placentiorum!«
Aber Scipio, der – wenn auch verwundet – im Trockenen saß, hatte die Tage genutzt, in denen das Fieber die Karthager und Iberer schüttelte. Der Flußhafen war zwar klein, aber im weiten Umkreis von aufmerksamen Wachen umstellt. Als sich Hannibals Reiterei, verstärkt durch leichte Fußtruppen, in der Hoffnung auf einen schnellen Überraschungssieg nächtlicherweile näherte, schlugen die Vorposten Alarm bis hin zur Festung Placentia selbst, in der Scipio die aus der Schlacht geretteten Truppen kampfbereit hielt. Die Tore öffneten sich, und die Römer brachen so schnell daraus hervor, daß Hannibal selbst mit seiner Begleitung umzingelt wurde. Obwohl Maharbal, Mago und die Leibwache ihn kämpfend deckten, traf ihn ein Römerpfeil in die linke Schulter, und die Karthager brachen den Kampf ab, weil das eigene Lager zu weit weg, die Römerstadt aber eben zu nahe war.
Auf dem Ritt zurück war Maharbal in einer Stimmung, wie sie noch niemand an ihm gesehen hatte.
»Beruhige dich doch, Freund«, bat der Feldherr, den die Aufregung seines besten Anführers mehr beschäftigte als die Fleischwunde. »Wegen dieser Verletzung mußt du nicht glauben, die Götter hätten mich verlassen, im Gegenteil: Hätten sie mich nicht beschützt, säße dieser etrurische Pfeil eine Spanne weiter oben in meinem Hals, und dann wäre es aus mit mir!«
Maharbal antwortete nicht, er gab nur seinem Pferd die Sporen, und am nächsten Tag, als Hannibal, von der Wunde leicht fiebernd, ziemlich spät erwachte, war es nur Mago, der sich bei ihm einfand.
»Ich sollte es dir nicht sagen, Bruder«, berichtete er stockend, »Maharbal hat mich beschworen zu schweigen, aber ich finde, der Feldherr muß alles wissen ...«
»Rede nur, ich kann mir's beinahe schon denken«, sagte Hannibal müde, denn sein griechischer Arzt hatte ihm einen starken Schlaftrunk gegeben, um die Genesung zu fördern.
»Maharbal ist mit den Numidiern und Sturmgerät unterwegs nach Victumviae ...«
»Eine kleine Festung voll von Flüchtlingen«, antwortete Hannibal. »Sie zu nehmen wird ihm keine Mühe machen.«

»Das nicht«, sagte Mago bedrückt, »aber er hat geschworen, daß er niemanden am Leben lassen wird, zur Vergeltung dafür, daß man dein Blut vergossen hat.«

Der Grieche neben Hannibals Lager hob warnend die Hand. Das bedeutete, man möge dem Verwundeten Aufregungen ersparen. Also erhob sich Mago, drückte dem Bruder die Rechte und ging. Man wird sagen, Hannibal habe die Metzelei befohlen, dachte er, weil sich niemand, kein Römer, kein Gallier und auch kein Karthager, denken konnte, daß im Umkreis des Feldherrn etwas geschah, das er nicht zumindest gebilligt hätte ...

Drittes Buch

DIE EBENEN

DURCH DIE SÜMPFE NACH SÜDEN

Obwohl Hannibal viele Winter in Spanien zugebracht hatte, empfand er den kalten und schneereichen Winter in einem dem Mittelmeer so nahen Gebiet wie der Poebene als eine besondere Ungunst des Schicksals. Die ununterbrochene Folge der Siege bestätigte ihm die Gunst des großen Baal Saphon, aber Tanit die Nächtige sandte eisige Stürme, in denen nicht nur den Soldaten, sondern auch den Offizieren und dem Feldherrn die Kälte bis an die Knochen griff. Begierig, mildere Luft zu atmen und das blaue Meer wiederzusehen, war Hannibal mit Truppen und Elefanten mitten im Winter auf die Höhen des ligurischen Apennin gezogen und wollte einen Vorstoß zur Küste unternehmen. Aber auf der Paßhöhe packte ihn – wiewohl sie keineswegs so bedeutend war wie der überquerte Alpenpaß – der Sturm so gnadenlos, daß er Hannibal zu Boden warf und den Männern eisig ins Gesicht schnitt. Die Truppe floh vor dem sichtbaren Zorn der Götter und ließ sieben Elefanten sterbend im Schnee zurück. Nur die Iberer nahmen sich Zeit, große Stücke von Elefantenfleisch als Vorrat aus den Kadavern zu hacken.

Sempronius kehrte aus Rom zurück, ungebrochenen Unternehmungsgeistes und begierig, vor den Wahlen der neuen Konsuln noch einen Erfolg zu erzielen, um vielleicht im Amt bleiben zu können. Des öden Lageralltags bei schmaler Kost müde, folgten die römischen Soldaten den frischen Truppen aus dem Süden mit beträchtlichem Angriffsschwung und nötigten Hannibal, sein ganzes Fußvolk aufzubieten, dazu die an den Flanken eingesetzte Reiterei. Das heftige Gefecht wäre zur Schlacht geworden, hätte nicht die winterlich früh einfallende Nacht die Kämpfer getrennt. Es erwies sich, daß auf dem hartgefrorenen Boden die Reiterei beider Seiten größere Verluste gehabt hatte als die Fußsoldaten, von denen Sempronius wie Hannibal annähernd gleich viele, nämlich etwa dreihundert, verloren hatten; an Reitern war jedem Feldherrn die doppelte Zahl nicht mehr heimgekehrt. Hannibal, der zeitweise auf sein befestigtes Lager zurückgeworfen worden war, hatte großen Nutzen von den sehr tapfer kämpfenden Ligurern, die seit vielen Jahrzehnten die Ausbreitung der römischen Macht fürchteten und den Karthagern gute Bundesgenossen geworden waren. Sie lieferten auch ihre wertvollsten Gefangenen, nämlich zwei hohe römische Militärbeamte, dazu zwei Kriegstribunen und fünf römische Ritter an Hannibal aus. Da die Römer im Kampf fünf Kriegstribunen verloren hatten und auch drei höhere Anführer der Bundesgenossen gefallen waren, brachte das an sich unentschiedene Gefecht letztlich doch den Römern die schmerzlicheren Verluste.

Ganz im Gegensatz zu den Ligurern, deren Stammland südlich der Küstengebirge am Meer lag und von den Raubzügen der Numidier kaum belästigt wurde, beklagten sich die gallischen Verbündeten Hannibals, daß die ganze karthagische Armee nun schon viele Monate lang aus dem Land der Verbündeten lebe, was in der winterlichen Nahrungsknappheit kaum mehr zu ertragen sei.

Die Führer der Stämme und die Ältesten kamen in beinahe täglichen Gesandtschaften ins Lager Hannibals und trugen solche Bitten und vor allem Beschwerden vor. Die Jüngeren unter den vornehmen Galliern neigten jedoch inzwischen wieder auf die Seite der Römer, die sich ja auf dem Padus-Fluß versorgten und dem Land nicht beschwerlich fielen und die zudem eine hohe Belohnung für jenen ausgesetzt hatten, der Hannibal erfolgreich nach dem Leben trachten würde.

Solche Absichten blieben freilich nicht geheim, aber da die Gallier teils als Verbündete, teils als Händler und Lieferanten im karthagischen Lager ein und aus gingen, wurde es von Tag zu Tag schwieriger, Hannibal gegen Attentate zu schützen. Mancher Verdächtige wurde wohl aufgegriffen, andere gestanden auf der Folter, von der Vorbereitung einer Mordtat zu wissen. Da jedoch zu befürchten war, daß von so vielen einer schließlich doch Erfolg haben würde, dachte Hannibal an das Schicksal seines Schwagers Hasdrubal, der in der Blüte der Jahre und auf dem Gipfel seiner Macht durch einen Dolchstoß getötet worden war, und wechselte täglich nicht nur die Kleidung, sondern sogar die Haartracht mit immer neuen Kopfbedeckungen und Perücken.

»Das kann noch eine Weile so gut weitergehen wie bisher«, sagte Hannibal zu Mago und Maharbal, mit denen er die Lage beriet, »aber eines Tages habe ich alle Verkleidungen durchprobiert, und unsere heimlichen Gegner haben alles durchschaut. Dann werde ich wie so mancher Barkide vor mir als junger Mann von Mörderhand sterben und euch in Feindesland im Stich lassen. Wir sollten weiterziehen, nach Süden zu kann es nur wärmer werden. Es ist Februar, ziehen wir dem Frühling entgegen!«

Der Frühling war freilich auch die Zeit der Schneeschmelze, und nach dem harten Winter führten selbst Flüsse, die nicht von hohen Bergen herkamen, so viel Wasser zum Meer, daß ihre Mündungsgebiete allesamt

überschwemmt waren. Da sich der Marsch in den Bergen verbot, wo die Reiterei nicht eingesetzt werden konnte und die Römer jede Möglichkeit hatten, sich in den Hinterhalt zu legen, gab es jedoch keine Wahl: Es mußte an der Küste marschiert werden, an der in den warmen Monaten so schönen tyrrhenischen Küste, in der von Kundschaftern genährten Hoffnung, daß die Sümpfe nur seicht und auf dem noch immer gefrorenen Untergrund doch einigermaßen gangbar sein würden.
Aber die einbrechende milde Witterung zu Ende des Monats Februar ließ nicht nur die Flüsse, die an sich unbedeutend waren, weiter anschwellen, sondern sie taute auch den gefrorenen Untergrund auf, und als die Vorhuten Hannibals die versumpften Mündungsgebiete der kleinen Mittelmeerzuflüsse passiert hatten, mußte die Hauptmacht schon unter Gefahren und Beschwernissen durchs Wasser waten und verlor viele Tragtiere. Hannibal, den eine böse Entzündung der Augen plagte, ritt auf dem letzten der Armee verbliebenen Elefanten, um durch die Höhe des Tieres wenigstens vor der Nässe und einer Erkältung geschützt zu sein. Von ihr nämlich befürchteten sein griechischer Arzt und ein der Arzneien kundiger Jude aus dem südlichen Gallien, daß sie die Erkrankung der Augen verschlimmern und zur Erblindung des Feldherrn führen könne.
Je mehr man sich dem Arnus näherte, wo die Zeit der Küstenmärsche enden und ins Landesinnere geschwenkt werden sollte, desto klarer und jünger waren die Nachrichten aus Rom. Dort hatten die Wahlen der neuen Konsuln stattgefunden, und sowohl Scipio als auch Sempronius hatten durch ihre militärischen Mißerfolge die Chance einer Wiederwahl verspielt. Zwar genoß Scipio nach wie vor große Achtung als Feldherr, aber natürlich wollte man dem heranrückenden karthagischen Heer einen gesunden und beweglichen Heerführer gegenüberstellen. Als solcher versuchte sich der neugewählte Konsul Flaminius zu präsentieren, indem er in großer Eile und ohne den Göttern zu opfern aus Rom aufbrach, seinem Mit-Konsul Servilius noch zwei Legionen abnahm und die so verstärkte Heeresmacht an der Adriaküste nach Norden führte.
Hannibal, den Schmerz und Sorgen plagten, hatte seinen Bruder Mago an den Schluß des Heereszuges beordert, weil er sich auf den Jüngeren verlassen konnte und die verbündeten Gallier einen Barkiden im Nacken fühlen sollten. In der Mitte zog der Troß, um ihn zu einem gewissen Marschtempo zu verhalten und gegen Überfälle zu schützen. An der Spitze marschierten iberische und karthagische Truppen unter den Augen des Feldherrn.

Das Gebiet, durch das die Armee zog, hieß Etrurien nach dem Volk der Etrusker, das den Karthagern wohlbekannt war. Die Etrusker, die irgendwann vor der Gründung von Rom vom Ostrand des Mittelmeers gekommen sein mochten, hatten sich jahrhundertelang heldenhaft gegen Rom gewehrt und ihre alte Kultur gegen das Bauernvolk vom Tiber verteidigt. Zwar hatten die Karthager auf See hin und wieder auch die Klingen mit den Etruskern gekreuzt. Nun aber, da eine starke Armee gegen Rom zog, fühlten die Einwohner des unterworfenen Etruriens doch eine Chance herannahen, sich gegen den verhaßten Sieger zu erheben. Sie neigten dazu, Hannibals Vorhaben zu unterstützen. Der Feldherr bemühte sich auch, die Städte und Ortschaften des Landes möglichst zu schonen: aufgegriffene Gefangene wurden in ihre Heimatdörfer zurückgeschickt und die nötigen Nahrungsmittel nicht einfach geplündert, sondern bezahlt. Ruhe im Hinterland war wichtig, denn die Soldaten hatten nach vier Tagen und drei Nächten des Marsches durch das Überschwemmungsgebiet keinen trockenen Faden mehr am Leib und fanden auch bei Nacht keine Möglichkeit der Erholung, da man im Nassen nicht lagern konnte, es sei denn auf dem Gepäck oder auf dem Leib eines Tragtiers.

Abermals gingen fiebrige Erkältungen im Heer um, und neben zahlreichen Tieren starben auch nicht wenige Männer vor allem unter den Karthagern, die aus Nordafrika ein völlig anderes Klima gewöhnt waren. Die Verluste an Pferden ließen die wichtigste Waffe Hannibals, die Reiterei, weiter schrumpfen. Aber auch die Materialverluste waren bedeutend. Viel Gepäck, Reservewaffen und Wurfgeschosse hatten die Sümpfe des Arnus verschlungen.

Die Lage des Heeres besserte sich erst, als Hannibal am linken, also dem südlichen Ufer des Arnus landeinwärts zu marschieren begann, auf Florentia zu. Zwischen dieser Siedlung am Mittellauf des Arnus und der nahen Bergfestung Faesulae bezog er sein Lager und begann, das reiche umliegende Land mit seinen Streifscharen auszuplündern.

»Sie würden vielleicht unsere Verbündeten«, gab Mago zu bedenken, »wollten wir ihnen nicht so hart zusetzen!«

Hannibal nickte.

»Vielleicht, lieber Bruder, aber auch nur vielleicht. Sicher hingegen ist, daß ich noch Hunderte Soldaten verliere, wenn die Truppe jetzt nicht wirklich gut verpflegt wird. Die großen Schlachten stehen noch bevor. Ich habe in den Sümpfen beinahe so viele Menschen und Tiere verloren wie beim Abstieg in die Ebene des Padus. Der Feind hingegen wird stärker, je mehr ich mich Rom nähere. Er gewinnt mit jedem Tag, ich verliere mit jedem Tag. Was ist also zu tun?«

»Wir müssen ihn zu einer Schlacht herausfordern!« sagte Mago eifrig.

»Er ist nicht weit von uns, er ist hastig aufgebrochen, er wird von einem Konsul namens Flaminius geführt, der in seinem maßlosen Dünkel auf keinen Rat hört und nur an eines denkt: berühmt zu werden und den anderen Konsul in der Volksgunst auszustechen. Der Traum dieses Flaminius ist ein Sieg über uns, ehe Servilius, der andere Konsul, eingreifen und ihm den alleinigen Ruhm streitig machen kann – das muß ich ausnützen! Sind wir in den Augen der Römer auch halbe Barbaren, so haben wir dafür den schlichten Sinn des Zweckmäßigen, während sie sich ruinieren für den malerischen Faltenwurf einer Prunktoga und den Lorbeer des Siegers!«

»Wenn er nun aber die Schlacht nicht annimmt?«

»Verlaß dich drauf, Mago, er muß. Wir nehmen dem Land um Florentia alles weg, was es durch den Winter gerettet hat. Das ist viel, denn die Region ist reich. Viele einflußreiche Römer haben hier ausgedehnte Besitzungen, du siehst doch die herrlichen Weingüter und die Villen auf den Hügeln? Derlei gehört nicht irgend jemandem, sondern Leuten, deren Gunst dem Flaminius wichtig sein muß. Also wird er um so dringender nach der Schlacht verlangen, je härter wir das Land heimsuchen.«

So brannten im Mai und im Juni Dörfer und Gehöfte; die Numidier wurden mit ihren schnellen Pferden der Schrecken des ganzen Landes im Einzugsgebiet des Flusses Arnus, und die Menschen wußten nicht mehr, wohin sie fliehen sollten, denn die Armee Hannibals überschwemmte das ganze Tal und erhielt täglich Zufuhren an Nahrungsmitteln aus dem Umland. Und zwischen den Patrouillen, die vor allem die Versorgung der Armee verbessern sollten, ritten die Kundschafter, die den Auftrag hatten, Hannibal eine genaue Kenntnis der Wege zwischen dem Arnus und dem Trasimenischen See zu bringen. Sie hielten in kleinen Skizzen jeden Weg, jeden Hügel und jedes Waldstück fest, aber sie berichteten auch, was das Volk über den römischen Feldherrn Flaminius zu sagen wußte. Daraus ergab sich für Hannibal nicht nur ein genaues Bild der Landschaft, in der die nächste große Schlacht stattfinden würde, sondern auch das ein wenig überraschende Charakterbild seines Gegners. Flaminius war nämlich, bei aller Eitelkeit und allem unbändigen Ehrgeiz, kein unbedeutender Mann.

Er hatte siegreich gegen die Insubrer gekämpft und erfreute sich vor allem beim kleinen Volk Roms eines sicheren Rückhalts. Er hatte die plebejische Opposition geführt, galt als Vorkämpfer der Rechtlosen und Unterdrückten und hatte darum die Soldaten hinter sich, als er gegen den Rat der Ritter eine Schlacht anstrebte.
Im Vertrauen darauf, daß er und seine Legionen im nördlichen Vorland von Rom besser Bescheid wüßten als der immerhin aus dem fernen Afrika kommende Hannibal, zog Flaminius unbesorgt durchs Hügelland nach Süden, auf einem Marschweg, der ihn in die Nähe der Stoßrichtung der Karthager bringen mußte. Und er wurde von Tag zu Tag ungeduldiger, weil Hannibal, um ihn zu reizen und zu beschäftigen, kleinere Reiterabteilungen ihm in den Weg schickte, seinen Troß angriff und ihm vor der Nase Dörfer niederbrannte, so daß die römische Armee sich, als sie eintraf, nicht nur ohne Quartiere behelfen, sondern auch von den Landbewohnern beschimpfen lassen mußte.
Dieser Nervenkrieg setzte Flaminius so zu, daß er schließlich alle Warnungen in den Wind schlug und beschloß, nicht auf den gemächlich heranrückenden Servilius zu warten, sondern allein loszuschlagen. Hannibal zog zwar absichtlich langsam dahin und legte an einem Marschtag nur etwa vierzehn Kilometer zurück, aber er bewegte sich doch unablässig auf Rom zu, und Flaminius sah sich schon als Retter der Ewigen Stadt.
Um nicht aufzufallen, um Spähern keine Gelegenheit zum Lauschen zu geben, ließ Hannibal seine Unterführer während des Marsches an seine Seite kommen und auf den Elefanten klettern, auch Maharbal, dem in der kommenden Schlacht eine besondere Rolle zugedacht war.
»Du hast ja auch die Berichte unserer Kundschafter gehört«, sagte Hannibal. »Sie lauten übereinstimmend, daß die Pässe und Engstellen auf dem Weg zum Trasimenischen See feindfrei sind. Wir können sie also noch vor den Römern erreichen und besetzen.«
»Und damit Flaminius zu einem weiten und zeitraubenden Umweg zwingen!« ergänzte Maharbal.
»Keineswegs. Er soll seinen Weg haben, wir geben ihn für ihn frei, und wenn wir ihn in der Falle haben, schließen wir sie vor und hinter ihm!«
Maharbal setzte ein bedenkliches Gesicht auf.
»Er ist so stark wie wir, hat nur weniger Reiterei, und mit der unseren können wir in den Hügeln nicht viel anfangen ...«
»Die Natur ist für uns«, beharrte Hannibal. »Sieh dir den Weg um den

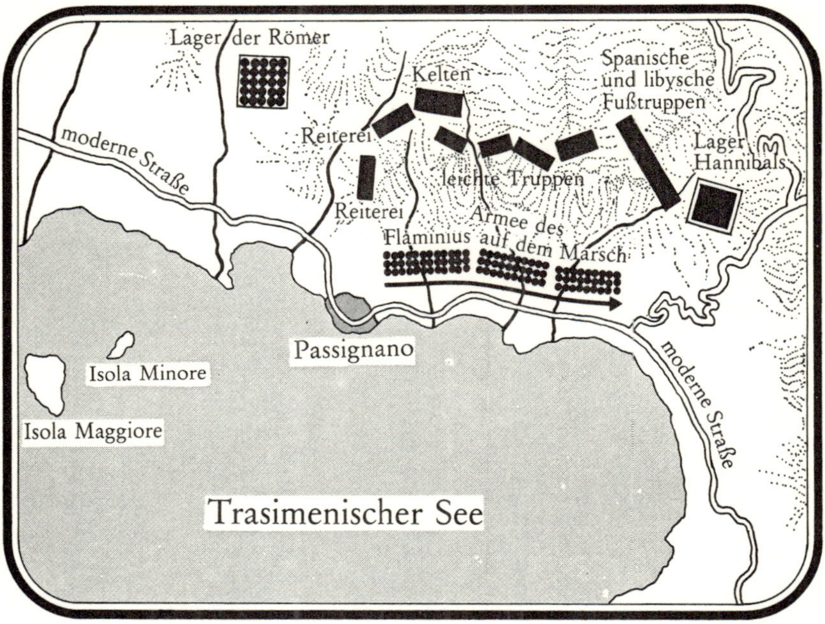

Die Hinterhalt-Schlacht vom Trasimenischen See (Mittelitalien). Einige moderne Namen zur Orientierung.

See herum an: Auf einen Kessel folgt eine Engstelle und auf diese wieder ein Kessel, ein absolut ideales Gelände für einen Hinterhalt!«
Maharbal studierte die Kartenskizze, die Hannibals Schreiber angefertigt hatte, schien aber noch nicht ganz überzeugt.
»Der Hinterhalt soll ihn also beunruhigen, seine Kolonnen in Unordnung bringen. Und was dann?«
»Es gibt kein ›Dann‹, es wird keines geben. Ich lege ihm einen Hinterhalt mit unserer ganzen Armee und vernichte ihn in einer einzigen Schlacht, diesen selbstsicheren Hitzkopf!«

Es war eine Operation, wie sie auch die erfahrensten Soldaten und Offiziere der »Heiligen Schar« noch niemals erlebt hatten oder sich auch nur vorstellen konnten. Die Iberer aber, denen diese Kampfweise vertrauter war, bewunderten insgeheim den Genius ihres Feldherrn, der mit einer ganzen Armee aus vielen Völkern das zu bewerkstelligen suchte, was sie in den heimatlichen Bergen zwischen Baetis und Ebro so oft mit Erfolg durchgeführt hatten: den Überraschungsangriff aus einem unentdeckten Bereitstellungsraum heraus, den Überfall aus dem Hinterhalt, auf den man selbst bestens vorbereitet ist, der den Gegner aber in die tiefste Verwirrung stürzen muß.

Als Caius Flaminius, Konsul und Feldherr, mit seiner Armee vom Norden kommend den Trasimenischen See erreichte, war die große Wasserfläche noch von dichtem Nebel bedeckt, der auch die Hänge der Hügel hinanstieg. Im ersten Kessel und über der Engstelle hatte Hannibal Schleuderer und leichte Reiterei so verteilt, daß sie auch bei klarerem Wetter nicht zu sehen gewesen wären. Die »Heilige Schar« und die Kerntruppe des Fußvolks erwarteten im zweiten Kessel die Römer.

Unbesorgt im eigenen Land marschierend, hatte Flaminius weder voraus noch seitlich Kundschafter ausgesandt. Er war sicher, daß Hannibal gegen Rom ziehen und auf diesem Weg nicht haltmachen werde. Am See angelangt, mußten die Römer die Uferstraße einschlagen, die in südöstlicher Richtung den See begleitete. Nun meldete zwar die Vorhut den im zweiten Kessel sichtbar werdenden Feind, aber eben darum dachte der Konsul noch weniger an die Möglichkeit, daß er sich schon längst zwischen den Feinden und dem See befände. Er traf auf Hannibal, und das Gefecht der Vorhut gegen die Karthager begann. Hannibal ließ es sich entwickeln, bis er sicher war, daß die Gegner sich fest ineinander verbissen hätten, dann erst gab er seinen in den Hinterhalten wartenden Truppen den Befehl, ebenfalls einzugreifen.

Es wurde ein geisterhafter Kampf, da die Gegner einander zunächst nur hörten und bestenfalls schemenhaft erblickten. Der Nebel hob sich erst in der dritten Stunde des Kampfes, da aber war dieser schon zu so großer Heftigkeit gediehen, daß weder die Römer noch ihre Gegner das gewaltige Erdbeben bemerkten, das zu gleicher Zeit Italien erschütterte und in vielen Städten ganze Häuserreihen zum Einsturz brachte.

Flaminius, der sah, in welch schwierige Lage seine Sorglosigkeit und seine Angriffslust die Armee gebracht hatten, vollbrachte wahre Wunder an Tapferkeit und riß die neben ihm kämpfenden Schwerbewaffneten zu gleicher Begeisterung hin. Während die Spitze des römischen Heeres unter lautem Kampfgeschrei, einer dem anderen Mut machend, durch den Nebel und durch die Karthager sich einen Weg nach vorne bahnte, den

Durchbruch erzielte und mit immerhin sechstausend Mann die Stadt Perugia erreichte, wich das Zentrum um den Konsul nicht und wurde zum heißumkämpften Mittelpunkt zwischen den in friedlichen Zeiten so freundlichen Hügeln am See und der Wasserfläche mit ihren seichten Rändern.
Die Entscheidung brachte ein herkulischer Gallier vom Stamm der Insubrer. Er kannte aus den Kämpfen an der Adda den Konsul, der damals gesiegt und danach das Insubrervolk unterworfen hatte, erspähte ihn im Kampfgetümmel und stürmte zu Pferd auf ihn ein. Unter lauten Rufen, die seine Landsleute auf den verhaßten Feind aufmerksam machten und mitrissen, drang er tatsächlich bis auf Speerwurfweite an Flaminius heran und schleuderte seine Waffe dem Konsul in die Brust. Nachzusetzen, auf ihn einzudringen vermochte er jedoch nicht. Die Ritter um Flaminius deckten den Leichnam mit ihren Schilden gegen die Insubrer, die ihn in ihrem Rachedurst sonst wohl zerstückelt hätten.
Daß der Sieger von der Adda, der beliebte Heerführer und Konsul, gefallen war, ließ den Mut der Römer sinken. Von den Angreifern bedrängt, den See im Rücken, wateten viele ins seichte Wasser, schwammen ein Stück hinaus und versanken dort, von ihren Rüstungen in die Tiefe gezogen; von der Nachhut entrannen einige auf der Straße nach Arretium, auf der sie gekommen waren. Als der Nebel sich verzogen hatte, wurde der volle Umfang der Niederlage deutlich, ein Bild, wie es auch Hannibal nicht erwartet hatte. Zwar hatte er selbst etwa fünfzehnhundert Mann an Toten verloren und zahlreiche Schwerverwundete, die sich leichter aus der Kampflinie zurückziehen konnten als die Römer und so ihr Leben retteten; von den Römern aber waren fünfzehntausend Mann gefallen und zehntausend in Gefangenschaft geraten. Die Armee bestand nicht mehr.

Als am Westufer des Sees die Junisonne in die Hügel sank, lagerte Hannibal auf einer Anhöhe, durch Wachen gegen Versprengte gesichert, und besprach mit Maharbal und Mago den Tag, der ihnen diesen Sieg gebracht hatte, während unten am See die Iberer und die gallischen Hilfstruppen das blutige Tagwerk beendeten, die Schwerstverwundeten töteten und den Leichen die Wertgegenstände abnahmen. An manchen Stellen lagen die Toten nicht neben-, sondern übereinander, und der Sommerabend erfüllte sich mit dem schweren Dunst von Blut und Schweiß.
»Ich bleibe nicht«, sagte Maharbal, »ich ruhe nur ein paar Stunden und

reite dann mit den Numidiern los. Ein gefangener Offizier hat ausgesagt, daß der andere Konsul, dieser Servilius, dem Flaminius viertausend Reiter als Verstärkung geschickt habe. Die möchte ich überfallen, ehe sie Kunde von der großen Schlacht bekommen.«

»Wage nicht zuviel!« warnte ihn Hannibal. »Denke an die Trebbia. Servilius hat nicht nur Reiter, er kann dir eine Lockspeise hinhalten und dir dann den Garaus machen!«

»Keine Sorge, Feldherr. Wir erkunden lange und ausgiebig. Ich bin zwar nicht so schön und klug und gebildet wie dieser Flaminius, aber eben darum werde ich seinem Schicksal entgehen. Und denke daran, Feldherr: Jetzt gibt es zwischen dir und Rom nur noch ein paar tausend Verängstigte und Versprengte, keine Armee mehr. Servilius steht im Osten, gegen das Adriatische Meer zu. Wir könnten in Rom sein, ehe er erfährt, daß wir in den Sümpfen des Arnus doch nicht zugrunde gegangen sind.«

»Sprich mir nicht vom Arnus«, bat Hannibal, aber er lächelte dabei, »die Sümpfe haben mich das Licht des einen Auges gekostet. Also geh, mein Treuer, und gib mir durch einen guten Mann Nachricht über die Lage im Raum von Perugia.«

Maharbal ging, und Hannibal legte sich auf die Kamelhaardecken, mit denen ihm seine Diener stets das Lager bereiteten. Mago schob dem Älteren das Lederkissen zurecht und ließ sich ihm gegenüber auf dem Boden nieder.

»Glaubst du, daß dies die Entscheidung war?« fragte er, als Hannibal nach ein paar Minuten entspannten Ruhens die Augen wieder aufschlug.

Hannibal schüttelte nur den Kopf.

»Wir kämpfen nicht gegen dieses Land. Es wird uns vielleicht zufallen, wir werden es befreien ... Wir kämpfen gegen eine Stadt, die sich ein Volk um das andere unterworfen hat in den letzten drei- oder vierhundert Jahren. Wir kehren eine Entwicklung um, vier Jahre gegen vierhundert Jahre! Das ist schon viel. Aber Rom erstürmen, wie Maharbal es möchte, das können wir nicht. Siehst du Belagerungsgerät im Heer? Wie hätten wir es über die Alpen und durch die Sümpfe bringen sollen? Haben wir Rammböcke, Sturmleitern, Wurfkatapulte? Wir haben nur die Reiter; sie bringen uns einen Sieg nach dem anderen, aber sie vermögen nichts gegen Mauern.«

Es war, als spräche er zu sich selbst, als sage er, an seinen Bruder gewendet, sich selbst noch einmal und immer wieder vor, was ihn in all den

Nächten seit dem Herniedersteigen zu den Taurinern bewegte. Mit sechzig Elefanten und sechzigtausend Mann hatte er gegen die Ewige Stadt ziehen wollen, nun war ihm ein einziges müdes Tier geblieben, auf dem er selbst weithin sichtbar und als Ziel aller Pfeile und Schleudern seinen Truppen voranritt. Wie lange noch?
»Du bist müde, Bruder«, sagte Mago, »ich lasse dich jetzt allein. Hast du noch Befehle für mich?«
»Geh zu den Gefangenen, Mago«, sagte Hannibal erschöpft. »Nimm dir Helfer aus Etrurien, die mit ihnen sprechen und dolmetschen können. Ich möchte die Leute, die aus dem Umland stammen, waffenlos in ihre Heimatdörfer entlassen. Vielleicht fällt uns der ganze Stamm zu, der um den See wohnt, zwischen Arretium und Volsinii. Es stimmt, Rom ist nur noch vier Tagesmärsche entfernt. Wenn wir den Römern die Menschen aus ihrem Vorland nehmen, wenn die Bauern zu uns kommen, müssen die Römer verhungern. Und dann brauchen wir weder Leitern noch Rammböcke!«

DIE GROSSE SCHLACHT

Maharbal kehrte schon nach wenigen Tagen zurück. In der allgemeinen Panik, wie sie nach der Vernichtung einer ganzen Armee auch die nicht angeschlagenen letzten Reserven erfaßt hatte, war den Römern die letzte Zuversicht abhanden gekommen. Sie ergaben sich, ganz gegen die große Tradition ihrer Legionen, beinahe kampflos: die viertausend Reiter des Servilius hatten nur ein paar Hundert Tote, doch die in Perugia verschanzte Vorhut, deren Durchbruch gelungen war, fiel den Karthagern zum größten Teil unverwundet in die Hände. Da sie sich keine Chance mehr ausrechneten, da sie den Krieg als verloren ansahen, hatten die Römer mit Maharbal eine Kapitulation vereinbart, derzufolge sie mit einem Gewand, aber ohne sonstige Habe und Waffen, ungekränkt abziehen durften.

Darüber freilich gab es eine kleine Auseinandersetzung mit Hannibal.

»Es tut mir leid, mein Guter«, sagte er, »aber die Römer unter den Gefangenen kann ich nicht laufenlassen, sie verstärken ja sonst die Garnison der Stadt, die wir erobern müssen!«

Maharbal verteidigte sein Abkommen.

»Von den Männern aus Perugia, Feldherr, kämpft keiner mehr. Ich habe sie gesehen. Sie hatten stundenlang den Tod vor Augen, sie haben unsere Überlegenheit gesehen und daß die Punier und Numidier von allen Seiten über sie kamen wie Dämonen und Ausgeburten des Nebels . . .«

»Ich habe Nachrichten aus Rom«, beharrte Hannibal, »dort beginnt ein neuer Wind zu wehen. Man nimmt die Bedrohung nun ernst. Selbst die greisen Senatoren haben nun erkannt, daß unser dritter großer Sieg nacheinander kein Zufall sein kann. Sie wollen einen Diktator wählen und ihm unbeschränkte Macht einräumen, und sie haben beschlossen, den Schutzgöttern der Stadt hundertzwanzig Stiere zu opfern.«

»Die sollten sie sich lieber für die schmalen Wochen der Belagerung aufheben!« sagte Maharbal. »Bislang waren unsere Götter mächtiger, obwohl wir niemals hundert Stück Vieh opfern konnten. Aber du bist der Feldherr, mein Abkommen gilt also nicht?«

»Nur teilweise. Die Männer aus den Scharen der römischen Verbündeten, von den Galliern bis zu den Sabrinern, werden verschont und sollen die Kunde von unserer Milde nach Hause tragen. Die anderen aber, jene, die Rom noch nützen könnten . . .«

»Sag es nicht, Feldherr!« unterbrach Maharbal. »Wenn du es aussprichst,

ist es nicht mehr zurückzunehmen, und wenn du sie alle zu töten befiehlst, stehe ich als ein Lügner da!«
Hannibal lächelte. Er liebte das Ungestüm dieses tapferen und treuen Freundes, aber es war ihm nicht gelungen, aus dem Hitzkopf auch einen Diplomaten zu machen.
»Die anderen also werden in Ketten gelegt und als Kriegsgefangene streng bewacht; sie dürfen auch gegen Lösegeld nicht freigegeben werden. Das siehst du doch hoffentlich ein?«
Maharbal senkte den Kopf.
»Ich war unmittelbar nach unserem glanzvollen Sieg zu sehr in Hochstimmung. Da die Flüchtlinge alle Hoffnung aufgegeben hatten, sah ich uns schon als die Herren Italiens. Du hast recht, Feldherr, ich weiß nur nicht, wie ich es ihnen beibringen soll!«
»Du sagst einfach, du warst zu diesem Abkommen nicht befugt. Daß ich der Herr über diesen Feldzug bin, das dürfte sich inzwischen ja wohl bis zu den Römern herumgesprochen haben!«

Während Hannibal seine Armee im Raum um Perugia sammelte, erreichten ihn immer deutlichere Nachrichten aus der nahen Stadt Rom. Das zeitliche Zusammentreffen der Schlacht am Trasimenischen See mit dem heftigsten Erdbeben seit Menschengedenken hatte die Bevölkerung in abergläubischen Schrecken versetzt. Waren den Römern die dunkelhäutigen Punier mit ihren fremden Göttern stets schon unheimlich gewesen, so wurden sie es in diesem Sommer noch mehr, da sie wenige Tagesreisen vor der Stadt Rom standen.
Gallische und sabinische Späher, die sich weitgehend gefahrlos zwischen den Fronten bewegen konnten, berichteten Hannibal mehrmals täglich über die Stimmung in der Ewigen Stadt und die Maßnahmen, die man dort zu treffen gedachte.
»Zunächst, Herr, will man die Sibyllinischen Bücher befragen«, erzählte eine schlanke und hochgewachsene Sabinerin, die wegen der Würde, die ihre Erscheinung ausstrahlte, auf merkwürdige Weise unbehelligt blieb, wohin auch immer sie sich begab. »Das sind uralte Schriften, von denen einst ein Teil verbrannt und dann doch ein Drittel gerettet wurde. Sie liegen im Tempel auf dem Kapitol und sollen den Römern einen Hinweis darauf geben, was in ihrer bedrängten Lage zu tun sei.«
»Solange es nichts anderes ist!« antwortete Hannibal verächtlich. »Wir ha-

ben in den Bergen und Sümpfen zuviel mitgemacht, um uns von alten Papyri schrecken zu lassen!«
»Sie haben auch einen Bettag beschlossen und jedem einzelnen große Opfer aus dem Vieh auferlegt, das in diesem Frühjahr geboren wurde . . .«
Hannibal zuckte die Achseln.
»Ich glaube an meine Götter, Sabinerin, und ich verstehe, daß die Römer in der Not dieses Augenblicks Rat und Hilfe bei ihren Gottheiten suchen. Aber woran es ihnen bislang fehlte, das war vor allem der Verstand. Sie waren nicht feige, sie verstanden sich zu wehren, sie sind unserem Fußvolk überlegen und besser bewaffnet. Aber am Trasimenischen See hatte ich den Eindruck, es fehlte selbst den Berühmtesten unter ihnen ganz einfach im Kopf . . .«
»Du hast erraten, was die Sibyllinischen Schriften verlangt haben, Hannibal«, sagte die Frau aus den Sabinerbergen leise, so als fürchte sie, von den römischen Göttern für den Verrat bestraft zu werden. »Sie befahlen, der Göttin Mens einen Tempel zu errichten, und diese Göttin gebietet über die Kraft der Seele und die Gaben des Verstandes, also eben das, woran es die Römer bislang so deutlich fehlen ließen.«
Als wollte er selbst nun nicht, in Siegerlaune und aus Leichtsinn, in die Fehler der Römer verfallen, betrug sich Hannibal in den Sommerwochen dieses Jahres mit der größten Vorsicht und einer Duldsamkeit gegenüber den Unterworfenen, wie man sie an ihm noch niemals bemerkt hatte. Er ließ seine Truppen in vielen Ruhetagen wieder zu Kräften kommen, bis alle Spätfolgen der harten Tage in den Sümpfen und der dort ausgebrochenen Krankheiten getilgt zu sein schienen. Man fing Pferde ein, wo man sie fand, um die Reiterei mit ihnen zu versorgen, und rüstete vor allem das libysche Fußvolk mit den erbeuteten Waffen aus, damit es sich im Gebrauch des Kurzschwertes üben könne. Und stets wurden die Vornehmen aus den Gebieten rund um Rom darauf hingewiesen, daß man zwar die Lasten des Krieges und die Versorgung einer großen Armee dem Land auferlegen müsse, daß sich aber der Feldzug nicht gegen die von Rom unterjochten Stämme des italischen Landes richte, sondern einzig und allein gegen Rom selbst.
Um zu erproben, wie seine Armee sich vor einer gut verteidigten Stadt verhalten werde, sandte Hannibal starke Abteilungen des punischen Heeres gegen Spoletium, eine Hügelstadt in Umbrien, um sie zu erobern. Obwohl erst zwei Dutzend Jahre römische Kolonie, wehrte sich die Stadt am

Osthang des Clitumnustales so beherzt, daß die Punier mit blutigen Köpfen wieder abziehen mußten. Hannibal schob dieses Mißgeschick zwar dem Umstand zu, daß das Tal gleichsam durchsetzt war mit Weihestätten und Gottheiten, daß es ein heiliges Tal war und mit übermächtigem Zauber die Punier abgewehrt hatte. Im stillen aber sagte er sich, daß die Unmöglichkeit, das vergleichsweise kleine Spoletium zu erobern, bereits eine Entscheidung auch über die Frage gebracht habe, ob man vor die Mauern Roms ziehen und diese riesige Stadt berennen solle, mit dem wenigen Belagerungsgerät, das seiner Armee zur Verfügung stand.

Diese Mauern, das berichteten Hannibals Späher, wüchsen und würden verstärkt, seit die Stadt, ohne die Konsuln zu befragen, sich einem Diktator in die Hand gegeben hatte, dem Quintus Fabius Maximus Verrucosus, der seinerseits zu seinem Unterbefehlshaber und Obersten der Reiterei den Marcus Minutius Rufus bestellte. Weder Flaminius, der eine Konsul, noch Servilius, der andere Konsul, hatten zur Wahl des Diktators Stellung nehmen können, denn der eine war tot und der andere hatte mit hundertzwanzig Kriegsschiffen die Verfolgung einer punischen Flotte aufgenommen, die vor dem Hafen von Ostia eine ganze römische Versorgungsflotte für die in Spanien kämpfenden Truppen keck weggenommen hatte.

Bei allem Vertrauen, das die Römer zu dem Diktator hatten, der als ein besonnener Mann galt, stieg die Angst innerhalb der Mauern von Tag zu Tag, und wo Angst wächst, da wächst auch die Grausamkeit. Einem Mann, den man für einen Späher des Hannibal hielt, schlugen die Römer die Hände ab, und fünfundzwanzig Sklaven, die eines Aufruhrs zugunsten der Punier verdächtigt wurden, nagelte man kurzerhand ans Kreuz.

Dennoch wurde Hannibal Tag für Tag über alles unterrichtet, was sich in Rom begab, denn es fehlte angesichts seiner Siege nicht an Überläufern.

»Vor den Toren von Rom stehen Frauen«, berichtete ein Gallier, »die warten auf ihre Männer und Söhne, die sich aus der Vernichtungsschlacht am Trasimenischen See etwa noch hatten retten können . . .«

Hannibal lachte bitter auf:

»Die sind ja wirklich nach allen Himmelsrichtungen geflohen, und jene, auf die wir dann noch stießen, waren so hoffnungslos und verhungert, daß sie keinen Widerstand mehr leisteten!«

»Es kommen tagtäglich noch Flüchtlinge aus der Schlacht«, fuhr der Gallier fort, »und ihre Berichte mehren deinen Ruhm, Feldherr. Denn sie sind noch von dem großen Schrecken gezeichnet und von den Ängsten aus den Tagen, da die Männer sich verborgen hielten ... Man erzählt sich, daß eine Mutter, die tagelang auf ihren Sohn gewartet und die Hoffnung beinahe schon aufgegeben hatte, in dem Augenblick, da er ihr dann tatsächlich und leibhaftig gegenüberstand, umgesunken sei und den Geist aufgegeben habe.«

»Sie sollen ihre Söhne besser zu Hause behalten«, murrte Hannibal. »Ich bin kein Schlächter, sondern ein Krieger. Wer an seinem Herd bleibt, hat nichts zu befürchten.«

Aber es zeigte sich doch, daß nun ein anderer Wind wehte. Der neue Herr des bedrohten Rom, der Diktator Quintus Fabius, hatte alle Männer bis zum fünfunddreißigsten Lebensjahr zu den Waffen gerufen und führte seine Armee an die Punier heran, freilich nicht ihnen entgegen. Es war, als wolle er Hannibal vor allem zeigen, es gebe wieder eine römische Armee. In geringer Entfernung von den Feinden auf den Höhen dahinziehend, beobachtete er Hannibal unausgesetzt und machte es ihm unmöglich, in der bisherigen unbeschwerten Art mit kleinen Reitertruppen das Land zu plündern. Natürlich gelang es den karthagischen Truppen auch weiterhin, Vieh und Feldfrüchte aufzutreiben und sich zu ernähren, hatten sie doch alle Macht und hinreichend Bewegungsfreiheit; aber jede dieser unerläßlichen Operationen mußte nun mit größeren Abteilungen durchgeführt werden, unter sorgfältiger Bedeckung und Planung. Die Truppe vermochte sich nicht mehr in dem Maß auszuruhen wie nach dem Sieg am Trasimenischen See, als es außer den Puniern keine militärische Macht rund um Rom gegeben hatte.

Hannibal hoffte, daß ihm ein Zwist zwischen dem Diktator und seinem Stellvertreter zu Hilfe kommen werde, die unerfreuliche Situation zu beenden. Marcus Minutius Rufus war nämlich ungleich temperamentvoller und angriffslustiger als Quintus Fabius Maximus, dem man wegen seines übervorsichtigen Verhaltens schon den Beinamen Cunctator, der Zauderer, gegeben hatte. Marcus Minutius hatte dem Diktator, vor den Rittern und Obersten der römischen Armee, sogar eine große Rede darüber gehalten, daß man die Verwüstungen des Landes, das Niederbrennen von Dörfern und Landgütern nicht länger mit ansehen dürfe, sondern Hannibal bei erster Gelegenheit zum Kampf stellen müsse.

Da viele Soldaten des römischen Heeres aus der Umgebung der Stadt und den Vorlanden bis zur Adria stammten, hatten sie wegen ihres zaudernden Oberfeldherrn schon wochenlang zusehen müssen, wie ihre eigenen

Dörfer von Hannibal leergeplündert und nachher angesteckt wurden, einzig das Land um Capua ausgenommen, wo das große Landgut des Quintus Fabius Maximus lag. Erbost, daß der Feldherr selbst keinen Schaden habe, ihre eigenen Angehörigen jedoch durch sein Zaudern gefährdet seien oder gar schon geschädigt wurden, forderten nun auch zahlreiche Legionssoldaten energischeres Vorgehen gegen die durchs Land ziehenden Numidier, Gallier und Karthager. Quintus Fabius Maximus mußte nach jener Rede, die unter den Truppen soviel Beifall gefunden hatte, die Zügel lockern und seinem Unterfeldherrn Marcus Minutius die Freiheit zu begrenzten Aktionen einräumen.
Als sich solch eine Gelegenheit zum erstenmal bot, griffen die Truppen des Marcus Minutius hügelab ein starkes Kontingent der Karthager an. Hannibal hatte zunächst auf einen Hinterhalt verzichten wollen, weil das offene Gelände keine derartige List begünstigte. Erst als seine Kundschafter den Hang aus der Sicht der Römer betrachteten, entdeckten sie, daß eine bestimmte Bodenfalte mit einigen Erdhöhlen vom Angreifer her nicht deutlich erkannt werden könne. Dies bot nun die Möglichkeit, wenigstens tausend Mann in einen Hinterhalt zu legen, und diese tausend ausgesuchten Kämpfer genügten, unter den herabstürmenden Männern des Marcus Minutius beträchtliche Verwirrung zu schaffen. Da sie am Fuß des Hügels auf starke karthagische Verbände trafen und nun hügelan zurückgehen wollten, schuf der Feind in ihrem Rücken eine arge Panik. Jene, die es überlebt hatten, erinnerten sich an das Gemetzel am Trasimenischen See und flohen in hellen Haufen hügelaufwärts, auf den Fersen gefolgt von den schnell anreitenden Numidiern.
Ein tapferer Reiterführer namens Hostilius, ein treuer Anhänger des Marcus Minutius, versuchte noch in letzter Minute, die Fliehenden zu beruhigen und auf halber Höhe des Hügels eine Abwehrlinie aufzubauen. Er hatte erkannt, daß der Hinterhalt nur unbedeutend gewesen war und mehr Geschrei als Tote verursacht hatte. Aber gerade dieser besonnene Mann fiel, und nun hielt die Römer nichts mehr. Sie flohen weiter und wären alle von den numidischen Verfolgern niedergemacht worden, wäre nicht inzwischen auf der Höhe des Hügels die Armee des Quintus Fabius Maximus aufmarschiert. Sie nahm die Scharen der Verzweifelten auf und rettete damit die Situation.
Hannibals disziplinierte Truppe hatte keine Mühe, sich vom Feind zu lösen und hügelab davonzureiten. Marcus Minutius aber dankte seinem

Oberfeldherrn, indem er nun ausdrücklich dessen überlegene Einsicht anerkannte und schwor, sich hinfort bedingungslos seinem Kommando unterzuordnen.

Als dies alles geschah, war Hannibal in der fruchtbaren Landschaft Campanien auf der Suche nach geeigneten Winterquartieren. Dieser an sich unbedeutende Zwischenfall aber, das Gefecht mit Hostilius und das Eingreifen der römischen Hauptarmee just zur rechten Zeit, bewog ihn, für die winterliche Ruhezeit und die Neuaufstellung seiner angeschlagenen Armee das mildere Süditalien zu wählen. Aus den Punierkriegen auf Sizilien und in Apulien war seinen älteren Offizieren die Landschaft bekannt, und auch Hannibal selbst wußte genug von ihr aus den Erzählungen Hamilkars, der hier seine ersten ruhmreichen Kämpfe bestanden hatte. All das aber war auch Quintus Fabius Maximus bekannt, und er gedachte nicht, die Karthager so ohne weiteres und ohne ihnen eine Lektion erteilt zu haben, über die Pässe der Mittelgebirge in ruhige Winterquartiere entrinnen zu lassen.

»Mit dem Mann ist nicht zu spaßen«, sagte Hannibal im Kriegsrat, der sich in gedrückter Stimmung versammelt hatte, »und unsere Lage ist auch nicht die beste. In Campanien können wir nicht mehr bleiben. Wir haben zusammengetrieben, was es an Vieh hier gab, wir können mit neuem Verpflegungsnachschub nicht mehr rechnen, und neben Quintus Fabius Maximus zu überwintern, tagein, tagaus genötigt, auf der Hut zu sein und Wachen aufzustellen, das würde uns um die Erholung bringen, die wir uns alle verdient haben.«

»Dann brechen wir doch durch!« rief Mago vorlaut. »Er hat nicht mehr Truppen als wir, und daß wir die Römer schlagen können, das wissen wir nun schon!«

»Er hat nicht mehr Truppen, aber er sitzt auf der Höhe, die oben den Engpaß beherrscht, durch den wir ziehen müssen. Wir können an der Schwelle des Winters nicht mehr große Umwege beschreiben, wir haben nicht die Kraft, durch Sümpfe zu gehen, bei denen wir das ganze Beutevieh verlieren würden. Wir müssen hindurch, und ich bitte euch alle nachzudenken, wie wir das bewerkstelligen könnten. Jeder Vorschlag, und sei er der seltsamste, wird in diesem Kreis erwogen werden!«

Ehe es zu irgendwelchen Aktionen kam, wurden die Gebirge und die Umgebung des Engpasses genau erforscht. Die Späher kamen dabei so

»Der eine heißt Aemilius Paullus und entstammt der Oberschicht, er dürfte ein Mann in der Art des Zauderers Fabius sein. Der andere hingegen ist eine unbekannte Größe, vielleicht eine Chance, vielleicht eine Gefahr. Er heißt Varro, hat eine breite Anhängerschaft im niedrigen Volk und ist der Sohn eines Fleischers...«

»Eines Fleischers? Und wird Konsul?«

Hannibal verbesserte sich so absichtsvoll, als könne der ferne Varro ihm zuhören:

»Natürlich nicht eines gewöhnlichen Fleischers«, sagte er, »sondern eines sehr wohlhabenden Mannes. Er hatte den Römern so lange zu teures Fleisch verkauft, bis er selbst sehr reich geworden war. Mit Geld kann auch ein Metzgerssohn das Volk hinter sich bringen. Dieser Mann hat sich verpflichtet, mich anzugreifen und zu schlagen, wo immer ich stehe und wann immer sich Gelegenheit ergibt. Kommandiert er, so haben wir eine Chance, unsere bisherigen Erfolge zu wiederholen, denn die Hitzköpfe im anderen Lager sind unsere besten Verbündeten, das haben wir an der Trebbia erlebt und am Trasimenischen See!«

»Und der Diktator, von dem sich Rom so viel versprochen hat?«

»Nun, Fabius Maximus hat den Römern mindestens zweimal ihre Armee gerettet, wenn er auch uns niemals ernstlich gefährdet hat. Und er hat sich bereit gefunden, mit mir zu verhandeln, mit dem Raubtier Hannibal, der Geißel der Menschheit, dem Feind Nummer eins der Römischen Republik.«

»Ach, du meinst die Besprechung über den Gefangenenaustausch?«

»Natürlich, das war immerhin eine Berührung, ein Gespräch. Der Senat hat es ihm sehr verübelt, und ich achte diesen Quintus Fabius Maximus eben darum. Denn du weißt ja noch nicht, daß der Senat diese Übereinkunft gar nicht gebilligt hat!«

»Sie wollen ihre Gefangenen nicht?«

»Wir hatten vereinbart, daß stets ein Römer gegen einen unserer Leute getauscht würde. Nun haben aber wir ungleich mehr Gefangene gemacht als die Römer. Also mußte ein Preis für die überzähligen Römer festgesetzt werden...«

»Soweit habe ich die Verhandlungen verfolgt: es waren, glaube ich, zweieinhalb Pfund Silber für jeden Mann?«

»Richtig, also eine ganz schöne Summe bei unseren hohen Gefangenenzahlen. Die geizigen Senatoren hängten sich aber ein patriotisches Mäntelchen um, erklärten, hoheitsvoll in ihre Toga gehüllt, wer sich dem Feind ergebe, sei die Auslösung nicht wert, und beschlossen, das Geld zu sparen.«

»Aber Quintus Fabius Maximus war doch der Diktator?«

»Ich weiß nicht so genau, was in einer Demokratie ein Diktator zu sagen hat. Quintus Fabius Maximus jedenfalls zögerte in dieser Angelegenheit nicht, sondern verkaufte sein wertvolles Landgut, das wir ja absichtlich verschont hatten, und bestritt aus dem Erlös den Freikauf der Gefangenen. Er hat als Mann von Ehre unseren Vertrag erfüllt, ein Römer, wie er sein soll, aber wie es leider nicht viele gibt!«

Mago blickte überrascht auf:

»Du hast unserm Vater Hamilkar geschworen, die Römer zu hassen, solange du lebst...«

»Aber nicht wegen ihrer Tugenden, Bruder, sondern wegen ihrer Unersättlichkeit, ihrer Machtansprüche! Wir haben gegen sie Krieg geführt, das kommt vor, und wir sind unterlegen. Es hat einen Friedensvertrag gegeben, und man hätte gemeinsam darauf hinarbeiten können, diesen Frieden zu erhalten. Aber Rom ging es nicht um den Frieden, sondern um unsere Vernichtung. Sie legten uns Lasten auf, die wir nicht erfüllen konnten, sie unterstützten überall im Mittelmeer unsere Gegner und machten andere, mit denen wir friedlich ausgekommen wären, wie die Griechen von Zakynthos, zu unseren Feinden. Die Welt ist groß, sie ist erfüllt von barbarischen und halbbarbarischen Völkern, man hätte sich einigen und die Interessenzonen nach und nach aufteilen können, aber die Römer halten sich für höhere Wesen, sie sind überzeugt, nur sie seien zur Herrschaft berufen, und dagegen kämpfe ich an, darum suche ich Verbündete unter den Stämmen Italiens.«

»Gerade diese Suche ist aber bisher erfolglos geblieben«, wandte Mago ein.

»Sie fürchten Rom noch zu sehr. Sie schicken uns heimlich ihre jungen Männer, aber die Stammesoberhäupter, die Stadtväter, die Reichen, sie halten Rom die Treue nach außen hin. Laß uns noch eine große Schlacht gewinnen, eine einzige, dann wird auch das sich ändern!«

Als im Mai die Weiden im Gebiet des Flusses Tifernus und rund um das Lager von Gerruntium völlig abgefressen waren und auch der fischreiche Fluß nicht mehr genug Nahrung liefern konnte, hob Hannibal das lange

Winterlager seiner Armee auf. Schon daraus hatten seine Berater erkennen können, daß er sich nicht gegen Rom wenden würde, denn für eine Belagerung brauchte man die warme Jahreszeit, sie hätte außerdem schon im März beginnen müssen, als die neuen Konsuln sich in ihre Ämter noch nicht eingelebt hatten und mit den religiösen Zeremonien der Amtsübernahme beschäftigt waren. Nun aber, da die Nahrungsmittel für die Armee von Tag zu Tag schwerer zu beschaffen waren und die Soldaten nach neuen Taten verlangten, nun mehrten sich die Anzeichen dafür, daß die Konsuln ihren bislang siegreichen Gegner nicht im italischen Land herumziehen und plündern lassen wollten.
Hannibal wurde über alles, was sich in Rom begab, schnell und haarklein unterrichtet, auch wenn man den einen oder anderen Späher aufgriff. Die römische wie die karthagische Armee hatte in ihren Reihen Samniten, Etrurier und Gallier aus den Gebieten diesseits der Alpen, und in der Riesenstadt Rom war es offensichtlich unmöglich, jene, die für Hannibal spionierten, von den anderen zu unterscheiden, die für Rom zu kämpfen bereit waren.
»Rom rüstet wie nie zuvor«, berichteten die etrurischen Spione, »und nicht nur mit Waffen und Kampfspielen, sondern auch im Geist. Die Priester verlangen neue, furchtbare Eide von den Soldaten.«
»Kannst du so einen Eid hersagen?« erkundigte sich Hannibal interessiert.
»Ich könnte ... aber ich wage es nicht. Mit solchen Dingen soll man nicht spaßen!«
»Wenn ich dich dazu erst zwingen muß, können die Götter es dir nicht verübeln«, sagte Hannibal und gab der Zeltwache ein Zeichen. Der hochgewachsene Berber nickte und zog dem Mann mit der flachen Klinge zwei Schläge über den Rücken. Der Samniter brach in die Knie, begriff, daß er nun reden müsse, und sagte den Eid her, wie er ihn in Rom gehört hatte: »Ich schwöre, niemals die Flucht zu ergreifen, nie meinen Platz in der Schlachtordnung zu verlassen, außer um Waffen oder Schanzpfähle zu holen, einen Feind zu erschlagen oder einen meiner Mitbürger zu retten.«
»Und wie stark ist diese auf Varro und Aemilius Paullus eingeschworene Armee?«
»Man spricht von neunzigtausend Mann.«
Im Rat der Karthager blickte man einander an. Das war viel, das waren doppelt so viele Männer, wie Hannibal hatte! Der aber blieb ungerührt.
»Wie viele davon«, fragte er ruhig, »sind beritten?«

»Sechstausend ... und es sind durchwegs junge Soldaten. Man brauchte eine Weile, um die Pferde zusammenzubringen.«
»Und wie man sich den Oberbefehl geteilt hat ... weißt du das? Gibt es zwei Armeen wie zeitweise unter Quintus Fabius Maximus und Marcus Minutius?«
»Nein, Herr«, antwortete der Samniter, und man sah ihm an, daß er nun befürchtete, man werde ihm nicht glauben, »der Oberbefehl wechselt von einem Tag zum anderen – einen Tag Terentius Varro, den nächsten Aemilius Paullus!«
Hannibal schlug sich erfreut auf die Schenkel.
»Das ist eine ausgezeichnete Nachricht. Laß dir Wein geben, Fleisch zum Braten und ein frisches Hemd!«
Als der Mann sich bedankt hatte und gegangen war, erhob sich Hannibal und gab den Befehl zum Aufbruch.
»Die Stimmung in Rom kommt uns entgegen«, sagte er. »Senat und Volk drängen die Konsuln. Die beiden müssen eine Schlacht suchen. Und wir werden sie dort empfangen, wo wir unsere einzige Überlegenheit ausspielen können – die der Reiterei. Unser nächstes Ziel ist die befestigte Stadt Cannae mit ihren großen Vorratslagern; damit locken wir die Römer tief nach Apulien hinein, wo wir schon ein wenig zu Hause sind!«
»Aber unsere Männer«, widersprach Maharbal, »haben mit dem Zug nach Rom gerechnet, und nun führst du sie von Rom weg!«
»Du solltest es besser wissen, Maharbal, du warst schon bei Zakynthos dabei, du hast Spoletium miterlebt ... Würden wir versuchen, Rom einzuschließen, dann wäre unser Belagerungsring so dünn und brüchig wie ein Kupferreif. Sag den Leuten, daß wir ein großes Vorratslager stürmen werden, und führe die Vorhut, denn wir müssen Cannae im Handstreich nehmen, ehe die Besatzung recht zur Besinnung kommt, sonst geraten wir zwischen die Belagerten und die Entsatzarmee der Konsuln!«

Das war ein Ziel, und es war klar. Aber es war ein Weg von dreihundert römischen Meilen, auf dem auch noch Verpflegung beschafft werden mußte, denn nach dem Winterlager war so gut wie nichts an Vorräten verblieben. Der Marsch mußte langsam und vorsichtig vor sich gehen, denn an der rechten Flanke zogen die Römer heran, und an der linken öffnete sich der geräumige Sporn des apulischen Landes, aus dem zwar keine große Armee hervorbrechen konnte, aber doch ein Landungskorps.

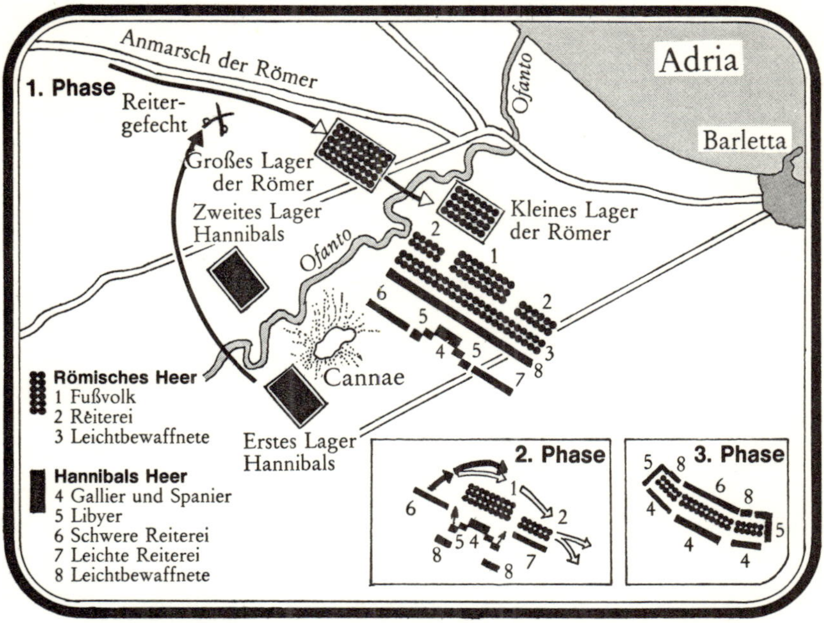

Die sprichwörtlich gewordene Schlacht von Cannae unweit der heutigen Stadt Barletta.

Denn zur See hatten die Römer inzwischen die Überlegenheit erkämpft; die karthagische Flotte mußte sich darauf beschränken, das Nötigste an Hilfstruppen für Hannibal an die Küsten zu setzen, in nächtlichen Ausschiffungen und unter ständigen Gefahren.

Aber es war Frühling! Man überquerte die Flüsse, die aus den Bergen zum Adriatischen Meer flossen, und nur die Mainächte waren noch kühl. Über dem langsamen Marsch mit seinen vielen Rasten und Plünderungsaktionen ging der Juni hin. Im Juli aber erreichte Hannibal mit seiner Armee den Fluß Aufidus, der südlich des apulischen Sporns ins Meer mündet und an dessen rechtem, südlichem Ufer wohlbefestigt das Lager von Cannae aus der Ebene aufragte. Unweit davon lag die volkreiche Griechenstadt Canusium, die längst von den Römern erobert worden war, aber noch immer ihre griechischen Münzen prägte...

Es war sehr schwer, die ungeduldigen numidischen Reiter zur Besonnen-

heit zu zwingen. Sie jagten auf ihren schnellen Pferden längs der Flußufer hin, trieben die Tiere durch die Furten des Aufidus und jenseits dann die Böschung hinan, als hätten die Pferde gewittert, daß in der Zitadelle von Cannae prall gefüllte Säcke mit Hafer auf sie warteten und auf die Reiter große, in den Boden gesenkte Vorratsgefäße mit Brotgetreide, Dörrobst, luftgetrocknetem Fleisch und Salz.
Ehe auch nur einer der Römer auf den Gedanken kommen konnte, das Vorfeld genauer im Auge zu behalten, waren die Numidier, hinter die Hälse ihrer Pferde geduckt, wie Schatten durch die Tore gehuscht und hatten sich hufklappernd in den Gassen der Festungsstadt verteilt.
»Sie haben es tatsächlich geschafft!« sagte Hannibal, der auf einer Anhöhe am Nordufer gehalten hatte, zu seiner Begleitung. »Sie sind in der Stadt Der Handstreich ist gelungen. Aber jetzt dürfen wir sie nicht warten lassen, Maharbal! Die schweren Reiter, schnell! Und du, Mago, marschierst mit dem karthagischen Fußvolk, ich kann bei so reichen Vorräten keine Verbündeten dort brauchen, da gibt es Mord und Totschlag, und zum Schluß sind alle Vorräte verwüstet, und niemand hat davon etwas gehabt!«
Maharbal beeilte sich, aber es wäre nicht nötig gewesen. Der große Schrecken vom Trasimenischen See hatte sich bis nach Apulien herumgesprochen, und niemand wagte es, gegen die Numidier, die ganz Rom schon kannte, die Hand zu erheben. Murrend, weil man sie zunächst um die Früchte ihres schnellen Sieges betrog, wichen die Numidier der ausgesuchten Schar schwerer Reiter, den Söhnen aus Karthagos vornehmsten Geschlechtern, die sogleich die Vorratshäuser besetzten. Doch als Hannibal dann eintraf, hatte sich die Mißstimmung schon wieder gelegt; jeder sah ein, daß solche Beute nicht alle Tage eingebracht werden konnte. Und als das Lager aufgeschlagen wurde, als die ersten Portionen ausgegeben waren und die Soldaten ihre Fladen backen, ihr Fleisch braten konnten, da erfüllte sich das weite Rund der Zelte mit der Fröhlichkeit der in so vielen Jahren der Kriege, Märsche und Entbehrungen geprüften Männer.
»Sie brauchen nicht viel«, sagte Hannibal und wies zu den Lagerfeuern hinüber, »sonst hätten sie wohl schon längst aufgegeben. Sie sind bescheiden, weil sie zu Hause noch weniger haben – von den Karthagern natürlich abgesehen. Aber auch diesen Kaufmannssöhnen schadet es nicht, daß sie inzwischen Soldaten geworden sind, denn wir werden Karthago noch oft verteidigen müssen.«

»Gegen wen?« begehrte Maharbal auf. »Rom ist unser einziger ernster Gegner, und die Römer werden wir hier, in dieser Ebene und vor den Hügeln von Cannae, vernichtend schlagen!«
»Wenn sie kommen!« brummte Hannibal und wandte sich ab. Ihn verlangte nach den vielen Tagen des Marsches nach seinem Lager.

Die Ungewißheit währte nicht lange. Nach dem Aufbruch Hannibals aus seinem Winterlager am Fluß Tifernus hatte Varro offenbar nur darauf gewartet, daß die Karthager anzeigten, wohin sie sich wenden würden und wo man auf sie treffen könne. Die beiden Konsuln hatten ihr großes Heer aus Rom heraus und durch die Hügel des Samnitenlandes quer über die Halbinsel nach Südosten geführt.
»Vor ein paar Tagen hast du noch bezweifelt, daß die Römer kommen, Feldherr«, sagte Maharbal, als er gegen die Mittagssonne zum Hügelkranz im Westen aufblickte. »Ich glaube, sie sind jetzt da, und sie haben nicht lange gebraucht!«
Hannibal trat vor das Zelt. Die Hügelrücken am Westhorizont hatten sich tatsächlich mit blitzenden Helmen geziert, Speerspitzen warfen die Sonne zurück, Schilde glänzten in der Julihitze.
»Sie zeigen sich, das ist ein Fehler!« sagte Hannibal ruhig, »und solche Fehler macht nur Gajus Terentius Varro. Es ist also sein Tag heute, und wir wollen das nützen. Los, Maharbal, aufgesessen, das leichte Fußvolk voran, um die Römer zu beunruhigen, die ganze Reiterei hinterher. Er soll haben, was er will!«
Im Lager wurde es binnen Augenblicken lebendig. Es bedurfte keiner Anfeuerungsrufe, denn die Soldaten hatten ebenfalls die Römer entdeckt, und wenn auch kaum zu befürchten war, daß das karthagische Lager am Aufidus angegriffen wurde, so hatten sie inzwischen doch alle erfahren, daß Schnelligkeit die beste Waffe gegen die Legionen sei.
Als die Reiterei ausschwärmte, marschierten schon die Schleuderer von den Balearen und die Leichtbewaffneten, etwa achttausend Mann zu Fuß, den flachen Hang hinauf, Varro entgegen. Die Reiterei hingegen verteilte sich und griff die römischen Verbände an, die ihren Marsch auf die Stadt Canusium noch nicht vollendet hatten.
Der erste Zusammenstoß zeigte, daß den Römern die Verschmelzung der neu aufgestellten Legionen mit den erfahrenen Truppenteilen noch nicht völlig gelungen war. Die vordersten Reihen des römischen Fußvolks gerie-

ten sogleich in Unordnung. Es war doch sichtlich ein Unterschied, ob man vor den Toren der Ewigen Stadt friedlich übte oder ob die blitzschnellen Numidier mit gefällten Lanzen auf einen eindrangen, von den treffsicheren Schleuderern ganz zu schweigen.

Varro aber, der annahm, dies sei schon die große Schlacht, zauderte nicht und warf ins Gefecht, was er an Truppen schon zur Verfügung hatte: seine ganze Reiterei, neunzehntausend Leichtbewaffnete und zwölftausend Mann erfahrener Kerntruppen. Damit war er Hannibal doppelt überlegen und fing die Weichenden nicht nur auf, sondern ließ es Hannibal sogar geraten erscheinen, sich abends zurückzuziehen.

Als die Nacht auf das Tal des Aufidus niedersank, herrschte zwischen Canusium, wo sich die Römer verschanzt hatten, und der nun karthagischen Festung Cannae noch immer lebhafte Bewegung. Im Schutz der Dunkelheit sammelte jeder der beiden Gegner seine Verwundeten aus dem Vorfeld auf und holte sie ins Lager, und auch Hannibal ging über das Schlachtfeld, um sich einen Eindruck von der Verfassung und Bewaffnung der frischen römischen Truppen zu verschaffen und Gefangene zu befragen.

Unter den gefangenen Offizieren war auch ein Centurio, nicht mehr jung und sichtlich in vielen Schlachten geprüft, nicht nur gegen Hannibal. Nur seine Verwundung an der Schwerthand hatte seine Gefangennahme ermöglicht. Hannibal, der schon seit dem Sieg am Trasimenischen See alle Gefangenen schonte und nur noch Späher oder wieder eingefangene Überläufer hinrichten ließ, sorgte dafür, daß der Mann verbunden und gelabt wurde und ließ ihn dann in der Zitadelle von Cannae vor sich bringen.

»Stimmt es, daß heute Varro kommandierte?« wollte Hannibal als erstes wissen.

»Hast du ihn nicht an seiner Torheit erkannt? Nur der Sohn eines Metzgers kann mit so unbedachter Wut losschlagen, noch ehe seine Truppen sich entfalten konnten.«

»Ihr liebt ihn also nicht?«

»Wenn du die alten Soldaten meinst, Feldherr, jene, die schon unter Scipio gegen die Gallier und gegen dich gekämpft haben, dann muß ich dir sagen: Wir kämpfen, weil es unsere Pflicht ist. Wir kämpfen, weil wir es gelernt haben. Aber wir wollen dabei von einem Mann geführt werden, der weiß, was er tut!«

»Aber heute hat er sich doch gut gehalten? Einer meiner Führer meinte sogar«, Hannibal unterbrach sich und warf Maharbal einen spöttischen Blick zu, »ich hätte, ebenso wie Terentius Varro, meine Plänkler durch Schwerbewaffnete zu Fuß verstärken müssen ...«

Der Centurio blickte überrascht auf.

»Man wagt so zu dir zu sprechen, Feldherr?« sagte er und versuchte, aus den Gesichtern der Umstehenden zu erkennen, wer von ihnen wohl am meisten Einfluß auf Hannibal habe und nächst ihm die stärkste Autorität sei. »Die Zeit war zu kurz, der Abend zu nahe, es hätte für keinen der Gegner zu einem voll entwickelten Aufmarsch gereicht!«

»Bist du ein Römer?« wollte Hannibal wissen, dem der furchtlose Mann gefiel.

Der Centurio lächelte. Er hatte vermutlich schon davon gehört, daß Hannibal unter den von Rom unterworfenen italischen Stämmen nach Helfern und Abtrünnigen suchte.

»Ich stamme aus Ostia, Herr«, antwortete der Römer, »mein Vater blieb auf See, darum wurde ich Soldat in den Landtruppen. Ich wäre nichts für dich, ich bin nicht mehr jung, und ich bin verwundet. Ich danke dir, daß du mich gut behandelt hast, und hoffe, nach der großen Schlacht freigekauft zu werden.«

»Nicht ausgetauscht?«

Der Centurio schwieg und biß sich auf die Lippen.

»Nun sag es schon, du hast dich eben verraten!« mahnte Hannibal. »Warum freigekauft und nicht ausgetauscht?«

»Weil du, Feldherr, in ein paar Tagen zwanzigtausend gefangene Römer haben wirst und wir höchstens zweihundert gefangene Karthager. Mit dem, was uns der Senat an Soldaten mitgegeben hat, ist hier in der Ebene am Fluß keine Schlacht zu gewinnen, nicht gegen die Karthager zumindest, nicht gegen einen Hannibal!«

»Das sind Worte, die unseren Leuten Mut machen werden«, sagte Hannibal, als der Centurio gegangen war, zu Maharbal und Mago. »Verbreitet sie im Lager, denn es gibt Enttäuschte: Mancher hat den Sieg schon für heute erwartet ...«

Es zeigte sich aber, daß das Selbstvertrauen und die Zuversicht einer seit Jahren stets siegreich gebliebenen Armee durch ein unentschiedenes Treffen nicht erschüttert worden waren. Zwar hatten – wie Maharbal und Mago auf ihrem Rundgang feststellen mußten – nicht alle verstanden, warum Hannibal den Römern mit so leichten Kräften entgegengetreten war. Aber die große Beweglichkeit der eingesetzten karthagischen Streitkräfte und die Leichtigkeit, mit der sie sich im Dunkeln von den Römern gelöst hatten, wurden als sicherer Beweis dafür angesehen, daß Hannibal nach wie vor das Gesetz des Handelns vorschrieb.

Der nächste Tag war der des Konsuls Aemilius Paullus. Die Nachteile jener seltsamen Regelung, die jedem Feldherrn nur vierundzwanzig Stunden Befehlsgewalt beließ, konnten sich niemals deutlicher zeigen als an jenem Tag, da die feindlichen Heere einander gegenüberstanden: Sowohl das Verharren in der augenblicklichen Gefechtsstellung als auch jede Bewegung bargen für die Römer große Gefahren, da sie noch keine festen Lager aufgeschlagen hatten wie die Karthager, die seit Tagen im Raum Cannae kampierten.
Hannibal ließ denn auch, schon um seinen ungebrochenen Kampfeswillen zu zeigen, schon im Morgengrauen seine leichten Reiter wieder ausschwärmen, teils um zu erkunden, was die Römer beabsichtigten, teils aber auch, um diese zu beunruhigen. Es ergab sich, daß Aemilius Paullus als getreuer Schüler des großen Zauderers Quintus Fabius Maximus eine Stellung bezogen hatte, die seine Unschlüssigkeit sehr deutlich verriet: Er hatte etwa zwei Drittel seiner Armee am rechten Ufer des Aufidus im Angesicht der Karthager stehen lassen, das dritte Drittel jedoch über den Fluß auf das linke Ufer geführt, als wolle er wenigstens diese dreißigtausend Mann retten, falls die Karthager über die Römer siegen würden. Im Rücken der Schlachtlinie wurde ein ausgedehntes Lager für Troß und Reserven angelegt, das in einer Biegung des Flusses auf zwei Seiten gleichsam natürliche Wassergräben hatte und als einigermaßen geschützt gelten konnte.
Da diese Bewegungen einen großen Teil des Tages beanspruchten, sah Hannibal schon, daß es erst am nächsten Tag zur Schlacht kommen werde. Er war es zufrieden, da er lieber Terentius Varro zum Gegner hatte als Aemilius Paullus. Er beschränkte sich daher darauf, durch starke Streifscharen an beiden Flußufern den Römern das Tränken ihrer Pferde zu erschweren. Als der Tag zur Neige ging, hielt er vor seinen in dem gut befestigten Lager versammelten Truppen eine Rede.
»Ich spreche nicht oft zu euch, meine Soldaten«, sagte er, im Sattel sitzend und voll gewappnet, »denn wir sind ohnedies Tag und Nacht beisammen,

und jeder weiß genug vom andern. Es ist bei uns nicht wie bei den Römern, die sich alle paar Monate einem anderen Feldherrn unterstellen müssen, und es ist auch keiner unter uns, nicht Maharbal, nicht mein Bruder Mago, der zu Hause Schweine schlachtet und Rinderviertel verkauft, ehe er dann hoch zu Roß in den Krieg zieht.«
Da die Männer inzwischen alle genug auch von den Römern wußten, begriffen sie die Anspielung auf den Konsul Varro und lachten herzlich.
»Heute gibt es nicht mehr viel zu tun. Ich sehe unsere Kühnsten, einige geschickte Reiter, die Römer bis zu ihrer Vorpostenkette necken und gar die Torwachen des Lagers angreifen. Das hält uns bei Laune und schürt den Zorn der Römer, aus deren Land wir seit Jahren leben. Morgen aber wird es ernst. Morgen wird der Fleischer Varro seinen Holzhammer gegen uns schwingen, im Vertrauen darauf, daß man aus den Gassen Roms und den Gauen der unterworfenen Gebiete noch schnell ein wenig junges Soldatenvolk gepreßt und mit Waffen versehen hat. Sie sind uns also an Zahl überlegen, was bedeutet, daß wir viel Beute machen werden!«
Abermals unterbrach Jubel und Gelächter die Rede des Feldherrn.
»Versorgt euch mit Verpflegung, bereitet euch eine Abendmahlzeit, aber laßt etwas übrig für den Morgen, damit ihr nicht mit leerem Magen in einen Schlachttag geht, der vielleicht lange wird und heiß, denn es ist Sommer in Apulien, und wir werden eine Weile brauchen, bis wir die vielen Dummköpfe alle zusammengeschlagen oder gefangengenommen haben. Aemilius Paullus hat es nicht gewagt, die Schlacht anzunehmen, Terentius Varro wird um so wilder gegen uns vorbrechen. Bleibt ruhig: Sein Ungestüm ist unser bester Verbündeter. Laßt ihn vordringen, aber bleibt unerschütterlich in seinen Flanken stehen und achtet auf die Zeichen, die euch mein Bruder Mago oder Maharbal oder ich geben. Wir haben unseren Plan, ihr werdet ihn ausführen, und der Sieg wird unser sein wie bisher stets und überall!«
Der Wind, der vom Meer herein wehte, trug den Jubel aus Tausenden von Soldatenkehlen über die Ebene und die Flußufer hin gegen das Römerlager und bis in die Stadt Canusium, und als Hannibal sich am anderen Morgen wecken ließ, drang aus der Ferne schon der vertraute Waffenklang einander begegnender Vorhuten an sein Ohr.
Im Schutz der Plänkler, die mit den unschlüssigen Römern leichtes Spiel hatten, vollzog Hannibal den Übergang seiner ganzen Armee auf das linke, nördliche Ufer des Flusses Aufidus. Drüben war das Terrain ebener,

die sommerdürre Steppe dehnte sich zwischen Flußlauf und Meer schier unendlich, und das Herz pochte ihm stärker, wenn er im Geist die Scharen seiner Numidier, der berühmten Reiterei, die Massinissa ihm gestellt hatte, über das Kurzgras dahinpreschen sah. Es war ihm, als habe sich das alles schon einmal ereignet, als vollziehe sich heute nur etwas Unabänderliches, ein Ablauf, den die Götter längst beschlossen hatten.
Etwas, das Aemilius Paullus niemals getan hätte, schien diese Vermutung zu bestätigen: Terentius Varro folgte mit dem Rest der römischen Truppen auf das Nordufer des Flusses, womit er zu erkennen gab, daß er die Schlacht annehme. Zweifellos konnte er auch nicht mehr anders, hatte die Untätigkeit des Aemilius Paullus doch lautes Murren unter der Truppe hervorgerufen. Schlecht verpflegt, durstig, weil die Wasserholer von den numidischen Reitern niedergestochen worden waren, mit abgetriebenen Pferden und unzureichender Nachtruhe, waren die Legionen gleichwohl begierig, eine Entscheidung herbeizuführen, und sie zeigten Terentius Varro, daß er es ihnen recht machte. Der Flußübergang im Angesicht des Feindes ging schnell vonstatten, und Hannibal behinderte ihn auch nicht. Sollten die Römer nur kommen, er erwartete sie bereits.
Aus der Beobachtung des Flußübergangs ergab sich auch deutlich, wie die Römer sich aufstellen würden, und Hannibal konnte danach seine Maßnahmen treffen. Sein linker, an den Fluß gelehnter Flügel wurde von der iberischen und gallischen Reiterei gebildet, guten und sicheren Kämpfern, die jedoch nicht so beweglich waren wie die Numidier. Dieser linke Flügel war gegen Umfassung durch den Aufidus geschützt, während der rechte Flügel mit den schnellen Numidiern sich in der Ebene frei entfalten und seinerseits die Römer überflügeln konnte. In der Mitte, wo Hannibal selbst befehligte und seinen Bruder Mago gleichsam als Befehlsübermittler bei sich hatte, stand das Fußvolk: das afrikanische an den Flanken, bis zu sechzehn Mann tief, das iberische und gallische zehn Mann tief im Zentrum. Das leichte Fußvolk ging, nachdem es seine Schuldigkeit im Vorgeplänkel getan hatte, durch die Schlachtreihen zurück und bildete hinter den Flanken eine zweite Linie. Obwohl die Römer seine Schlachtentechnik nun eigentlich kennen mußten, vertraute Hannibal wiederum auf den unerschütterlichen Marschtritt der Legionen, der diese wohlgedrillten Kohorten auch dann noch vorwärts marschieren lassen würde, wenn sie keinen Flankenschutz mehr besäßen.
Da auch Gajus Terentius Varro solch einen hemmungslosen Vorwärts-

drang an den Tag legte und in jedem Meter gewonnenen Terrains ein Anzeichen des Sieges sah, ging nach stundenlangem Hinundherwogen der Schlachtreihen Hannibals Rechnung schließlich auf. Sein linker und der römische rechte Flügel, auf beiden Seiten von wohlbewaffneter Reiterei gebildet, waren mit unerhörter Gewalt aufeinandergeprallt. Da sie in der Enge dieses Zusammenpralls am Flußufer die Pferde nicht bewegen konnten, waren die Reiter abgesessen und kämpften nun zu Fuß weiter, mit größter Erbitterung und auf beiden Seiten mit der gleichen Tapferkeit. Endlich setzte sich die größere Erfahrung der Gallier und Iberer durch, die Hannibal ja schon seit zwei oder drei Jahren begleiteten. Die Römer wurden zurückgedrängt und, als sie wegen der Enge des Raumes nicht weichen konnten, fast zur Gänze niedergemacht. Konsul Aemilius Paullus, der auf diesem Flügel kommandiert hatte, schleppte sich schwer verwundet zum Zentrum hin, wo ihn das römische Fußvolk schützend umringte.

Während der Kampf am Flußufer tobte, hatten die Numidier auf Hannibals rechtem Flügel die Römer nur soweit beschäftigt, daß diese keine Truppen abziehen und der Reiterei zur Unterstützung senden konnten. Als dort am Fluß die Entscheidung gefallen zu sein schien, bewegten die Numidier sich freier und griffen aus, um den linken Flügel der Römer zu umfangen. Inzwischen bahnte sich jedoch im Zentrum, wo das Fußvolk kämpfte, eine neue Entwicklung an. Die Legionen drangen mit ihrer besseren Bewaffnung auf die Fußsoldaten aus Gallien und Iberien ein, und diese wichen, getreu dem Plan ihres Feldherrn, immerzu kämpfend langsam zurück, so daß sich die Römer schließlich als ein tiefer Keil in die Schlachtreihen der Karthager bohrten. Um einen Durchbruch zu verhindern, wie er am Trasimenischen See immerhin sechstausend Römer zunächst gerettet hatte, warf Hannibal das leichte Fußvolk an diese Stelle. Die Fußsoldaten Hannibals wichen nun zwar weiter zurück, aber es bestand keine Gefahr mehr, daß ihre verstärkten Linien völlig aufgesprengt werden könnten.

Das afrikanische Fußvolk hingegen schwenkte von beiden Flanken her ein und griff die weit vorgedrungenen römischen Kampfspitzen von beiden Seiten an. Die Legionen, die ihren Feind vor sich sahen, mußten gegen die neuen Angriffe von beiden offenen Flanken her Front machen, zunächst in guter Ordnung, indem stets ein Karree im ganzen den Frontwechsel vollzog. Als sich aber der Dreifrontenkampf immer hitziger entwickelte, als die Toten und Verwundeten, zu Boden gesunken, die Bewegungen der Kämpfer behinderten, gewannen Gallier, Iberer und Afrikaner die Oberhand. Selbst die im Schwertkampf gut ausgebildeten, erfahrenen Legionäre, die schon unter Scipio gekämpft hatten, erkannten nun, daß ihnen keine Chance mehr blieb. Den Untergang vor Augen, wehrten sie sich noch immer, waren aber so eingeengt, daß sie ihre Waffen kaum noch richtig gebrauchen konnten. Sie bildeten keine geschlossene Abwehrlinie mehr, sondern kämpften, jeder für sich allein, bis zum Augenblick des tödlichen Streiches.

Aemilius Paullus, der seine schwere Wunde nur notdürftig versorgt hatte, überblickte, was sich hier anbahnte. Er versuchte fieberhaft, in die Rücken an Rücken kämpfenden, aber zahlenmäßig noch sehr starken römischen Fußtruppen Ordnung zu bringen, aber seine Befehle erreicnten niemanden mehr. Keiner wagte aufzublicken, denn jede Sekunde der Unachtsamkeit mußte in diesem mörderischen Nahkampf den Tod bringen. Verzweifelt stürzte sich der Konsul selbst ins stärkste Gewühl, nachdem er das Pferd ausgeschlagen hatte, das man ihm zu seiner Rettung anbot.

Es war ein Pfeil, der ihn traf, und ganze Wolken von Pfeilen schwirrten in die Legionen, die nicht mehr ausweichen noch auch nur die Schilde hochreißen konnten, um sich zu decken. Die große Flucht begann. Etwa siebentausend Römer versuchten, sich nach Cannae durchzuschlagen, doch ehe sie die schützende Zitadelle erreichten, die so viel Volk gar nicht hätte aufnehmen können, waren die Numidier über ihnen, machten einen Teil nieder und nahmen den Rest gefangen. Elftausend Römer, die als Reserve in ihrem Lager zurückgeblieben waren, versuchten die Wut der Verfolgung zu mildern, indem sie ihrerseits das Lager Hannibals angriffen. Offensichtlich hofften sie, daß die beutegierigen Numidier aus Angst um ihre eigene Habe die Verfolgung aufgeben würden, um das Lager zu retten. Dieses Lager aber war durch Fußsoldaten so gut verteidigt, daß selbst die Übermacht der Römer nichts vermochte. In der Ebene am Aufidus ging darum das große Schlachten weiter. Waffenlos, in regelloser Flucht, retteten sich die überlebenden Römer in ihre beiden Lager, wo Hannibal sie an diesem Tag in Ruhe ließ, wußte er doch, daß sie ihm nicht mehr entrinnen würden.

Gajus Terentius Varro hatte Glück auf seiner Flucht, denn er hatte sie sehr rechtzeitig angetreten, begleitet von siebzig Gefährten aus seiner nächsten Umgebung, die gleich ihm lieber das Leben retteten als ihren guten Ruf. Diese kleine Schar entkam, da dreihundert Reiter aus den Reihen der Verbündeten ihr den Rückzug deckten, in die feste Stadt Venusia an der Grenze zwischen Apulien und Lukanien.

DSCHAMA

Die Balken aus dunklem Zedernholz erfüllten die Räume des Barkidenpalastes mit dem gleichen zarten und doch allgegenwärtigen Duft, den Hannibal schon seit seiner Kindheit kannte. Das Licht, die Möbel, die Gerüche und die Geräusche, alles war in diesem großen alten Haus in der Stadt Karthago noch genau so wie vor beinahe drei Jahrzehnten, als Hannibal es verließ. Nur Hamilkar war nicht mehr da, der Vater, der einst diesem Haus und seiner Familie Größe und Ruhm verliehen hatte. Hannibal, der als Knabe gegangen war, hatte bei seiner späten Rückkehr die Pforte als neues Oberhaupt der mächtigen Sippe durchschritten.

»Wir haben einander nicht viel gesehen in diesen Jahren, Imilike«, sagte Hannibal und setzte sich zu seiner Frau, der schönen Turdetanerin, auf das Lager. »Und jetzt, da wir uns gefunden haben, sinnt Karthago auf eine letzte, große Schlacht, die mich in wenigen Tagen von deiner Seite wieder wegführen wird. Nur daß ich diesmal nicht weit zu reiten habe. So wie ich einst vor den Toren Roms stand, stehen jetzt die Römer vor den Toren Karthagos.«

Imilike, die Fürstentochter aus Castulo, zog Hannibal zu sich nieder.

»Es war gewiß eine lange Redeschlacht gegen all diese Männer aus den großen Familien«, sagte sie, »du solltest ruhen. Leg dich neben mich, und wenn du nicht schlafen kannst, dann sprich. Erzähle mir, ich weiß ja manches, ich habe vieles verfolgt und vieles erfahren; aber aus deinem Mund wird mir alles anders klingen und mir neu sein, Lieber!«

»Ja, es war eine Redeschlacht«, antwortete Hannibal müde und doch noch die Erregung der langen Debatten in der Stimme. »Sie haben sich nicht aus ihren Häusern weggerührt, seit ich an der Seite meines Vaters in Spanien kämpfte. Sie haben ihre Schiffe befrachtet und ihren Geldschrank gefüllt, und sie sind die elendesten militärischen Dilettanten. Aber weil ich nun kein junger Genius mehr bin, sondern fünfundvierzig Jahre zähle, glauben sie, mir Ratschläge geben zu können ... Ich hatte immer eine starke Gegenpartei in Karthago. Schon mein Vater hatte sie. Als ich nach dem Sieg von Cannae endlich auch ein paar große Hafenstädte erobern konnte und um Nachschub an Truppen bat, da schickten sie mir ein wenig Geld, ein paar Tausend Soldaten und ganze zwanzig Elefanten – keine Belagerungsgeräte, keine Kriegsmaschinen ... Ich lag vor Nola und konnte es nicht einnehmen; ich lag vor Capua und konnte es nicht entsetzen, ich zog vor Rom und konnte noch nicht einmal wagen, die große Stadt einzuschließen, in der es von Truppen wimmelte ...«

»Aber als Karthago bedroht wurde, da riefen sie dich!« warf Imilike entrüstet ein, »weil die Armee besiegt wurde, die dein Widersacher aus dem Haus der Giskoniden aufgestellt hatte ...«

»Ich habe nicht gezaudert, dem Ruf zu folgen«, gab Hannibal zu. »Einmal, weil jener Giskonide in der Schlacht auf den Großen Feldern gegen Scipio gefallen war. Mit dem Tod für Karthago hat er alles gutgemacht, was er den Barkiden angetan hatte. Und zum zweiten, weil Scipio einen Waffenstillstand gebrochen hatte und nächtlicherweile über unser Lager hergefallen war, ein Verrat, wie ihn sein Vater und sein Onkel, die toten Scipionen, niemals begangen hätten, und mein Vater auch nicht. Überdies hoffte ich, daß Mago, mein liebster Bruder, in der Heimat von seiner schweren Verwundung genesen würde. Aber es kam anders. Er starb schon auf der Überfahrt, wir mußten ihn auf See bestatten!«

»Kein schlechtes Grab für den Prinzen eines Seefahrervolkes«, sagte Imilike, »aber für dich wünsche ich mir noch viele Jahre, Jahre an deiner Seite. Ich weiß zwar nicht genau, wie alt ich bin, aber als du mich zur Frau nahmst, war ich noch ein Kind, vielleicht bin ich vier-, fünfunddreißig Jahre alt. Meine Mutter schickte mich fort aus Castulo, als die Römer dorthin kamen. Als dann dieser Scipio auch Nova Karthago eroberte, fand ich auch dort keine Bleibe mehr. Darum bin ich hier; ich sei zu schön für die Römer, hatte meine Mutter gesagt. Bin ich noch schön genug für dich?«

Hannibal blickte nicht auf, er legte nur die linke Hand in ihre Rechte, er streckte sich auf das glatte, kühle Kissen und schloß die Augen. Die Bilder tanzten noch grell und bunt unter seinen Lidern, das Gehirn haderte noch eine Weile mit den großen und den kleinen Mißgeschicken. Hätte er Rom nehmen können, als Maharbal, nach dem Sieg von Cannae, ihm versprach, er werde in fünf Tagen auf dem Capitol das Festmahl richten? Stimmte es, daß er wohl zu siegen verstand, nicht aber seine Siege zu nutzen? Hätte er noch eine Chance gehabt, das italische Land von den Römern zu befreien, wenn die Vereinigung seiner eigenen Armee mit jenen anderen Truppen gelungen wäre, die sein Bruder Hasdrubal aus Spanien über die Alpen ihm zuführen wollte? Die schreckhafte Vision, die ihn in diesem Augenblick hochriß, war Hasdrubals abgetrennter, blutverkrusteter Kopf, der Kopf eines guten, tüchtigen Bruders, den die Römer ihm ins

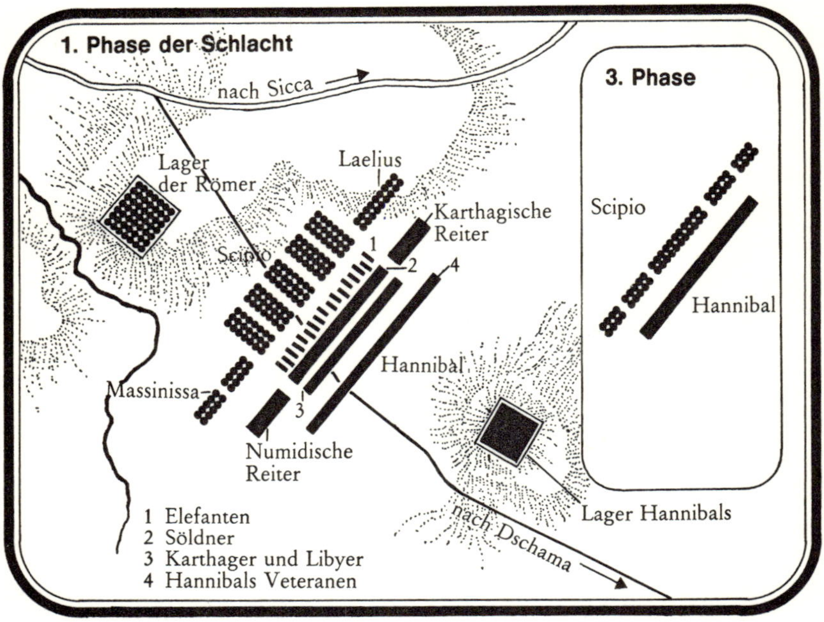

Hannibals Niederlage bei Dschama (Zama) unweit des heutigen Tunis.

Lager geworfen hatten. Das war das Ende aller Hoffnungen gewesen und der Anfang des Niederganges, zu dem alles gehörte, was sich in solchen Fällen immer einstellt: Tod der Besten, Abfall der Bundesgenossen in Makedonien und Syrakus, und das unbarmherzige Heranrücken des Krieges an die alte Heimat...

Es war nicht das milde Licht des Adriatischen Meeres, sondern die gleißende Sonne Afrikas, die das Schlachtfeld von Dschama beschien, die weißglühend herniederbrannte auf die beiden Armeen, die hier, wenige Tagesritte von Karthago, einander gegenüberstanden. Auf einem Hügel zwischen den Fronten trafen Scipio und Hannibal zusammen, nur die Dolmetscher begleiteten sie. Es war eine Geste, nicht mehr, ein Schauspiel für Soldaten und Söldner, das ihnen vorgaukeln sollte, man habe alles getan, um ihnen Verwundung oder Tod zu ersparen. Das, was Hannibal begehrte – die Milderung der Friedensbestimmungen, wie sie Rom diktiert hatte –, konnte und durfte Scipio nicht gewähren, er hätte Boten nach Rom entsenden müssen in wochenlanger Reise hin und zurück. Und Scipio war kein Terentius Varro. Er ließ sich nicht von Gefühlen leiten, er wußte, er würde den Schlachttag überleben, denn er kannte seine Armee und ihre Verbündeten. Hannibal aber mußte ein Heer in die Schlacht führen, dem er nicht traute und das beim ersten Zwischenfall, beim ersten unerwarteten Ereignis sogleich ihm mißtrauen würde. Und das war nicht nur neu für ihn, das war auch die beste Trumpfkarte für seinen Gegner, der zwei Scipionen an ihm zu rächen hatte...

Als Scipio gegangen war, um am Fuß des Hügels sein Pferd zu besteigen, blieb Hannibal mit dem Dolmetscher, einem Juden aus Capua, noch eine kleine Weile auf der Hügelkuppe stehen. Das Heer war zu erkennen, aber zu weit entfernt, um die Aufstellung der einzelnen Truppenteile ausnehmen zu können. Aber Hannibal kannte sie gut genug, hatte es diesmal doch besonders viel Überlegung gekostet. Zum erstenmal in einer großen Schlacht war die Reiterei der Gegner so stark, daß Hannibal, der seiner Reiterei so viele Siege verdankte, darauf sinnen mußte, die Reiterei der Römer und Massinissas aus der Schlacht fernzuhalten, zu beschäftigen, wegzulocken. Denn die Numidier des Massinissa, die er so gut kannte, sie waren nun seine Gegner, weil ihr König sich auf die Seite der Römer hatte ziehen lassen.

»Du bist in Gedanken versunken, Feldherr«, sagte der Dolmetscher, als die beiden die Meile bis zu den Truppen zurücklegten. »Kann ich etwas für dich tun, ist eine Nachricht zu übermitteln für den Fall...«

»Für den Fall, daß ich in der Schlacht bleibe?« Hannibal faßte den kleinen, beinahe zierlichen Mann ins Auge. »Nein, mein Freund. Von meinem Weib habe ich mich verabschiedet, sie wird, sollte ich fallen, Karthago verlassen und auf meinem Landgut bei Thapsus leben, das werden ihr wohl auch meine Gegner aus den Familien der Giskoniden und der Magoniden nicht streitig machen... Nein, ich dachte an Massinissa, der so oft an meiner Seite gekämpft hat, er muß etwa gleich alt sein wie ich oder nur wenig älter... Aber er konnte wohl nicht anders, als gegen Karthago zu sein, als man die schöne Sophonisbe seinem Erzfeind, dem Syphax, zur Frau gab. Auch das war ein Fehler der Giskoniden, wie sich jetzt zeigt, und ich muß mit den Waffen gutmachen, was in meiner Abwesenheit in Karthago an Irrtümern und Treuebrüchen begangen wurde!«

Weiterreitend, verfiel Hannibal wieder in sein Schweigen. Es war seltsam, daß er in der Stunde vor der großen Schlacht nicht an diese denken mußte, nicht an seine toten Brüder Mago und Hasdrubal, nicht an seinen Vater Hamilkar, sondern an diesen König aus Ostnumidien, dessen Stolz die Pferde und die Reiterei waren und dessen wilde Tapferkeit sich nun gegen Karthago kehrte. War das noch ein Mensch, der einer schönen jungen Frau wie Sophonisbe den Giftbecher reichte, weil Scipio die Auslieferung dieser geschworenen Feindin der Römer verlangte? War das noch ein König, der sich von einem römischen Feldherrn befehlen ließ? Hannibal versuchte die Wut und den Haß zu ermessen, die sich in diesem leidenschaftlichen Menschen aufgestaut haben mußten, da er nun gegen die Stadt kämpfen sollte, die er als Urheber seines Unglücks ansah, gegen Karthago.
Hannibals Armee spiegelte seine Schicksale in den letzten zwanzig Jahren, in den großen zwanzig Jahren seines Lebens. Das erste Treffen bildeten die Hilfsvölker mit ihren Soldtruppen, die Ligurer, die ihm seit dem Abstieg von den Alpen die Treue hielten, dazu die Gallier, die in der Ebene des Padus zu ihm gestoßen waren, und die Schleuderer von den balearischen Inseln. Hinter ihnen hatten die schwerbewaffneten Fußsoldaten Aufstellung genommen, die Karthager, die Berber und die Makedonische Legion, hinter denen als letzter Rückhalt ein dünner Schleier leichter Bewaffneter kam, bewegliche Bruttier von der italischen Halbinsel. Die Reiterei hielt an den Flügeln: links die Numidier des geschlagenen Königs Syphax, geführt von seinem Sohn Vermina, einem Prinzen ohne Land. Er sah in Massinissa seinen Erzfeind und das Unglück seines Vaters, und Hannibal war sicher, daß dieser Prinz aus dem westlichen Numidien ebenso tapfer kämpfen werde wie Massinissa, der ihm gegenüber stand und den rechten Flügel in der Schlachtaufstellung des Scipio innehatte.
Vor dem leichten Fußvolk zogen die Elefanten auf, achtzig an der Zahl! Niemals hatte er so viele in einer Schlacht einsetzen können. Als er seine Heimatstadt um Verstärkung bat, hatte man ihm nur zwanzig der grauen Riesen geschickt. Mit achtzig Dickhäutern zog er gegen Scipio, aber achttausend Reiter wären ihm lieber gewesen.
Vor der Front teilten sich die Truppen, um die Priester durchzulassen, sie sollten das Opfer darbringen. Ein junger Stier wehrte sich angsterfüllt gegen die Männer mit den kahlen Köpfen, die mit dem kräftigen Tier Mühe hatten und es doch nicht zeigen durften, weil dies als schlechtes Omen ge-

golten hätte. Hannibal stieg ab und trat zu der kleinen Gruppe, die ihn kaum bemerkte, nur die Soldaten brachen in vereinzelte Hochrufe aus. Mit Hand anlegen durfte er nicht, in Karthago waren die Priester- und die Feldherrnwürde strenger voneinander getrennt als in Rom, wo sein Gegner Quintus Fabius Maximus sechzig Jahre seines Lebens Wahrsager und Eingeweidebeschauer gewesen war. Kaum stand Hannibal neben dem Jungstier, kaum fiel sein Schatten über das Haupt des Tieres, als dieses sich augenblicklich beruhigte. Ein schneller Schnitt ließ das Blut in kräftigem Strahl aufspritzen, und rotdunkle Tropfen perlten auf Hannibals Lederkoller.

»So werden wir das Blut der Römer vergießen!« rief Hannibal und warf die Arme hoch, und nun jubelten sie alle, Karthager und Söldner, und aus der hinteren Reihe der Schlachtordnung brausten dumpf die Rufe seiner treuesten Kämpfer, die beinahe schon Veteranen zu nennen waren und dennoch mit unerschütterlichem Mut so standhaft an seiner Seite blieben. »Hannibal!« riefen sie. »Hannibal!«

Gegenüber opferte auch Massinissa. Hannibal sah den Rauch aufsteigen und roch verbranntes Fleisch. Er wußte, daß dies kein Götteropfer war, denn die Könige der Massiler von Ostnumidien hielten sich selbst für Abkömmlinge der Götter. Massinissa opferte dem Geist seines wilden Vaters Gaia, und vielleicht dachte er auch an die schöne Sophonisbe, die ihm nur zugefallen war, um sich ins Jenseits zu verabschieden.

Die braune, fettschwere Wolke des karthagischen Opfers vermengte sich mit dem weißen Rauch vom Flügel der Massiler, drehte sich im heißen Aufwind wie ein kleiner Wirbel in die Höhe und blieb unschlüssig über den Schlachtreihen stehen. Es würde also ein hartes und langes Ringen geben, und wenn die Götter gnädig waren, wenn Tanit die Augen schloß und Baal Saphon die Muskeln spielen ließ, dann kam es vielleicht zu einem unentschiedenen Ausgang, mehr war ohne Reiterei und gegen einen Scipio nicht zu hoffen. Auch Quintus Fabius Maximus hatte keine Fehler gemacht, aber er war ein Römer der alten Zeiten gewesen ein Mann von Ehre. Dieser junge Scipio, der seinen Vater am Ticinus gerettet hatte und dann doch sterben sah, kannte hingegen keine Skrupel. Und die Götter waren ihm so offensichtlich gleichgültig, daß vor der ganzen römischen Schlachtreihe nicht einmal Federvieh geopfert wurde.

In Hannibals Überlegungen hinein erschollen die Schlachtrufe und Trompeten der Römer. Mit grellen Beckenklängen und Treiberlärm brachten sie einige der Elefanten tatsächlich dazu, umzukehren und gegen die karthagischen Linien zu trotten. Anderen öffneten sich die Reihen zwischen den Kohorten, so daß die verängstigten Tiere eine freie Gasse vor sich sahen und in sie hineinstürmten. Viele wurden aber auch von Wurfspießen getroffen, machten schwerfällig kehrt und stürmten in ihrem Schaukeltrab gegen Hannibals Leichtbewaffnete zurück, die, um nicht zertrampelt zu werden, ihre Linie verlassen mußten und daher nicht mehr so geschlossen kämpfen konnten.

Hingegen gelang Hannibals Plan, die überlegene feindliche Reiterei vom Schlachtfeld zu locken. Vor allem die numidischen Reiter des Massinissa zerstreuten sich in Einzelkämpfe über die ganze Ebene südlich des Schlachtfeldes, und man sah nur noch die Staubwolken, die sie aufwirbelten.

Immerzu brüllend und trompetend, waren die römischen Kohorten inzwischen in der Mitte der karthagischen Aufstellung vorgedrungen. Die Söldner wichen zurück, aber die hinter ihnen stehenden Karthager verstärkten die Reihen der Weichenden und fingen sie auf. Gegen Mittag war die Schlacht tatsächlich unentschieden zu nennen. Unter gelben Wolken von Sand, aus denen die Waffen blitzten, in der maßlosen afrikanischen Sonne, stand Phalanx gegen Phalanx tief genug gestaffelt, um jeden, der fiel, gleich durch einen nachrückenden Mann zu ersetzen. Hin und wieder endeten die Zweikämpfe urplötzlich, wenn einer der Kampfelefanten sich seiner Rolle entsann und rüsselschwingend heranstürmte, unterschiedslos Römer und Karthager annehmend und alles niedertrampelnd, was sich vor ihm nicht in Sicherheit brachte. Die Römer hatten das Vorfeld schnell überwunden, erzielten nun aber keinen Geländegewinn mehr, bis die an so anhaltenden Kampf nicht gewöhnten Hilfsvölker Hannibals ermatteten und nach den Veteranen riefen, die unbeweglich und untätig die letzten Reihen bildeten, die letzte Reserve, den einzigen Trumpf Hannibals.

Nun fehlten die Reiter; sie hätten Entlastung bringen können, die Römer in der Flanke angreifen. Nach den ersten Söldnern, die nach hinten um Hilfe riefen, kehrten sich andere um, und plötzlich machten die Hilfstruppen in breiter Front kehrt und wandten sich gegen Hannibals Elitesoldaten, von denen sie sich im Stich gelassen fühlten. In die Rücken der Verstörten bohrten sich Wurfspieße, Pfeile und zuletzt die Schwerter der römischen Legionäre. Über Berge von Leichen hinweg griffen Hannibals

Veteranen zu spät ein und wurden selbst im Rücken angegriffen, als zwar nicht die numidische, aber die römische Reiterei von den Kämpfen in der Wüste aufs Schlachtfeld zurückkehrte.
Mit einemmal war Hannibal allein, und doch auch wieder nicht. Aus Sandwolken hervor umringte ihn mit viel Geschrei eine Gruppe Numidier, in der er den Prinzen Vermina erkannte. Also waren es Westnumidier des geschlagenen Königs Syphax, die den Karthagern treu geblieben waren.
»Die Schlacht ist verloren, Hannibal«, rief Vermina, »wir retten dich nach Hadrumetum! Reite mit uns!«
Es mochten dreihundert, vierhundert Numidier sein, die aus den Staub- und Sandwolken über dem Blutfeld von Dschama ausbrachen in Richtung auf das Meer, und ihre Pferde waren schnell genug. Hannibal hörte und sah nichts auf diesem Ritt, er dachte an die Männer, die sich ihm anvertraut hatten und die gefallen waren, und er wußte, daß Karthago ihm keine neue Armee mehr geben konnte. Sie waren eben Händler, und die Männer aus der Kriegersippe der Barkiden waren Fremdlinge unter ihnen. Sollte er in diese Stadt überhaupt zurückkehren, in der zwar jeder seinen Namen kannte, aber die er dreißig Jahre lang nur als eine ferne Heimat betrachtet hatte? Waren die großen Geschlechter dieser Händlerrepublik ihm nicht alle feindlich gesinnt und seine Freunde nun, im Sand von Dschama, für ihn gefallen und nicht mehr an seiner Seite?
»Bleib bei uns, Hannibal«, riet Vermina, als sie Hadrumetum erreicht und in einem Haus am Hafen Unterkunft gefunden hatten. »Wir kämpfen weiter. Mein Vater ist in Rom gefangen, ich weiß, daß ich ihn nie wiedersehen werde. Aber eben darum muß ich kämpfen, solange er noch lebt, er muß wissen, daß ich ihn räche ... Gegen uns vermögen sie nicht viel, wir tauchen aus der Wüste auf, schlagen zu und sind verschwunden, ehe Scipio einen Befehl geben kann ... Unsere Väter haben einander gut gekannt, Hannibal, laß auch uns Freunde werden!«
Hannibal umfing den Prinzen zum erstenmal bewußt mit seinem prüfenden Blick.
»Vermutlich hast du recht, mein junger Freund«, sagte er langsam. Die Glieder schmerzten ihn von dem langen, schnellen Ritt, und die Augen brannten vom Sand und von der Sonne. »In Karthago würde mir auch niemand nachtrauern. Aber wenn ich ihnen jetzt nicht sage, daß sie den Frieden annehmen müssen, zieht Scipio gegen die Stadt, und dann ist

Karthago selbst verloren ... Mir werden sie es glauben ... glauben müssen. Keiner kennt die Römer besser als ich. Nicht Scipio hat mich geschlagen, sondern Rom hat Karthago besiegt. Sie haben das stärkere Staatswesen, das größere Land, mehr Volk, mehr Krieger, mehr Schiffe ... Und weil das noch nicht lange so ist, weil die Phöniker und wir als tüchtige Verwandte so lange das Meer beherrschten, gibt es bei uns noch immer ein paar Männer aus den alten Geschlechtern, die an die neue Wirklichkeit nicht glauben können. Ich danke dir, Vermina. Wenn mich einst Karthago vertreibt, wenn sie es wagen sollten, mich an die Römer auszuliefern, dann werde ich mich wohl irgendeinem König anvertrauen müssen, der noch gegen Rom Krieg führt – und vielleicht gehörst dann auch du zu Roms unversöhnlichen Gegnern wie mein Vater und wie dein Vater ...«

Am Morgen des nächsten Tages begaben sich die neuen Freunde gemeinsam zum Hafen, um ein geeignetes Schiff für Hannibals Reise nach Karthago auszusuchen. Hannibal hatte eingesehen, daß ihn zu Lande die über die Ebene schwärmenden und nach Flüchtlingen suchenden Reiter des Massinissa aufgegriffen oder gar getötet hätten. An Bord einer Barke, deren Eigner so tat, als erkenne er Hannibal nicht, verabschiedete sich Vermina von dem Feldherrn.

»Sollte ich eines Tages wieder ein Reich haben, Hannibal«, sagte der Prinz und umarmte den Älteren, »dann ruf ich dich. Du wirst mein Heer organisieren, und wir werden gemeinsam Karthago erobern.«

»Mit mir, einem alten und geschlagenen Mann?«

»Du bist nicht alt, Hannibal, du bist jünger als die Männer, die jetzt in Karthago über dich den Stab brechen, weil sie verfettet sind und profitsüchtig und nur in ihren Händlerkategorien denken können. Scipio wird gehen, aber Afrika bleibt, was es ist. Geh nicht zu weit fort. Die Levantiner werden dich verraten, wir Numidier sind von deiner Art, von der Art der Barkidenfrauen zumindest. Afrika, die große Mutter, ist immer für dich da, Feldherr!«

Die Barke, vom Morgenwind getrieben, glitt lautlos hinaus in die große Bucht und nahm Kurs nach Norden. Vermina blickte ihr nach. Er kannte das Vorgebirge, auf das der Schiffer zuhielt. Hannibal würde dort Sizilien am Horizont erblicken, die Berge, in denen sein Vater ersten Ruhm erntete, die Küste, an der Hannibal sich nach Afrika einschiffte, um das Land von Cannae mit dem Land von Dschama zu vertauschen. Flimmernd umgab die große Wasserfläche das kleine Schiff, machte es zum Punkt, ließ es verschwinden. Der Kurs, den Hannibal steuerte, war nicht mehr zu erkennen.

DER BESIEGTE ÜBERLEBT DEN SIEGER

Ein Nachbericht

Was Hannibal nach der Niederlage von Dschama, auch Zama genannt, noch für Karthago tun konnte, tat er, indem er einen Redner, der zum Weiterkämpfen riet, kurzerhand vom Rednerpult herabstieß und seinen Mitbürgern klarmachte, daß jedes Aufbegehren die Friedensbedingungen noch drückender machen würde – ein prophetisches Wort, das sich, Jahrzehnte nach Hannibals Tod im Jahr 183 vor Christus, im Dritten Punischen Krieg erfüllte.

Die Niederlage von Dschama trifft von allen karthagischen Geschlechtern die Barkiden am härtesten, und da sie schon seit Hamilkar das Hauptgewicht ihres Besitzes in Spanien gehabt hatten, erscheinen sie nicht nur in ihrem Einfluß, sondern auch in ihrem Vermögen getroffen, und Hannibal wird, nach einem kurzen Versuch, sich in die Politik seiner Heimatstadt einzuschalten, zum Flüchtling mit einem für Vertriebene typischen Schicksal: Der erste, der ihn aufnimmt, bringt ihm noch Hochachtung entgegen, weiß noch um seine Fähigkeiten und Verdienste, behandelt ihn als Fürsten – das ist König Antiochos von Syrien. Aber schon der nächste, der Kleinkönig Prusias von Bythinien, bedeutet keinen sicheren Hort mehr, sondern eine dauernde Gefahr, so daß Hannibal, wenn wir Livius glauben dürfen, schließlich ein Haus bewohnt, das sieben verschiedene und zum Teil sehr versteckte Ausgänge besitzt. Zwischen Antiochos und Prusias finden wir den Unsteten in Ägypten, in Tyros oder auf Kreta, immer wieder vertrieben, immer wieder verhandelnd, selbst eine Rückkehr nach Karthago wird zeitweise ins Auge gefaßt und vorbereitet.

Es sind Geschicke, wie wir sie von so vielen Flüchtlingen oder Entthronten kennen, und was immer sich vorher begab, solange sie Amt und Macht innehatten, in der Fremde dann, in der Ohnmacht, in feindseliger Umgebung wecken sie nur noch unser Mitleid – selbst Karl XII., ja selbst Napoleon ... Ihr Leben in dem Sinn, wie wir es kennen, in seiner Größe und geschichtlichen Bedeutung, ist dann eben zu Ende gegangen. Was im Falle Hannibals hinzukommt ist, daß diese letzte Phase seines Lebens sehr viel schlechter dokumentiert ist als die Zeit bis zur Schlacht von Dschama. Man müßte erst noch langwierige Erwägungen über Begebenheiten anstellen, die eigentlich schon völlig bedeutungslos sind, denn, wie Wilhelm Hoffmann es ausdrückt: »Der Tod dieses Mannes, der auf der Höhe seines Daseins für einen Augenblick das Geschick der Welt in seinen Händen gehalten hatte, berührte die allgemeine Entwicklung nicht mehr.«

Ein Leben, das von 247 bis 183 vor Christus, also vierundsechzig Jahre gewährt hat, von denen uns nicht einmal ein Drittel einigermaßen belegt und bekannt ist, bietet dem Romancier ungleich stärkere Anreize als dem wissenschaftlichen Biographen, sind doch selbst die beiden geschichtlichen Schwerpunkte in Hannibals Leben, der Alpenübergang und der Sieg von Cannae, noch mit erheblichen Ungewißheiten behaftet, was den Ort des Geschehens selbst betrifft.

Der knappen, bei aller Souveränität der Aussage doch bescheidenen Biographie des aus Leipzig stammenden Altphilologen Wilhelm Hoffmann stehen darum auch zahlreiche belletristische und sogar dramatische Bemühungen um Hannibal gegenüber, und während Hoffmann sich auf 140 Seiten mit dem Gesicherten zufriedengibt, ergänzen die Schöngeister die Mitteilungen aus dem Lager von Hannibals Gegnern durch ihre Phantasie, ein Verfahren, um das auch ich nicht herumgekommen bin. Wo selbst die Quellen einander widersprechen, wo zu manchen Fakten drei oder vier Versionen vorliegen, wo weite Wegstrecken völlig im dunkeln bleiben, ist der Schriftsteller wesentlich besser dran als der Historiker und darf sich von seiner Sympathie für den Helden auch in höherem Maß beeinflussen lassen. Dennoch habe ich mich natürlich bemüht, von jenen Grundlinien dieses Lebens, über die sich die Wissenschaftler einig sind, in Wesentlichem nicht abzuweichen und meine Darstellung dort abzuschließen, wo, nach Hannibals Flucht aus Karthago, die Spekulation dem Gesicherten überlegen wäre.

Im Nachteil ist der Romancier gegenüber dem Biographen in den technischen Kleinigkeiten. Ich mußte alle Orte und Flüsse mit ihren alten Namen bezeichnen, es sei denn, die modernen Namen seien so ähnlich, daß sie keinen Stilbruch entstehen lassen. Aus diesem Grund sind zum Beispiel für Spanien Orts- und Flußnamen arabischen Ursprungs vermieden worden. Zur Erleichterung der Lektüre sind jedoch auf allen Karten alte *und* moderne Namen nebeneinander gesetzt. Ähnlich steht es mit der Zeitrechnung. Ich habe zwar in einem Kleopatra-Roman den Satz gefunden: »Man schrieb das Jahr vierundvierzig vor Christus«, setze aber in diesem

Buch die wichtigsten Daten doch lieber auf die nun folgende kurzgefaßte Zeittafel.

Während sich für Hannibals Leben gravierende neue Fakten in den jüngsten Forschungen nicht ergeben haben, ist die Karthago-Archäologie durch erfreulich internationale Initiativen auf dem Gebiet der Ausgrabungen und Forschungen doch erheblich vorangekommen, nicht nur hinsichtlich der punischen Epoche, sondern auch für die Zeit des Vandalenreiches auf afrikanischem Boden, dessen großer Herrscher Geiserich – in seinem Kampf gegen Rom und Byzanz bei zeitweiser Ausbreitung seiner Macht auf Korsika und Sardinien – nicht wenige Parallelen zu Hannibal aufweist. Zwei große Grabungskampagnen, deren erste 1975 begann und die von der UNESCO gefördert wurden, haben dank des Einsatzes und der Kenntnisse von Archäologen aus elf Ländern inzwischen erwiesen, daß die 146 vor Christus, am Ende des Dritten Punischen Krieges, von den Römern für alle Zeiten verfluchte und zerstörte Stadt nicht wirklich dem Erdboden gleichgemacht wurde; auch die im Raum von Karthago entstandene Römerstadt des Augustus folgt noch den Grundlinien der punischen Anlage. Erst dem Furor des Islams war es vorbehalten, die 814 vor Christus von Auszüglern aus Phönikien gegründete Pflanzstadt endgültig zu zerstören und aus ihren Steinen die heutige Stadt Tunis zu errichten. Die neuen Ausgrabungen, die ins punische Karthago zurückführten, offenbarten den Lebensstil einer Kaufherrenschicht, der selbst dem des römischen Patriziats überlegen war und mit Villen von tausend Quadratmetern Grundfläche einen in jener Zeit einzigartig dastehenden Luxus darstellte. Daß mit einem so verwöhnten Stadtbürgertum der harte Bauernstaat der Römer nicht zu besiegen war, hat Hannibal spätestens nach der Schlacht von Dschama einsehen müssen.

ZEITTAFEL

alle Daten: vor Christus

247–241	Hamilkar Barkas (von baraq = der Blitz), Sohn eines Hannibal und Vater des großen Hannibal, führt erfolgreich Krieg auf Sizilien und gegen Rom.
247 oder 246	Hannibal als Sohn Hamilkars geboren. Ältere Brüder nicht bekannt.
237	Nach seinen Siegen im Söldnerkrieg mächtigster Mann Karthagos, setzt Hamilkar nach Spanien über und erobert die Halbinsel bis zum Ebro für Karthago. (Daß sein Sohn Hannibal ihn schon in diesem Jahr begleitete, ist strittig.)
231	In Verhandlungen mit Rom begründet Hamilkar seine Machtpolitik in Spanien mit dem Hinweis auf die hohe Kriegsentschädigung, zu der sich Karthago 241 (nach dem Ersten Punischen Krieg) verpflichten mußte.
229	Tod Hamilkars im Kampf gegen die Oretaner. Sein Schwiegersohn Hasdrubal wird sein Nachfolger.
229–221	Hasdrubal als geschickter Diplomat friedlicher Herrscher über das karthagische Spanien. Gründet Nova Karthago (heute Cartagena) und wird von einem Keltiberer aus privaten Gründen ermordet.
221–202	Hannibal der Barkide Oberfeldherr Karthagos.
219	Hannibal zerstört nach achtmonatiger Belagerung die Griechenkolonie Zakynthos (heute Sagunto, NO-Spanien).
218	Hannibal überschreitet mit großer Heeresmacht die Demarkationslinie, den Fluß Ebro, und Rom erklärt Karthago den (Zweiten Punischen) Krieg.
Sept./Okt. 218	Hannibals berühmter Alpenübergang durch Isère- und Arctal und über den Mont Cenis, vielleicht auch den Clapier.
Spätherbst 218	Siege Hannibals am Ticinus (Ticino) und an der Trebbia.
Frühjahr 217	Durchquerung der Arnosümpfe unter ungeheuren Strapazen, Sieg am Trasimenischen See über Flaminius.

2. 8. 216	Hannibals Sieg bei Cannae unweit Barletta (Museo Canne di Battaglia, 5,7 km von der N 93, nahe dem Ofanto-Fluß).
208/207	Hannibals Bruder Hasdrubal zieht über die Alpen, wird aber am Metaurus bei Sena Gallica geschlagen und getötet.
205	Hannibal läßt im Tempel der Hera Lacinia bei Kroton (Apulien) einen Bericht über seinen Alpenübergang und den Feldzug in Italien anbringen (in punischer und griechischer Sprache).
203	Hannibal wird nach Karthago zurückberufen, da die Römer die Stadt bedrohen.
202	Sieg des Publius Cornelius Scipio (daraufhin Scipio Africanus genannt) bei Zama über Hannibal. Roms Verbündeter Massinissa von Ostnumidien erhält große Gebiete aus dem Reich des Syphax von Westnumidien und Land von Karthago.
201	König Syphax, Gatte der Sophonisbe, stirbt in milder Haft in Rom. Sein Sohn Vermina erhält später einen Teil des väterlichen Reiches zurück.
196	Hannibal wird Sufet (eines der beiden Stadtoberhäupter) in Karthago. Nach römischen Intrigen 195 Flucht.
190–184	Hannibal wird Admiral zunächst Antiochos' III., König von Syrien, dann des Prusias von Bithynien.
183	Rom verlangt von König Prusias die Auslieferung Hannibals, worauf sich Hannibal im Herbst dieses Jahres in Libyssa vergiftet.
Nach Christus:	Kaiser Septimius Severus errichtet Hannibal ein Standbild in Libyssa (NW-Türkei, Kleinasien) auf einem marmorverkleideten Tumulus. Caracalla setzt ihm Standbilder.
1669–1835	Große Dichter beschäftigen sich mit Hannibal: Corneille, Grabbe, Grillparzer. Opern von Paisiello, Salieri und Gluck (Sophonisbe).